뉴미디어와 공간의 전환

가상현실 공간의 대안성과 자유에 대한 탐구

이 도서의 국립중앙도서관 출판예정도서목록(CIP)은 서지정보유통지원시스템 홈페이지(http://seoji.nl.go.kr)와 국
가자료공동목록시스템(http://www.nl.go.kr/kolisnet)에서 이용하실 수 있습니다. (CIP제어번호: CIP2017013059)

Exploring Alternative and Freedom of
Space in
Virtual Reality

뉴미디어와
공간의 전환

노기영 · 이준복 지음

가상현실 공간의 대안성과 자유에 대한 탐구

한울
아카데미

머리말

근대사회는 공간보다는 시간을 우위에 두는 사회였다. 인간은 시간의 합리성을 바탕으로 합리적 실천에 의해 진보하고 발전할 수 있다는 선형적 시간관이 근대의 지배적인 패러다임이었다. 반면 자연적인 공간은 시간과는 달리 인간이 변화시키고 정복해야 하는 대상이었다. 그러나 미디어의 등장으로 인위적이고 인공적인 공간이 생겨나고 최근에는 자연적 공간과 인위적 공간이 서로 공존하는 가상공간이나 증강현실의 공간도 등장했다. 선풍적인 인기를 모았던 증강현실 게임 '포켓몬 고'는 방에 홀로 앉아 플레이하던 기존의 사용자 경험과는 완전히 다른 경험을 제공하면서 많은 이용자들을 거리라는 새로운 공간으로 끌어내는 데 성공했다.

이 책은 가상현실과 같은 뉴미디어의 등장과 함께 주목받고 있는 공간에 대한 인식의 전환을 미디어의 역사적 변화 과정이라는 관점에서 서술하고자 했다. 특히 가상현실을 통한 공간의 전환을 이론적으로 설명하면서 현대사회 공간의 의미를 새롭게 정리하고 그 안에서의 실천의 방향을 모색하고자 했다.

제1장에서는 사회적 공간의 의미와 근대의 보편성 추구를 통해 지역이 지닌 장소의 상실을 설명한다. 인간이 만들고 의미를 부여하는 공간은 사회적 관계가 형성되는 장이며 전시되고 부과되는 장이다. 그러나 근대의 공간 역시 보편적이고 동질적인 공간으로 제국주의 국가에 공간적으로 통합되었으

며 제국주의적 방식의 공간 생산에 따라 각 지역이 갖고 있었던 장소적 차이는 사라지게 된 것이다.

제2장에서는 근대국가의 출현에 따라 매스미디어가 민족적·국가적 정체성 구성에 어떠한 영향을 미쳤는지를 설명하는 한편 텔레커뮤니케이션을 통한 공간의 연결과 인식 확장과 함께 방송을 통한 개인 공간의 균질화 경향을 설명하고 있다. 근대적 미디어는 근대 민족국가의 공간적 확장을 위한 중요한 수단이었다. 매스미디어는 민족 구성원들에게 정치권력이 의도하는 방향으로 경관을 소비하도록 만들었으며 새로운 민족 정체성이 보편적으로 전파되고 작용할 수 있도록 만들었다. 특히 방송은 개인의 물리적 공간을 해방시키고 개인을 자유롭게 만드는 긍정적 역할도 했지만 획일적 공간 이미지를 전파하고 공유하는 데 더 크게 일조했다. 따라서 개인의 공간 경험은 미디어의 상업적이고 균질적인 공간 이미지를 실제의 이미지로 받아들이는 경향을 띠게 된 것이다.

제3장은 가상현실의 등장으로 대두된 실재감이 무엇인지 또한 공간에 대한 실재감의 문제를 어떻게 이해해야 하는지를 설명한다. 특히 현실의 공간에 가상의 공간을 결합한 증강현실을 통한 공간의 변형에 주목하고 있다. 공간에 대한 실재감은 매스미디어를 거쳐 가상현실의 등장에 의해 현실적이고 깊이 있게 논의가 진행되고 있는데 지난 30년간의 실재감 연구를 정리하면서 원격 실재감의 의미와 사회적 차원의 실재감을 각각 개념적으로 정의하고 비교하면서 서술했다.

제4장에서는 가상현실과 같은 뉴미디어가 개인의 공간 서사 구축에 참여해 균질적인 미디어 공간 속에서 개인 공간 정체성이 유연하게 변화되는 점을 해석하고 있다. 특히 뉴미디어는 다문화의 문화적 공간을 주류 사회로 확장하면서 주류 사회의 문화적 공간을 혼종적 공간으로 변형시킬 수 있게 해주었다. 이는 대중매체의 등장과 함께 사라져버린 공론장이 현실 속에서 부

활되고 새로운 대안적·저항적 공간이 만들어질 수 있는 가능성을 보여주는 것이기도 하다. 따라서 뉴미디어를 통한 대안적 공간을 자유롭게 상상하고 구체적인 현실에서 새로운 공간 구조와 질서를 실현시키는 것이 앞으로의 과제라는 점을 강조하고 있다.

이 책은 한림대학교 헬스케어미디어연구소에서 진행하고 있는 건강 증진을 위한 뉴미디어 설계와 통합 연구의 일환으로 수행되었다. 최근에는 텔레커뮤니케이션을 활용한 원격 진료를 넘어서 가상현실 또는 증강현실이 건강 관리나 다양한 질병 예방 활동에 활용되고 있는데 바로 가상현실이 만들어내는 새로운 공간의 현상을 체계적으로 이해하는 것이 먼저 필요하다는 문제 인식에서 이 연구를 시작했다. 이 책의 연구 결과를 바탕으로 경험적이고 실천적인 사회문제 해결형의 연구가 나올 수 있기를 희망해본다.

2017년 5월
저자를 대표해서
노기영

차례

제1장

공간과 장소

1. 사회적 공간

1) 사회적 공간의 개념

공간에 대한 전통적인 생각은 인간에게 주어진 것[소여(所與)]이라는 개념이었다. 즉, 공간은 인간의 외부에 객관적으로 존재하는 대상으로 여겨졌다. 공간은 탐험가, 지도학자, 지리학자에 의해 조사되고, 지도화되고, 분류되어야 할 대상이었다. 공간은 객관적·물리적 표면[1]으로 간주되었으며 사회적 정체성과 범주는 그 표면 위에 고정되어 있다고 여겨졌다(발렌타인, 2009: 12). 이러한 관점 속에서 공간은 인간이 힘을 가해 변형시키고 주조할 수 있는 대상이 되었다.

---

1 공간의 물질적 성질은 공간 안에 있는 물체들의 경계나 한계를 정해주며, 이 물체들이 무한히 커지거나 작아지지 못하게 하는 성질이다(야머, 2008: 44). 고대 서양 철학에서 공간은 물질을 둘러싸고 있는 허공 혹은 물질의 연장으로 상정되었다. 물질은 공간 속에 담겨 있으며 다른 물질들과 공간을 통해서 격리되어 있다.

한편, 기능주의적 관점에서 공간은 그 속에 살아가는 사람들에게 영향을 미치는 요인으로서 작용한다. 인간은 자신을 둘러싼 자연환경의 영향을 받으며, 생존하기 위해 자연환경에 적응해야 한다. 생존을 위해 자연환경에 적응하는 과정에서 인간은 독특한 문화적 경관들을 만들어낸다. 모든 개별적인 지역 문화는 각각의 자연 조건에 대한 인간의 독특한 적응 형태로 평가되며, 문화적 다양성은 인간의 생존 문제에 대해 국지적이고 차별적인 해결 노력의 산물이라고 할 수 있다(베를렌, 2003: 58~59).

자연에 적응하고 삶을 영위하기 위해 인간은 객관적 대상인 공간에 힘을 가해 다양한 공간 혹은 공간적 구조물들을 만들어낸다. 거대한 토목 공사와 건축 행위를 통해 자연 경관을 변형시키고 인위적인 건축물로 뒤덮인 새로운 경관을 만들어낸다. 인간은 이렇게 만들어진 공간 환경 속에서 살아가며 공간을 경험한다. 인간이 만들어낸 공간은 그것을 이용하는 인간들의 공간 경험에 영향을 미친다. 반대로 사람들의 다양한 공간 경험은 공간의 구조와 질서에 영향을 미치며 이것들을 변형시킨다.

공간을 만든다는 것은 단순히 건축적 구조물들을 만드는 것만을 의미하지 않는다. 만들어진 구조물들은 정형화된 이용 패턴을 만들어내며 특정한 사회적 의미를 만들어내기도 한다. 공간의 이용 방식과 패턴, 구조는 공간 이용의 규범과 질서를 만들고 이것을 공간을 이용하는 사람들에게 부과한다.[2] 사람들은 공간의 패턴에 적응하면서 공간이 부과하는 구조와 질서를 받아들이고 이를 체현하게 된다. 때에 따라서 인간은 공간의 구조와 질서에 도전하기도 한다. 주어진 공간 이용 방식과 패턴을 거부하거나 접근 금지된

---

2 인간이 만든 공간 구조물들은 경관을 만들어낸다. 경관들은 지배적 집단들이 만들어내는 통설적 담론들이 특정한 경계를 갖도록 만들어주며 이러한 경계 안에서 토지를 이용하는 방식들이 명시적으로 기록된다. 지배 집단은 통설적 담론을 제기함으로써(assert) 경계로 구분된 공간 안에서 이루어지는 개인의 행위와 행동들을 통제한다(Trudea, 2006: 434).

장소를 전유하고 이용하면서 공간이 부과하는 구조와 질서에 저항한다.[3] 이 과정에서 공간의 구조와 질서는 일정한 변화를 겪을 수도 있다.

인간은 공간의 의미를 만들어내며 공간에 의미를 부여한다. 특정한 랜드 마크와 경관은 사회적·정치적·경제적·문화적 의미를 내포한다. 대표적인 것이 르네상스 시대 건축이다. 르네상스 건축은 도시 문명의 산물로 도시 환경에 의미를 부여하려는 목적에 공헌했다(크리스티안, 1984: 240).[4] 특정한 공간은 개별적인 의미를 담는 공간이 되기도 한다.[5] 공간의 의미는 공간을 만들어낸 사람들과 집단에 의해 강제적으로 부여되기도 하며 반대로 공간을 이용하는 사람들에 의해 새롭게 해석되고 전혀 다른 의미가 만들어지기도 한다. 이런 측면에서 공간은 '의미'가 만들어지고 해석되며 부과되고 경쟁하

---

3 대안적 공간(alternative spaces)에 대한 대안적 소비 양식을 만들려는 노력이 있다. 도시적 경관 속에 숨겨져 있거나 지나쳤던 공간, 타인의 방문을 허락하지 않았던 공간을 감상하고 드러나도록 하는 문화적 운동이 그것이다. 도시 탐험이라고 불리는 이 운동은 폐공장과 같이 사람들의 관심에서 멀어지거나 일상 공간의 이면에 숨겨진 공간을 방문해서 사진을 찍고 이를 소셜 미디어를 통해 공유하는 하위문화적 활동이다. 이는 일상적 삶의 코드들을 위반하고 도시에 대해 무엇을 해야 할지를 생각해보는 하위문화로서 전복적 가능성을 타진하는 활동이다(Klausen, 2012: 561). 이것은 '빈집점거운동(squatting movement)'과 함께 대표적인 공간 전유 활동이라고 볼 수 있는데, 개인이 활용할 수 있는 모바일 미디어와 소셜 미디어의 발달과 함께 점점 더 그 영역을 확장하고 있다.

4 르네상스 도시들은 효력을 발생시키려는 신의 나라에 대한 개념을 더 이상 유형화하지 않고, 수학적으로 조직된 우주의 이미지를 구체화하며, 의미의 새로운 중심을 구성하는 저택을 지닌 귀족 통치자에 의해 지배되었다(크리스티안, 1984: 240). 즉, 르네상스 도시는 신적 이성이 지배하던 중세에서 벗어나 서서히 근대적인 과학적 이성이 지배하는 사회로 변화하는 당시의 시대상을 반영한 공간적 경관이라고 볼 수 있다. 1851년 런던 만국박람회를 위해 지어진 수정궁은 과학적·기술적 진보에 대한 일반적 신념을 증명하는 건축물로 인식되고 있다(크리스티안, 1984: 366). 1889년 파리 만국박람회의 에펠탑 역시 근대를 상징하는 대표적인 건축물로서 자리 잡았다. 에펠탑은 근대적 대도시의 상징이 되었으며, 에펠의 세대에 속하는 쥘 베른(Jules Verne)의 기술적 이상주의가 구현된 건축물이었다(기디온, 2013: 257~262).

5 개별적인 인간의 의미가 부과되는 공간은 장소라고 할 수 있다. 구체적인 구분은 장소와 공간을 설명하는 장에서 다시 검토할 것이다.

는 '의미적 실천'의 장이라고 할 수 있다.

공간은 사회적 관계가 형성되는 장이며 전시되고 부과되는 장이다. 사회적 신분과 계급에 따라 접근 가능한 공간이 구분된다. 19세기 서구 도시계획은 도시를 재구성해서 순수한 공간으로 만드는 것이었다. 이를 위해 사회를 오염시킨다고 생각되었던 가난한 사람들과 노동계급, 소수 인종 집단, 매춘부 등이 사회적으로 가려지고 배제되었다. 이것은 오스만(Georges Eugene Haussmann)에 의해 계획된 파리 대(大)디자인에서 드러난다. 오스만은 부르주아들을 위해 가난한 사람들로부터 거리를 둔 고상한 공간을 만들어서 자산적 가치를 높이려 했다(Sibley, 1995: 57).[6] 공간의 이용 자체가 계급과 신분을 과시하고 표현한다. 공간의 배치는 위계적 질서를 재현하기도 한다. 사무실의 책상 배치, 강단과 학생들의 책상으로 구분되는 강의실의 공간 질서는 회사와 학교에서의 위계질서를 반영하며 서열에 맞는 규범과 행위를 부과하는 장치로 볼 수 있다. 근대 도시의 주택단지 배열은 경제적 생산 관계에 따라 차별적으로 이루어지기도 한다.

공간의 이용 규범, 질서, 구조, 의미 그리고 공간에 의해 형성되는 인간관계들은 공간을 이용하는 사람들에 의해 만들어진다.[7] 즉, 공간 이용자들의

---

6 부르주아를 위한 교외 주택단지의 조성은 그 기원으로 거슬러 올라가면 귀족을 모방하려는 부르주아들의 속물성을 반영하고 있다. 16세기에 왕실과 긴밀한 관계를 맺고 있었던 런던의 상인들이 런던 외곽 시골에 귀족들의 정교한 맨션을 모방한 맨션을 지었다. 이것이 부르주아들의 주말 빌라의 시작이었으며 이것은 부르주아지들의 계급적 자부심을 고스란히 유지하면서 귀족의 위세와 취향을 전유하려는 시도였다(피시만, 2000: 59~61)

7 모바일 미디어의 활용은 공적 공간의 규칙과 의례적 차원의 이용 방식을 변화시킨다. 장소 만들기 활동(place-making activities)에 의거해서 공적 공간으로 인식했던 기차를 바라보는 인간의 지각이 변화했다. 공공 운송수단인 기차에서 휴대전화를 활용함으로써 기차는 사회적 공간으로 변화하고 개인적 커뮤니케이션이 침투하는 공간이 된다. 이러한 변화는 공간 안에 여러 가지 긴장을 유발한다. 공적 공간에서 자신을 드러내는 것을 조절하던(governing) 관습을 변화시켜 사적인 자기표현과 장소감이 상호 결합된 새로운 공간을 만들게 된다(Berry and Hamilton, 2010: 128).

사회적 실천의 과정에서 만들어지는 것이다. 이러한 실천은 일상적인 삶의 과정으로 자연스럽게 이루어지기도 하며, 의도적으로 짜인 계획에 의해 이루어지기도 한다. 인간의 구체적인 실천의 과정을 통해 만들어지는 공간의 구조와 질서, 의미, 관계 등의 총체를 사회적 공간이라고 말할 수 있다. 사회적 공간은 물리적 공간을 기반으로 만들어지며 그 위에서 살아가는 사람들에 의해 만들어지는 공간이다.

사람들은 공간을 기획하며 이를 기반으로 구체적인 공간을 만들어낸다. 만들어진 공간 속에는 공간을 기획하고 생산해낸 사람과 집단들의 사고, 이념, 가치관, 규범 등이 반영되며 투영된다. 이들은 일정한 의도를 갖고 공간을 기획한다. 즉, 인간이 만든 공간은 목적을 갖고 생산되는 것이다. 구체적인 공간을 생산함으로써 공간에 투영된 질서와 규범을 공간 이용자들에게 부과하며 이와 연결된 사회적 규범과 질서를 개개인으로 하여금 체현하게 하는 것이다. 공간 이용자들은 공간의 배치에 따라 숨겨져 있는 공간의 논리를 따르게 된다. 이 과정에서 자연스럽게 공간을 통해 제시되는 사회적 규범과 질서를 받아들이게 된다.

그러나 경우에 따라 인간은 주어진 공간 규범과 질서에 저항한다. 이러한 저항은 공간의 이용 패턴을 변화시키는 가벼운 변형에서부터 공간을 침입하고 강점하며 근본에서부터 공간 질서를 변화시키는 강력한 공간 투쟁까지 다양한 차원에서 이루어진다.

공간을 기획하고 구체적으로 만들어내는 과정과 공간 질서를 거스르는 행위들은 인간의 공간적 실천을 구성한다. 공간적 실천을 통해 공간의 코드들이 만들어지며, 이를 바탕으로 공간의 체계가 형성된다. 사회적 공간은 이러한 과정을 거쳐 만들어진다.

소자(Edward Soja)는 공간 그 자체와 맥락적으로 주어지고 사회적 토대를 가지는 공간성으로서의 공간을 구분해서 제시한다. 그에게 공간의 조직과 의미는 사회적 해석, 이행, 경험의 산물이었다. 또한 사회적으로 생산된 공간은 살아 있는 것에 부여된 주어진 조건들을 변혁함으로써 생기는 다른 사회적 구성물들과 비교될 수 있는 창조된 구조이다(소자, 1997: 106). 소자는 물리적 공간과 별개로 인간에 의해 만들어지고 해석되며 경험되는 공간성이라는 개념을 제시하고 있는데, 이러한 공간성을 지닌 공간이 사회적 공간이라고 할 수 있다.

2) 르페브르의 공간 생산 개념

르페브르(Henri Lefebvre)는 공간이 사회적으로 생산된다는 개념을 제시하고 있다. 사회적으로 생산된 공간은 사고와 행위의 도구이며 생산, 통제, 지배와 권력의 수단이 된다(Lefebvre, 1991: 26). 인간은 농지와 공장 같은 생산을 위한 공간을 만들어낸다. 도로와 집합적 생산단지, 주택단지를 만들어냄으로써 물류의 흐름과 인간의 흐름을 통제한다. 궁전과 퍼레이드를 위한 광장을 만들어냄으로써 권력을 재현하며 과시한다.

르페브르는 공간이 사회적으로 생산된다는 명제에 포함된 함축과 결과를 다음과 같이 정리한다. 첫째는 (물리적인) 자연 공간은 사라진다는 것이다. 자연 공간은 사회적 과정의 기원이자 기원이 되는 모델이며 모든 '독창성'의 근간(basis)이 된다. 두 번째, 모든 사회는 각 사회만의 공간을 만든다는 것이다(Lefebvre, 1991: 30~31).

인간의 공간은 자연 공간에서 출발하지만 인간은 그 위에 인공적인 구조물들을 만들어내며 그것을 변형시킨다. 인공적 구조물 속에는 인간의 의미가 투영된다. 때에 따라 인간의 구조물은 그것이 세워진 자연적 공간의 의미를 사라지게 하거나 보이지 않게 만들어버린다.[8] 과거 생산의 입지는 자연적 공간을 기반으로 결정되었지만 자본주의의 발달과 함께 경제적 의미가 공간 입지에 더 큰 영향을 미치게 되었다. 경제적 경쟁이 치열해지고 기술적 변화와 급속한 재구조화가 진행되면서 산업을 위한 입지 선정에 좀 더 나은 노동 규율의 가능성을 고려하는 현재의 변화가 이를 예증한다(Harvey, 1989: 235). 각각의 사회는 개별적인 정치적·문화적·사회적·경제적 구조가 있으며 이러한 요소들은 각각의 사회가 만드는 공간에 반영되거나 투영된다.

르페브르는 공간 생산의 세 가지 개념을 제시하고 있다. 공간적 실천(Spatial practice), 공간의 재현(Representation of space), 재현적 공간(Representational spaces)[9]이 그것이다. 이를 구체적으로 살펴보면 다음과 같다.

1. 공간적 실천은 생산과 재생산, 특정한 장소(location), 각각의 사회적 형태가 지닌 특성을 반영하는 공간적 집합물들(spatial sets characteristic of each social formation)을 포함한다. 공간적 실천은 연속성과 어느 정도의 고정성(cohesion)을 보장해준다. 이러한 고정성은 사회적 공간과 주어진 사회 구성원 각자가 공간에 대해 맺는 사회적 관계라는 측면에서 개인들이 일정

---

8 청계천 개발의 역사가 이를 증명한다. 청계천은 1960년대 한국에서 본격적인 근대화가 진행되면서 '근대화의 상징'이 되었으며 이후 '근대화의 흉물'로 전락했다가 도심의 쾌적한 '여가 공간'으로 의미를 바꾸게 된다(김병욱·엄정윤·김승현, 2010: 42). 청계천의 변화 과정과 함께 청계천을 상징하는 담론도 변화했는데 이 과정에서 자연적 하천으로서의 청계천은 그 의미를 상실하게 된다. 최근의 청계천 개발은 '복원'이라는 담론을 중심으로 이루어졌지만 여기서의 복원은 상상적인 방식으로 작동했으며 원래 의미의 청계천을 되살린 것은 아니다.

9 애덤스(Adams, 2009: 39~40)는 르페브르의 공간 생산 3차원을 미디어와 장소(place)의 문제와 연결해 다시 해석한다. 애덤스에게 르페브르가 말한 재현의 공간은 예술가, 작가, 철학자들에 의해 직접적으로 체험되는 공간이며 장소-속-미디어(media-in-place)에 의해 점령당하는 영역이다. 공간의 재현은 추상적·이론적 공간이며 생산을 지향하는 공간으로서 권력을 지닌 행위자들에 의해 만들어지는 공식적 계획과 추상적인 청사진이 포함되는 공간이다. 이들은 공간 통제 행위를 공식화(formalization)한다. 이것들은 미디어-속-공간(space-in-media)이다. 공간적 실천은 구체적인 행위와 재현을 포함하고 있으며 경관을 은폐하기도 하고 경관에 특별함을 부여하기도 한다. 여기에는 장소 속 미디어와 미디어 속 장소가 존재한다.

한 능력을 보유하고 특정한 수준의 행위를 수행할 수 있음을 의미한다.

2. 공간의 재현은 생산 관계와 그것이 부과하는 '질서'와 연결된다. 그러므로 지식, 기호(sign), 사회적 약호(code), 겉으로 드러나는(frontal) 관계를 부과한다.

3. 재현적 공간은 다양한 상징주의가 구현된다. 상징은 때에 따라서 약호화되기도 하며 약호화되지 않을 수도 있다. 사회적 삶의 내밀한 측면과 연결되며 예술과 연결되기도 한다. 예술은 공간의 코드보다는 재현적 공간의 코드로서 정의할 수 있다(Lefebvre, 1991: 33).

공간적 실천은 구체적인 공간적 환경을 만드는 것을 포함하는 개념이다. 건축물을 포함한 물리적 공간 환경은 공간적 실천을 통해 만들어진다. 또한 일상적 삶 속에서 개인이 공간을 이용하는 과정 역시 공간적 실천을 구성한다. 물리적 환경을 축조하는 것만이 공간적 실천은 아니다. 물리적 환경으로서 건축물에는 그것을 이용하는 일정한 패턴이라든가 이용 방식 등이 함께 만들어진다. 이를 통해 일정한 구조적·문화적·사회적 힘들을 만들어낸다. 지속적으로 작용하는 이러한 구조적·문화적·사회적 힘들은 공간 속에서 활동하는 사람들의 집단에 압력을 가한다. 이러한 집단의 구성원들은 사회성과 정보, 소속감에 의존하게 된다(Montgomery, 2011: 669). 공간적 실천을 통해 문화적·사회적 요소들을 만들어내고 이에 따라 사람들은 특정한 사회적 관계를 형성하며 소속감을 갖는다. 소속감의 대상은 무형적인 공동체이기도 하지만 특정한 공간 혹은 장소를 향하기도 한다.

사람들은 완전히 자유롭게 공간을 이용하는 것이 아니라 공간에 맞는 이용 방식을 따라야만 한다. 이러한 이용 패턴과 방식들은 코드화되면서 건축물에 담기고 특정한 사회적 공간을 만들어낸다. 공간적 실천을 통해 형성되는 사회적 공간의 구조와 질서는 고정된 형태로 유지되기도 한다. 사람들이 안정적으로 공간을 이용할 수 있는 것은 공간이 지닌 고정성 때문이다. 일관된 공간 질서에 맞춰 일관된 행위를 수행할 수 있다. 이는 공간적 실천의 안정성을 보장해주지만 동시에 공간 구조와 질서에 개인을 종속시킨다. 건물의 형태, 기능, 공간은 각각 사회적 관계의 영역 안에서 의미를 가지며 각 사회적 관계는 사회와 우주적 체계 안에서 우리가 누구인지를 알려준다. 또한 권력과의 유대 관계를 말해주기도 한다(마커스, 2006: 41). 건물을 통해 구현된 공간 질서 속에서 개인은 사회적 관계를 인식하고 자신의 사회적 위치가 어디인지 알게 되는 것이다.

공간의 재현은 개념적 공간이며 언어에 의해 코드화된 공간이다. 공간을 기획하는 계획자와 지식인들에 의해 구성되는 추상적 공간이다. 공간 기획자의 의도와 사상, 문화, 가치관 등이 공간 기획에 담기게 된다. 이들은 대부분 지배계급에서 나오거나 이들과 밀접한 집단에서 나오기 마련이며 따라서 한 사회의 지배적 가치와 이념이 반영될 가능성이 크다고 볼 수 있다. 공간의 생산을 통해 특정한 가치와 이념을 사회적으로 관철하려는 의도가 담기게 된다. 공간의 재현은 (사회적·공간적) 실천 안에서 이데올로기와 지식과 결합된다. 오늘날 공간 계획자들은 각각의 활동에 맞는 정확한 공간을 분배하는 체계를 갖고 있다(Lefebvre, 1991: 45).

재현적 공간은 다양한 해석적 담론들이 경쟁하는 영역이다. 각각의 집단들 혹은 개인들은 자신들만의 코드와 시각으로 공간을 해석하고 이용한다. 공간적 실천의 과정에서 사람들은 공간이 제시하는 일정한 구조와 질서에 맞추게 되지만 때에 따라서 공간을 자신들에 맞게 변형시키면서 새로운 방식으로 이용한다. 이러한 개별적 공간 이용은 새로운 공간 코드를 만들어낸다. 변화된 이용 방식과 패턴이 기존의 공간 구조와 질서를 변경시킬 수 있을 만큼 커지거나 오랫동안 변화가 진행되면 새로운 사회적 공간이 등장할 수 있게 된다.

르페브르는 공간 생산 3요소를 다시 정리해서 제시한다.

1. 공간적 실천: 한 사회의 공간적 실천은 사회의 공간(society's space)을 감 춘다. 변증법적 상호작용 속에서 사회의 공간을 제안하며(propound) 전제 한다. 사회 공간을 통제하고(master) 전유(appropriate)하면서 사회 공간 을 느리게, 그리고 확실하게 만든다. 분석적 관점에서 한 사회의 공간적 실천은 자신의 공간을 해독함으로써 스스로를 드러낸다. …… 공간적 실천 은 지각된 공간 안에서 일상적 삶(reality, 정형화된 일상 생활(daily routine) 을 뜻한다)과 도시적 실체(reality, 일과 '사적' 생활 그리고 여가를 위해 마 련된 장소들을 연결하는 경로와 연결망을 뜻한다)를 밀접하게 연결한다. …… 공간적 실천은 일정한 고정성(cohesiveness)을 지녀야 하지만 일관 성이 있다는 것을 의미하는 것은 아니다.

2. 공간의 재현: 개념화된 공간이며 과학자, 공간 기획자(planner), 도시 계획 전문가(urbanist), 공간을 분할하는 기술 관료와 사회 공학자들의 공간이 다. 과학적 경향성을 가진 예술가의 공간이기도 하다. 이들은 체험된 공간 (what is lived), 지각된 공간(what is perceived), 인지된 공간(what is conceived)을 구분한다(identify). …… 어떤 사회에서든 지배적 공간이 된 다. 공간의 구상(conception)은 몇몇의 예외가 있지만 언어적 기호의 체계 를 지향한다. 이것은 지적으로 이루어진다.

3. 재현적 공간: 공간과 연결된 이미지와 상징을 통해서 직접적으로 체험된 (lived) 공간이다. '거주자'들의 공간이며 '이용자'들의 공간이다. 또한 몇몇 예술가들과 작가, 철학자들의 공간이다. 이들은 기술하는(describe)자들이 다. 지배받는 공간, 그러므로 수동적으로 경험되는(experienced) 공간으 로서 상상을 통해 변화와 전유를 추구하는 공간이다. 물건들을 상징적으 로 사용함으로써 물리적 공간 위에 덧칠되는(overlay) 공간이다. 재현적

공간은 몇몇 예외를 제외하면 비언어적 상징과 기호들의 일관된 체계를 지향한다(Lefebvre, 1991: 38~39).

지배계급의 입장에서 공간적 실천은 이데올로기적 기능을 담당한다. 공간적 실천을 통해 지배계급은 물리적 공간 구조를 만들어내며 동시에 공간 속에 내재되어 있는 공간 질서를 만들어낸다. 공간 속에 담긴 의미와 규범, 질서, 사회적 공간의 구조는 사람들에게 명시적으로 지각된다. 지각된 구조와 질서는 개인들에게 내면화되며 사람들은 이것을 당연한 것으로 받아들인다.[10] 명시화된 공간 구조와 질서는 공간에 부과된 지배계급의 이데올로기를 감춘다.

공간에 담긴 지배적 이데올로기는 공간의 재현에서 만들어진다. 공간 기획자들과 지식인들은 공간을 해독하고 기획하기 위해 다양한 층위의 추상화된 기호와 전문적 용어들을 활용한다. 이것들은 고도로 체계화되며 약호화된 기호들이다. 약호화된 공간의 기호 체계들을 이해하고 활용할 수 있는 사람들은 소수에 한정되며 이들은 지배계급과 밀접한 관계를 맺고 새로운 공간 개념과 계획을 창출한다. 지배계급 역시 적극적으로 공간을 기획한다. 자신들의 정치적·경제적·사회적 주도권을 유지하기 위한 장치로서 공간을 기획한다. 정치적 권력을 과시하기 위한 공간을 기획하며 사회적 규범과 질서를 내면화하기 위한 공간을 기획한다. 새로운 이윤 창출을 위해서 기존의 공간 구조를 파괴하고 그 위에 전혀 다른 공간 구조를 만드는 계획을 마련한

---

10 푸코(2003)는 공간의 규범과 질서가 내면화되는 과정을 패놉티콘(panopticon)에서 구현된 일망 감시 방법에 대한 논의를 통해 설득력 있게 제시한다. 일망 감시 장치 속에 있는 수감자들은 권력의 자동적인 기능을 보장해주는 가시성의 지속적이고 의식적인 상태로 이끌려 들어가며 수감자 스스로가 권력의 전달자가 되는, 권력적 상황 속으로 편입된다. 권력의 강제력을 자발적으로 자기 자신에게 작용시키는 것이다. 일망 감시의 구성은 규율 메커니즘을 만들고, 이는 구석구석 침투해 사회의 기초적인 운용을 계획한다.

다. 지배적 권력을 과시하기 위해 만들어지는 공간들은 정치적 경관을 만들어내는데 정치적 권위와 경관과의 관계는 한 번에 완결되는 것이 아니라 끊임없이 재생산된다.[11] 여기에는 경제적 권력을 강화하기 위해 기존 공간 구조를 다듬는 계획도 포함된다. 또한 배제와 포섭을 위한 공간 흐름과 질서를 기획한다. 이러한 공간 기획들은 특정한 지배계급의 헤게모니를 유지하기 위한 주요 수단이 된다. 지배계급에 의해 마련되는 공간 기획은 지배적 공간을 창출해낸다.

재현적 공간은 개별적으로 체험되는 공간이다. 일상적 삶의 과정에서 체험하는 공간이다. 개인들은 상상과 구체적 공간 체험을 통해 공간의 구조와 질서를 변형시킨다. 그래피티와 같이 비교적 미시적 차원에서 공간의 질서를 뒤틀기도 하며 '월스트리트를 점거하라(Occupy Wall Street: OWS)'의 경우처럼 기존의 공간을 점유하고 자신들만의 공간으로 만들기도 한다. 재현의 공간은 전유의 방식을 이용하는데 전유는 기존의 공간을 단순하게 점유하는 데 그치지 않고 자신들만의 방식으로 이용함으로써 공간에 내재되어 있는 질서와 구조를 변화시키는 과정이다. 유럽에서 이루어지고 있는 '빈집점거운동(squatting movement)'이 대표적인 사례다. 빈집점거운동은 주택을 점거하고 이를 개조함으로써 오래된 아파트의 낙후성(deterioration)과 공동화(emptiness) 문제를 제기하고 새로운 방식의 시민불복종운동을 만들어내는

---

11 이것은 정치적 경관의 일시성을 의미한다. 정치적 경관을 재생산할 수밖에 없는 이유를 스미스(Adam T. Smith)는 다음과 같이 정리하고 있다. 첫째, 정치적 경관은 별자리와 같은 특성을 갖는다. 별자리는 몇 개의 별만으로 특정한 형상을 그리게 되는데, 이는 상상적 과정이며 따라서 나머지 빈 부분을 채워야 한다. 정치적 경관 역시 이와 유사하게 끊임없이 빈 부분을 채워야 한다. 둘째, 정치적 경관을 위해 세워진 건축물들은 시간의 흐름과 함께 그 의미가 노화될 수밖에 없다. 셋째, 정치적 경관이 세워지는 땅과 정치적 경관 사이의 관계가 불완전하기 때문이다. 물리적 자연환경의 변화에 맞춰 정치적 경관 역시 변화해야 한다. 넷째, 정치적 권위는 나누어져서 존재하며 사회적 관계에 따라 다양하게 변화한다. 정치적 경관 역시 이러한 정치적 관계의 변화에 맞추어 계속해서 변화할 필요가 있다(Smith, 2003: 109~110).

것을 목표로 하고 있다(Holm and Kuhn, 2011: 646). 이들은 빈집을 점거하고 자신들에 맞게 개조함으로써 공간 자체를 변형시켰다. 이들은 또한 빈집과 대형 주택단지의 사회적 공동 현상을 제기함으로써 이 문제가 사회적·구조적 문제임을 공적으로 드러냈으며 나아가 행정 당국과의 협상을 이끌어내기도 했다. 공간 문제를 공적으로 제기함으로써 지배적 공간 규범을 변형시키거나 해체시키려 했던 운동이었다. 저항적 공간 실천으로서의 재현적 공간의 의미가 구체화되는 장면이었다.

르페브르가 제기한 세 가지 층위에서 이루어지는 공간적 실천을 통해 사회적 공간이 탄생한다. 사회적 공간은 지배계급에 의해 일방적으로 만들어지는 공간이 아니다. 지배계급은 다양한 공간 기획자들을 동원하거나 때에 따라서는 직접 새로운 공간 질서를 만들고 기존의 공간 구조와 질서를 강화하려 한다. 공간 기획자들은 지배계급과 밀접한 관련 속에서 공간을 기획하지만 완전하게 지배계급과 밀착하지는 않는다. 이들 역시 상대적으로 자율적인 집단들이라고 할 수 있다. 자신들이 가진 고도의 전문 지식을 통해 공간의 언어를 축조하지만 온전히 지배계급만을 위해 봉사하지는 않는다. 개인들의 공간 실천은 일상적 삶을 통해 이루어진다. 지배적 공간 규범과 질서를 수동적으로 받아들이기도 하지만 상상과 일탈적 방식 등을 통해 기존 질서와 규범에 도전하며 공간의 사회적 구조를 변형시킨다. 저항적 공간 경험을 창출하며 대안적 공간을 만들기도 한다. 이러한 다양한 세력과 집단들의 다중적인 참여로 사회적 공간이 생산된다.

3) 하비의 공간 격자

하비는 르페브르의 공간 생산의 세 가지 차원을 해석하며 관습적인 이해 (understanding)에서 나온 공간적 실천의 네 가지 측면을 덧붙여 공간적 실천의 격자표를 제시한다. 우선 하비는 르페브르의 세 가지 차원을 다음과 같이 해석해서 제시하고 있다.

1. 물질적 공간 실천은 물리적이고 물질적인 흐름, 이동, 상호작용을 의미한다. 이것들은 공간 안에서, 그리고 공간을 가로지르며 발생하고 생산과 사회적 재생산을 보장한다.

2. 공간의 재현은 기호와 의미적 체계(signification), 약호, 지식을 포함한다. 이것들은 물질적인 공간 실천에 대해 말해주며 이해할 수 있게 해준다. 이것들은 일상적인 공통의 언어로, 때로는 공간적 실천을 다루는 학문 분야(공학, 건축학, 지리학, 설계학, 사회생태학 등)의 이해하기 어려운 전문용어들에 의해 이루어진다.

3. 재현의 공간은 사회적 공간의 새로운 의미와 가능성을 상상해볼 수 있는 정신적 창조물(이것은 약호, 기호, '공간 담론들', 유토피아적 기획, 상상 경관이며 심지어는 상징적 공간, 특정한 건조 환경, 그림, 박물관 등과 같은 물질적 구성물이다)이다(Harvey, 1989: 218~219). 공간 정치경제학자로서 하비는 르페브르의 공간 생산 3차원을 자본주의적 공간 생산의 방식과 연관 지어 해석하며 설명하고 있다. 물질적 공간 실천에 대해 정리하면서 이를 생산과 재생산과 연결해 설명하는 것이다. 하비가 중심적으로 보는 것은 재화를 포함한 물질적 요소들이 사회적 공간을 통해서 어떻게 이동하는가의 문제이다. 이는 결국 자본주의적 물류의 흐름과 결합하며 자본주의 공간 구조를 만드는 동인으로 작동할 수 있기 때문이다.

하비는 자신이 설정한 네 가지 차원의 공간적 실천을 덧붙인다.

1. 접근성과 거리화는 인간의 일상생활에서 나타나는 '거리 마찰'의 역할에 대

해 말해준다. 거리는 인간 상호작용에 대한 장벽이면서 보호막이다. 그것은 생산과 재생산 체계(노동의 정교화된 사회적 분업, 교역 그리고 재생산 기능의 사회적 분화에 기반을 둔 것들)에 대해 거래 비용을 부과한다. 거리화는 거리 마찰이 극복되고 사회적 상호작용에 어느 정도 수용되었는지를 측정하는 도구이다.

2. 공간의 전유는 공간이 사물(주택, 공장, 거리 등), 행위(토지 사용), 개인, 계급과 다른 사회집단에 의해 점유되는 방식을 검토한다. 체계화되고 제도화된 전유는 영역으로 묶인 사회적 연대의 형식을 만들어낼 수 있다.

3. 공간의 지배는 개인과 권력집단이 법률과 초법적 수단을 통해서 어떻게 공간 조직화와 생산을 지배하는지를 반영한다. 개인과 권력 집단들은 이를 이용해서 거리 마찰과 자신들 그리고 타인들이 공간을 전유하는 방식을 통제함으로써 상당한 수준으로 공간에 대한 통제력을 발휘한다.

4. 공간의 생산은 토지 이용, 교통, 커뮤니케이션, 영역적 조직화 등을 위한 새로운 시스템(이것은 실제적일 수도 있으며 상상적일 수도 있다)이 어떻게 만들어지는지, 새로운 재현 방식(즉, 정보 기술과 컴퓨터를 이용한 지도 제작과 공간 디자인)이 어떻게 등장하는지에 대해서 검토한다(Harvey, 1989: 219~222).

하비의 공간 실천 격자표는 추상적으로 제기된 르페브르의 공간 생산의 측면을 구체적인 공간 실천의 항목으로 보여준다. 공간의 유형화를 통해 일상생활에서 이루어지는 다양한 공간적 활동뿐만 아니라 마르크스의 이론에 나오는 다양한 개념들의 공간성을 설명하려고 한다(최병두, 2011: 12).

접근성과 거리화는 물류의 흐름을 통제하는 동시에 사람들의 공간적 배제와 포함이라는 개념과 연관된다. 거리화의 문제는 교통 연구 분야에서 시작되었으며 거리 비용을 어떻게 절감시킬 수 있는가의 문제와 거리가 사람

표 1-1 ㅣ 공간적 실천의 '격자표'

	접근성과 거리화	공간의 전유, 이용	공간의 지배, 통제	공간의 생산
물질적인 공간적 실천 (경험)	- 상품, 화폐, 인간 노동력, 정보 등의 흐름 운송과 커뮤니케이션 시스템 - 시장과 도시의 위계적 구조 - 거대한 집적체	- 토지 이용과 건조 환경 - 사회적 공간과 여타의 '세력권' 지정 - 커뮤니케이션과 상호 원조의 사회적 네트워크	- 토지의 사적 소유 - 국가와 행정부에 의한 공간 분할 - 배타적 공동체와 이웃 집단 - 배제 공간 형성(exclu-sionary zoning)과 여타의 사회적 통제 방식(경찰력과 감시)	- 물리적 사회 기반 시설의 생산(운송과 커뮤니케이션, 건조 환경, 토지 정비 등) - 사회 기반 시설의 영역적 조직화(공식적·비공식적)
공간의 재현 (지각)	- 사회적·심리적·물리적 거리 측정 - 지도 제작 - '거리 마찰' 이론(최소 노력의 원칙, 사회물리학, 상품의 도달 범위, 중심지 및 기타 입지 이론)	- 개인적 공간 - 점유한 공간의 지적 지도(mental map) - 공간적 위계 구조 - 공간의 상징적 재현 - 공간 '담론들'	- 금지된 공간 - '영역적 규범' - 공동체 - 지역 문화 - 민족주의 - 지정학 - 사회적 위계구조	- 새로운 지도 체계들(mapping system), 시각적 재현, 커뮤니케이션 등 - 새로운 예술, 건축 - '담론들' - 기호학
재현의 공간 (상상)	- 공간적 이끌림과 거부감 - 거리·욕망 - 접근·부인 - '미디어가 메시지'임을 초월	- 익숙함 - 가정 - 열린 공간 - 대중적 스펙터클로서의 장소(거리, 광장, 시장) - 도상학과 그래피티 - 광고	- 낯설음 - 공포의 공간 - 자산과 소유 - 기념 공간, 의례적 공간 상징적 장벽, 상징 자본 - '전통'의 축조 - 억압의 공간	- 유토피아적 기획 - 상상 경관 - 과학 소설 존재론과 공간 - 예술가의 밑그림 - 공간과 장소의 신화 - 공간의 시학 욕망의 공간

자료: Harvey(1989)

들의 행위에 어떤 영향을 미치는가의 문제를 다룬다(Logan, 2012: 511). 도로와 통신은 물리적·심리적 거리를 축소시킴으로써 거리 마찰을 해소한다. 또한 공간에 대한 접근성을 재고함으로써 다양한 사람들이 특정한 공간을 이용할 수 있도록 만든다.[12] 거리화의 문제는 거리 축소의 방향으로만 진행되지 않는다. 반대로 공간을 분리하고 단절시켜서 사람들을 배제하고 접근을

원천적으로 차단하기도 한다.[13]

공간의 전유는 공간 점유자들이 자신들의 의도대로 공간을 이용하면서 공간의 질서와 구조를 변화시키는 과정을 말한다. 공간 기획자들과 지배계급을 중심으로 이루어지는 공간적 실천으로서의 공간 전유는 제도화된 형태로 이루어진다. 이들은 비교적 안정되고 지속적이며 고정성을 갖는 공간을 만들어낸다. 이것은 지배집단의 공간적 담론에 의해 이루어진다. 반면 재현적 공간의 차원에서 전유는 익숙한 공간을 열린 공간으로 만드는 작업이다. 자신들만의 상징적 기호로 익숙한 공간을 채우고 덧칠해서 익숙함을 비틀고 변형시키는 과정이다. 도시 공간에 낙서를 하는 그래피티와 빈집점거 운동이 대표적인 전유의 방식이다. 이러한 전유의 방식들은 게릴라적인 특성이 있다. 한 공간을 오랫동안 점유하지 않으며 일시적으로 이루어지는 활동이다. 최근 들어서 늘어나는 플래시몹은 뉴미디어를 적극적으로 활용하는 새로운 공간 전유 방식이다.[14]

---

12 웨슬(Wessel, 2012)은 소셜 미디어를 통해 푸드트럭의 영업 스케줄이 제시, 공유됨으로써 도심 공간을 새로운 소비 공간으로 만드는 과정을 분석한다. 푸드트럭 운영자들은 소셜 미디어를 통해 영업 날짜와 시각, 위치를 공개해 사람들을 공적 시설인 광장으로 유인하고, 유인된 손님들은 새로운 공간 이용 방식을 창출한다. 손님들은 소셜 미디어를 통해 푸드트럭이 설치되는 광장을 인식하고 이곳을 이용하기 위해 다양한 지역에서 각기 다른 교통수단을 통해 모인다. 소셜 미디어라는 새로운 커뮤니케이션 수단에 의해 공간에 대한 접근성이 개선된다. 광장이 일시적으로 식당으로 변화하면서 기존의 공간 구조와 질서에 변화를 가져오는 것을 볼 수 있다. 또한 이것은 새로운 경제적 이윤 창출의 통로를 제시하기도 한다.

13 비테보른(Witteborn, 2011: 1154)은 피난민 수용소를 연구하면서 피난민들이 공간적으로 격리되는 과정을 검토하고 있다. 수용소에서는 라벨링(labeling)이 이루어진다. 라벨링은 커뮤니케이션적·사회적·법적·행정적·정치적 차원에서 이루어진다. 물리적 장소로서의 피난처가 전혀 다른 공간임을 당연하게 받아들이도록 만드는 작업을 하는 것이다. 라벨링은 사회적 공간을 제한하며 특정한 방향으로 피난처를 생각하게 만든다. 국가에 의해 피난처에 가해지는 물리적 이동성의 제한은 피난민들이 사회적 관계를 유지하지 못하게 만들며 사회적 공간을 제한하도록 만든다.

14 플래시몹은 익명성, 일시성, 비장소성, 이동성, 확산성이라는 특성을 갖는다. 주로 공적 공간

한 사회의 지배계급은 배타적 공간을 기획하고 창출하면서 개인과 사회 집단을 포섭과 배제라는 방식을 통해 통제한다. 자본주의는 땅의 상품화와 사유화, 농민들의 방출, 다양한 형태의 소유권을 배타적 사적 소유권으로 전환, 공유권의 폐지, 노동력의 상품화와 대안적인 생산 및 소비 형태들의 억압 등의 방식으로 공간을 지배하게 된다(하비, 2010: 67). 사람들은 주류 사회적 공간에 포함되기 위해 노력해야 한다. 지배적 상징물을 받아들이고 의례적 차원에서 공간을 소비함으로써 새롭게 진입했거나 진입하고자 하는 공간에 자신을 포함시켜야 한다.[15] 공간에 대한 지배의 차원에서 공간에 대한 전유는 일반인들에게 억압의 공간으로 다가온다. 배제되지 않기 위해 지배적 공간 질서를 받아들여야 하는 것이다.

공간의 생산은 구체적인 건조물을 기획하고 만들어내는 과정을 포함한다. 새로운 지도 체계를 만들거나 공간을 기획하고 이를 바탕으로 구체적인 물리적 구조물들을 만든다. 교통 시스템과 커뮤니케이션 시스템을 만들어내며 생산을 위한 건조 환경을 축조해낸다. 일반인들에게 공간의 생산은 대안적 공간을 상상하는 것이다. 강요된 공간 담론과 개념에서 벗어나 저항적이고 대안적인 공간을 기획하며 밑그림을 그린다. 픽션 형식으로 새로운 공간 개념을 창조해내기도 한다. 뉴미디어의 발달은 대안적 공간 생산의 가능성을 확장시켜준다. 개별적인 공간 구성이 가능해진 것이다. 휴대폰과 GPS

에서 이루어지며 일시적이고 우발적인 방식을 통해 공간의 공적 본질을 아주 잠깐 다른 형태로 변형시키는 것을 목적으로 한다. 공적 공간을 침습하고 침투해 그 공간의 본질을 일시적으로 변모시키고 공적 공간에 속해 있던 사람들을 우발적으로 참가하게 하여 변질된 공간의 의미를 팽창시켜 공간을 점유한다(임상헌, 김개천, 2013: 185).

15 어과이어와 데이비스(Aguirre and Davis, 2015)는 필리핀에서 뉴질랜드로 이주한 필리핀 가족이 페이스북을 이용해 장소를 만드는 과정을 관찰했다. 이들은 일상적 삶에서 찍은 사진과 여행하면서 찍은 사진을 페이스북에 업로드하면서 새롭게 이주한 국가에 동화된다. '좋은 삶'을 정의하고 페이스북을 가족 앨범으로 만들었으며 관광객의 시선에서 벗어나 장소 속에 존재하는 가족(family-in-place)을 구성하면서 뉴질랜드에 동화되는 과정을 보여준다.

장치, 위치추적 애플리케이션에 의해 개별적 지도 그리기를 수행할 수 있다. 누군가에 의해 제작되고 제시되는 지도가 아니라 '이용자-생산' 방식을 통해 개인이 직접 자신만의 지도를 구성하는 것이다. 개별적으로 제작된 지도는 타인들과 공유되면서 개인과 집단의 공간 이용에 영향을 미친다.[16]

하비는 근대적인 공간 생산의 과정을 공간이 통합되어가는 과정으로 바라보고 있으며 이는 시공간 압축이라는 표현을 통해 제시된다. 하비에 따르면 자본주의는 재현의 위기에 처하게 되었고 이를 해결하기 위해 시간적·공간적 이전에 더욱더 의존한다는 것이다. 1850년대 이후 해외 교역과 투자가 거대한 규모로 확장되었고 이는 주요 자본주의 패권 국가들을 세계화로 나아가게 만들었다. 이러한 과정에서 식민주의적 편의와 제국주의적 행정에 따라 세계적 공간은 탈영토화되었고, 이전에 가지고 있던 의미를 상실했으며, 재영토화가 이루어졌다. 교통과 커뮤니케이션에서 이루어진 혁신들에 의해 상대적 공간이 혁명적으로 변화했을 뿐만 아니라 공간에 담겨진 것들도 근본적으로 재정비되었다(Havey, 1989: 264).

공간에 대한 경험은 국지적 차원을 벗어나서 영토적 경계를 뛰어넘어 전지구적 차원에 대한 공간 경험으로 변모하게 된다. 이러한 공간 경험은 동시간적으로 이루어진다. 공간상의 거리는 19세기에 단숨에 극복될 수 있었는데, 동일한 시간에 과거의 몇 배에 달하는 공간상의 거리를 이동할 수 있게 되었다. 교통 경제상으로 이는 공간의 축소를 의미했다. 시간의 단축은 19세기 초에 공간의 수축으로 이해되었다. 공간적인 관계들의 변화는 공간 축소

---

16 가자드(Gazzard, 2011)는 사람들이 휴대폰을 이용해 공간과 장소를 모으는 과정을 살펴봤다. 사람들은 안에 장착된 GPS와 포스퀘어(Foursquare) 애플리케이션, Layar AR 브라우저와 아이폰 용 게임인 Argh를 이용해 새로운 지도를 작성한다. 이용자들은 공간을 추가하고 다른 사람들이 발견할 수 있도록 새로운 장소를 부각시키며 장소에 대한 견해를 제시한다. 이러한 장치들은 장소를 수집할 수 있도록 하며 공간에 대한 경험을 변형시킨다.

와 공간 기대라는 이중의 과정이었으며 운송의 시간적 단축이 교통 공간의 확장이라는 현상으로 나타났다(쉬벨부시, 1999: 48~51).

증기기관을 중심으로 한 교통수단의 혁명과 도로의 정비는 전 세계적 교통망을 구축하게 만들었다. 유무선 통신의 발전과 함께 짧은 시간 안에 정보가 지구적 차원에서 이동할 수 있게 되었다. 물리적 한계 때문에 접근할 수 없었던 지역과 공간에 대한 정보가 짧은 시간에 다량으로 집적·처리될 수 있게 된 것이다. 다른 지역의 정보와 뉴스에 대한 접근은 단순히 해당 지역에 대한 공간적 인식의 차원에만 머무는 것이 아니라 지역에 대한 문화적·정치적·경제적 이해의 폭을 넓혔다. 새롭게 정비된 교통망과 통신망을 통해 인적 네트워크는 광범위한 지역으로 확장된다. 공적 시간은 공간을 가로지르며 더욱더 동질적이고 보편적인 것으로 변해갔다(Harvey, 1989: 267).

이러한 동질화와 보편화는 장소가 갖는 정체성의 상실로 이어졌다. 자본주의적 생산과 이윤의 극대화를 위해 공간이 재조정되었다. 효율성의 원리에 따라 공간의 설계가 이루어졌으며 대량으로 생산된 재료를 이용해 모듈화된 방식으로 건축물들이 생산되었다.[17] 토지는 분절화되고 화폐적 가치에 따라 평가되었다. 새로운 화폐적 가치를 창출하기 위해 낡았다고 평가된 공간에 대한 파괴가 진행되며 그 위에 새로운 공간 구조물들을 덧씌우게 된다. 하비는 이를 "창조적 파괴"라는 개념을 통해 설명하고 있다. 그에게 창조적 파괴는 통일의 반작용과 관련된 과정으로서 개별화의 환상적 보편화를 삼

---

17 산업의 발전에 따라 자연 재료는 등질의 인공 재료로 대체되었으며 재료의 구성비가 정해진 생산물로 대체되었다. 경제 법칙에 따라 형강(形鋼)과 철근 콘크리트는 재료를 완전하고 정확하게 사용하면서 계산을 순수하게 표명하게 된다(코르뷔지에, 2003: 232). 건축물을 위한 재료들이 자연에서 직접적으로 얻을 수 있는 것에서 공장에서 대량으로 생산된 것으로 대체된 것이다. 재료의 비율은 철저하게 계산되어서 배합된 것이었다. 이러한 재료를 이용해서 건축하는 과정 역시 철저한 계산에 근거한다. 건축 재료의 생산에서부터 그것을 이용한 조립까지 산업시대 건축물은 계산의 산물이었다. 그 계산은 경제적 가치에 근거한 계산이었다.

커버리는 과정이다(Harvey, 1989: 16). 창조적 파괴를 통해 낡은 것은 사라지고 그 위에 자본주의적 구조물들이 들어선다. 낡은 것의 파괴 속에서 공간과 장소가 가지고 있었던 독자적이고 독특한 정체성이 사라지거나 자본주의적 방식으로 생산된 공간의 보편성 속으로 통합된다. 보편적 공간 질서가 지배하는 효율적인 공간 구조가 모든 차이를 삼키며 자리 잡는다. 공간적 통일성은 그 속에 담긴 문화적·사회적 차이 역시 보편화시키거나 특정한 문화와 사회적 구조로 통합되게 만든다.

2. 근대적 시공간과 장소

1) 동질적 공간의 창출

근대는 보편성을 추구했다. 보편이라는 이름 아래 동질성과 통일성을 추구했던 것이 근대의 역사이다. 근대적 국민국가의 출현과 함께 일정한 영토적 경계 안의 모든 것을 관장하는 중앙 집중적 행정 체계가 갖추어졌다. 중앙의 명령과 통제는 전일적으로, 예외 없이 모든 영토 안에 영향력을 발휘했다. 민족이라는 이름과 함께 민족의 표준적인 역사, 표준적인 언어가 제정되었으며 국민교육이라는 틀 속에서 학습되었다. 의무교육은 표준적인 교과서를 통해 표준이 되는 국민들을 키워나가는 사회적 기제가 되었다. 산업 생산의 방식이 공장제에 바탕을 둔 대량생산체제로 변하면서 표준화된 생산 방식에 의해 규격화된 상품이 대량으로 생산되었으며 대량으로 소비되었다. 사람들이 대량생산, 대량소비에 익숙해지면서 일정한 감정을 공유하며 비슷한 패턴으로 반응하는 거대한 인간 집단으로서 대중이 형성되었다. 공간 역시 보편적인 공간 개념을 창출하려 했다. 기디온(2013)에 따르면 보편적인 문명은 어떤 '공간 개념'을 내재하고 있으며 그 개념은 보편적인 문명의 정신적 태도이자 감정의 한 부분이 된다. 오늘날의 '시간·공간 개념은 모든 현대 건축의 밑바탕에 깔린 보편적인 태도가 된다. 따라서 근대적 공간의 개념은 근대의 보편적인 정신적 태도와 감정의 한 부분이 되며 근대적 공간을 창출하는 바탕이 된다. 그러한 공간 안에서 살아가는 사람들은 공간의 경험을 통해서 근대적 공간 개념과 그것에 내재하는 정신적 태도 그리고 감정, 가치, 의미 등을 경험하고 내재한다.

보편적 공간 개념의 창출은 보편적 길이 단위를 제정하려는 움직임과 함께 진행된다. 프랑스혁명 이후 서구는 공간을 측정하는 도구의 규격화를 시도한다. 세상 모두가 도량법의 공통 기준으로 지구를 측정하게 하려는 목적 아래 새로운 척도를 제정하려는 시도가 나타났다(애들러, 2008: 9). 지역적·문화적 측면에서 독자적으로 사용되었던 도량형을 표준적인 도량형으로 통일시키려는 시도였다. 사람들은 물건과 정보의 교환에 이성적인 질서를 부여할 보편적인 도량법을 도입해야 한다고 주장했으며 이 도량법은 사용자들이 세계에 대해 합리적이고 정합적으로 생각하게 하는 합리적이고 정합적인 도량법이어야 했다(애들러, 2008: 11).

봉건적 질서의 흔적 속에서 유럽의 각 지역은 독자적인 도량형을 사용하고 있었으며 이는 지역 간 교역의 커다란 장애물일 수밖에 없었다. 근대의 출현과 함께 국가적 영토 안에 존재하는 시장의 통합과 자유로운 교역이 가능해야 했다. 공통된 도량형과 화폐의 제정은 국내시장 통합에 필수적인 전제 조건이 된다. 또한 근대적 국민국가는 자본주의의 발전과 함께 제국주의적 팽창과 침략에 나선다. 단일 국가적 시장을 넘어서는 세계적 규모의 시장이 창출되어야 했으며 이를 위해서 세계적 차원에서 작동할 수 있는 표준적인 도량형이 필요했다. 새로운 미터법은 과학자, 기술자, 관리들 사이의 원활한 의사소통을 가능하게 할 목적에서 필요했으며 궁극적으로는 세계 전체를 상품과 정보가 자유로이 오가는 자유시장으로 만들려는 목적을 갖고 제정되었다(애들러, 2008: 14).

이전의 측량 단위는 문화와 지역에 따라 자의적인 성격을 지녔다. 발의 크기, 손끝에서 팔꿈치까지의 길이 등이 길이의 단위로 사용되어 정확한 치수의 개념을 정하기도 어려웠고 정확한 측정 역시 불가능했다. 미터법을 기반으로 하는 근대적 측량 체계는 절대적인 표준과 관련된 추상적이고 통약 가능한 단위로 사물들을 기술하게 된다(애들러, 2008: 196). 1미터가 자오선의 1000만분의 1이라는 기준으로 정의되면서 길이의 단위가 신체와 같은 구체적 성질에 의해 측정되던 관행에서 벗어나 고도로 추상적인 개념에 따라 정해졌다. 이러한 추상성에 따라 거리의 합리적인 계산이 가능해졌으며 표준적인 길이에 대한 관념이 관행으로 자리 잡았다. 미터는 인간의 이해관계와 관계없이 정의될 수 있는 것이었으며 자연스러운 단위가 되었고 어떤 특정한 공동체나 국가의 이해관계를 초월하고 어떤 사회적 협상과 시간적 변화와도 무관한 단위라고 주장되었다(애들러, 2008: 203). 미터법은 이제 궁극적이며 보편적이고 절대적인 기준이 되었다. 또한 세계를 단일한 표준에 의해 통합시킬 수 있고 의사소통이 가능하다는 근대적 계몽 이성의 구체적 실현이 되었다.

전 세계적인 표준에 의한 구체적 차이의 통합은 추상성 속으로 차이가 끌려들어가는 근대의 모습을 보여주는 대표적인 사례라고 할 수 있다. 이 과정은 미터법 하나에만 한정된 것이 아니었다. 공간을 측정하는 도구뿐만 아니라 공간을 바라보는 방향 역시 변화한다. 투시도법의 발견에 의해 공간을 바라보는 시각 역시 보편화된다. 근대 이전의 회화에서 재현되는 화가의 시선은 다양한 각도를 취하고 있다. 한 그림 안에 담긴 대상들의 원근감은 상이했고 이를 바라보는 시선 역시 다양한 시점으로 바라보는 것이었다. 르네상스의 시작과 함께 이상적인 시점을 기준으로 해야 한다는 기본적 입장을 가진 투시법이 자리 잡게 된다. 이는 대칭과 균형, 안정을 중심으로 사물을 포착하려는 태도와 연관되는 것으로 추측해볼 수 있다(이진경, 2002: 108).

기디온(2013: 41)에 따르면 투시도가 개발되고 모든 그림이 단일한 초점과 단일의 정적 관찰자 시점에서만 평가되는 시대가 르네상스 시대였다. 이 시기는 하나의 도시 형태만을 고집했고 반세기 동안 모든 유토피아적 도시계획에 적용되었다. 투시도에 반영된 시각은 개별적 관찰자의 시각이다. 개별적 관찰자는 외부 대상을 객관화해서 바라보며 자신의 시각을 통해 대상을 정확하게 바라볼 수 있는 존재로 여겨졌다. 투시도법에 반영된 시각은 모든 개별적 관찰자에게 적용할 수 있는 보편적 시각이었다. 이를 통해 실재를 최대한 시각적으로, 한꺼번에 몽땅 포착하려 했다(크로스비, 2005: 27).

객관적 관찰자가 대상을 절대적인 시점 속에서 정확하게 바라볼 수 있으며 관찰의 대상을 정확하게 재현할 수 있다는 사고는 근대적 사고의 기반이 된다. 르네상스의 원근법은 사실적이라고 인정되었으며 사실적이라는 말은 기하학적으로 정확하다는 의미를 갖는다(크로스비, 2005: 237). 기하학적 관념과 광학적 원근법의 적용을 통해서 근대적 의미의 투시도법은 절대적이고 보편적인 시각을 가져왔으며 이에 따라 외부의 대상을 보편적인 방식으로 바라보게 되었다.

투시도법은 대상을 관찰하는 사람의 시각을 그림 속의 시각과 일치시키며 나아가 그림을 바라보는 사람의 시각과도 일치시킨다. 르네상스 시기 원근법에 의한 회화는 관찰자가 어디에 서서 보아야 할지를 지시해주며 원근법 회화가 "물질 공간 안에 위치한 육체적 개인의 존재", 즉 구체적인 물질 공간 내의 구체적인 육체에 의해 관찰된다는 것을 의미하게 된다(버트하임, 2002: 149). 그림 속의 시각은 구체적인 개인의 시각과 동일한 것으로 생각되었고 그림에 의해 기하학적으로 대상이 정확하게 묘사될 수 있다는 관념은 인간의 시각을 우선시하는 근대적 관념으로 이어진다. 시각의 우월성 속에서 '볼 수 있다'는 것은 대상을 정확히 파악할 수 있다는 관념으로 이어지는데 이는 근대적 '자명함'[18]의 원리를 반영한다. 시각은 인간의 감각이며 근대 과학은 인간의 감각에 의해 경험 가능한 것, 관찰과 실험을 통해 실증 가능한 것만을 지식과 학문의 대상으로 생각했다. 경험과 관찰을 통해 보편적으로 검증 가능한 것만이 지식의 영역에 포함될 수 있었던 것이다. 시각은 근대에서 가장 강력한 검증과 경험의 도구가 되었으며 시각적 경험에 의해 검증될 수 있는 사실은 자명한 것으로 받아들여질 수 있었던 것이다. 그리고 이는 하나의 보편적 사실이 된다.

공간을 측정하는 도구와 공간을 바라보는 시각의 동질화와 함께 근대적 공간 역시 동질적으로 생산된다. 자본주의적 산업 생산 방식이 지구적으로 확장되면서 전 세계적 차원에서 시장이 통합되고 이윤 논리가 지배하게 된다. 자본주의적 이윤 논리는 동질적인 방식으로 공간을 만들며 공간과 장소가 갖고 있는 차이를 약화시키거나 사라지게 만든다.

르네상스 이후 유럽인들은 세계의 표면을 균질적이라고 확신하게 된다. 균일하게 측정 가능한 것, 즉 고전 물리학의 공간이 새로운 공간의 대안이 되었다. 르네상스 시대 유럽인들은 자기들이 세계를 사과처럼 분할할 수 있는 능력을 가졌다고 여겼으며 이론적으로 정확하다면 실제로 오래지 않아 그렇게 될 것으로 자신하게 된다(크로스비, 2005: 140~142). 균질적인 공간은 추상적인 도구에 의해 정확하게 측정될 수 있는 공간이다. 앞에서 말한 미터법의 통일은 균질한 공간과 그 분할 가능성에 대한 르네상스 이후 인간들의

---

18 근대는 자명한(self-evident) 것이어야 한다. 과학적 삶이나 정치적 삶뿐만 아니라 그림이나 음악, 기술에서 근대성은 근시와 완전한 맹인을 제외한 모든 사람들에게 명백해야(obvious) 한다. 사람들이 근대 회화, 근대 음악, 근대적 기술, 근대의 사랑들에 대해 이야기할 때 그들은 자신들이 무엇을 말하고 있는지 알고 있으며 더 이상 아무 것도 이야기할 것이 없다고 생각한다(Lefebvre, 1995: 1).

생각을 구체적으로 실현 가능하게 해주었다. 이제 공간은 추상적인 도구를 통해 정확하게 측정 가능해졌으며 세밀하게 분할될 수 있었다.

정확한 측량이 가능해지면서 정밀한 지도의 제작이 가능해졌고 이는 지도를 통해 공간을 정확하게 재현할 수 있다는 생각으로 이어졌다.[19] 정확하게 재현되었다고 가정된 지도 위에 새로운 공간 구조물들을 자유롭게 그리고 계획하며 덧씌울 수 있었다. 지도 제작 과정에 관여된 경험을 보여주는 어떠한 기호적 상징뿐만 아니라 환상과 종교적 믿음의 모든 요소들이 제거된 지도[20]는 공간 안에 존재하는 현상들의 사실적 질서를 위한, 추상적이면서 엄격하게 기능적인 체계가 되었다. 지도 투영의 과학과 지적(地籍)측량 기술에 의해 지도는 수학적으로 엄격한 묘사력을 가졌다. 그리고 이것은 인간 역사에서 처음으로 지구상 모든 인구가 단일한 공간적 틀 안에 위치하도록 만들었으며 지도에 담겨진 총체적 견해는 지리적 차이 속에서 강력한 국가적·지역적·개인적 정체감을 갖도록 해줬다(Harvey, 1989: 249~250).[21]

근대적 지도는 단일한 틀 속에서 세계를 바라볼 수 있게 만들었으며 추상화되고 보편화된 방식으로 제작된 지도를 따라 공간을 인식할 수 있게 만들었다. 이렇게 만들어진 지도는 공간이 갖고 있던 차이를 지워버린다. 지도

---

19 정확성은 근대 지도에 깔려 있는 이데올로기이며, 존재 이유다. 즉, 지도는 객관적이기 때문에 정확하고, 실제를 공정하게 '과학적으로' 재현한다는 것이다(블랙, 2006: 26).

20 지도는 표준적인 기호에 의해 구성된다. 이 과정에서 공간 안에 담겨진 구체적 사실과 현상들은 사라지거나 생략된다. 공간적 현상은 과수원, 학교, 도로 등을 재현해주는 기호로만 표기된다. 공간적 현상에 담긴 풍부하면서 구체적인 삶의 다양한 모습들은 알 수 없게 된다.

21 근대적인 민족국가의 개념은 필연적으로 민족적 경계와 그것의 지도화에 주목하도록 만들었다. 지도의 범례들은 다수 집단이 아닌 것은 전혀 고려하지 않는데, 이런 식의 표시는 동질성이 일반적 규범이며 어떤 지역이든 이질적인 곳은 비정상적이라는 오해를 낳는다(블랙, 2006: 78~80). 근대적 민족국가는 명확하게 구분된 영토에 기반을 두고 있다. 따라서 국가의 영토를 정확하게 설정하고 그리는 지도는 중요한 국가적 과업이 된다. 한 국가를 구성하는 다수의, 혹은, 지배적 집단은 국가를 대표하는 집단으로서 자리 잡고 여기에 포함되지 못하는 소수 집단들은 타자화되면서 소외된다.

는 공간적 여정과 공간적 이야기의 풍부한 다양성을 동질화시키고 물신화시킨다. 지도는 지도를 만들어내는 실천들의 모든 흔적을 점진적으로 지워버린다(Harvey, 1989: 253). 그리고 이러한 지도를 따라 자본주의적인 동질화된 공간이 기획되고 건설된다. 근대적 건축 경관을 형성했던 것은 현대적 감정이며 이것은 기하학적인 정신, 구성적이고 종합적인 정신이다. 이 정신의 기본 요건은 정확성과 질서가 된다(르 코르뷔지에, 2003: 50). 도시계획은 세부의 일관성과 전체적인 조화의 운동을 요구한다(르 코르뷔지에, 2003: 83).

자본주의적 공간은 이윤 논리가 지배하며 효율성이 강조된다. 효율성은 공간적 배치에 영향을 주고 이는 동선(動線)의 효율적 배치를 발현한다. 규격화된 건축 자재에 의해 공간이 생산된다. 표준화된 설계에 바탕을 둔 동일한 구조의 건축물들이 대단위 단지로 기획되고 건설된다. 기존의 낡은 주택 지역을 갈아엎고 그 위에 동일한 형태의 주택단지나 아파트단지가 들어선다. 동일한 내부 구조의 주택에서 동일한 계급의 사람들이 대량으로 생산된 동질적 상품을 소비하면서 삶을 살아간다. 표준적인 공간에서 표준적인 삶을 살아가는 것이다. 이들의 공간 경험은 유사해질 수밖에 없으며 공간을 설계하면서 투영된 자본주의적 공간 구조가 이들의 삶에 일정하게 영향을 미친다. 효율적 공간 구성의 논리는 공간에 대한 개별적 경험을 통해서 개인들에게 내면화되며 공간 경험을 규율하게 된다.

2) 제국주의적 공간의 창출

유럽을 중심으로 형성된 근대적 국민국가들은 제국주의적 영토 확장에 나서며 아프리카, 아시아, 아메리카에 걸친 거대한 식민제국을 건설한다. 식민지의 공간적 특성과 문화가 펼쳐졌던 풍경 위에 제국주의적 공간의 풍경이 강제로 이식된다. 식민지 도시의 중심에는 제국주의 국가의 권위와 위엄을 위압적으로 보여주고 전시하는 유럽식의 거대한 건축물들이 들어선다. 제국주의 국가들은 식민지에 대한 지배가 원활하게 이루어지도록 하기 위해 교통과 통신을 중심으로 한 인프라를 건설한다. 새롭게 건설된 철도와 거대한 증기선을 따라 제국주의적 통치가 식민지 곳곳으로 퍼져나간다. 제국주의국가와 식민지를 연결하는 통신망 덕분에 제국의 통치에 소요되었던 시간적 간극은 급격하게 줄어든다. 발달된 교통망과 통신망을 따라 제국주의 국가의 문화와 상품이 짧은 시간 안에 식민지 각지로 전달되고 식민지 국가는 더욱더 제국주의 국가에 공간적으로 통합된다. 제국주의 국가와 식민지 사이의 거대한 물리적 거리는 축소된다.

제국주의 확장과 함께 식민지는 강력하게 제국주의 국가에 공간적으로 통합된다. 제국주의의 공간적 확장은 지도를 통해 뒷받침된다. 제국주의 시대 지도의 제작은 영토적 확장에 대한 제국의 열망을 보여준다. 제국주의적 열망은 지도를 통해 계획되고 진행되며 그 결과는 지도위에 그려진다. 제국주의 국가는 자신들의 공간적 논리에 따라 식민지 국가를 강제적으로 변화시켰다. 15세기에서 19세기를 거치는 동안 지도들에서는 영토적 확장이 강조되었고, 측량과 지도 제작 기술이 없었던 사회는 유럽인들이 해당 지역에 대한 권리를 주장했을 때 불이익을 당했으며, 해당 지역의 이름이 다시 부여되면서 외세의 흔적이 새겨졌다. 식민 정부의 수립과 자원 채취의 증대를 통해 행정력이 내륙으로 뻗어나갔고 지도에 있던 내륙의 빈 공간이 채워지기 시작했다(Klinghoffer, 2006: 75). 근대적 교통수단의 발달은 내륙으로의 제국주의적 공간 확장을 뒷받침하게 된다.[22]

---

22 인도의 초기 식민지 경영에서 경제적 측면은 교통 인프라를 건설하기 위한 충분한 동기를 제공하지는 않았다. 반면에 이 시기는 군사적 목적을 위한 도로가 필요했다. 도로는 "반역자들에 강력한 일격"이 되었고 봉기를 진압하기 위한 효율적인 선제 조건이 되었다(Ahuja, 2009: 160). 초기 식민지 경영은 해안 지역에 한정될 수밖에 없었다. 가장 큰 이유는 비용 문제였

식민지에 대한 지배는 두 개의 축을 중심으로 이루어졌다. 군사적 축과 민간 부문에 의한 축이었다. 이들은 지구적 차원의 연결망들을 구축했다. 군사적 성격의 총독과 식민 당국의 공무원들은 본국에 있는 자신들의 중심과 식민지 상황을 대조하면서 자신들만의 규칙과 절차, 지식들을 형성해나갔다(Lester, 2005: 14). 그러나 식민지의 규칙, 절차, 지식들은 본국과의 네트워크를 통해 형성된 것이며 따라서 본국의 규칙, 절차, 지식의 영향을 받을 수밖에 없었고 유사한 속성을 가질 수밖에 없었다. 식민 당국은 식민지에 적용되는 담론을 만들었지만 이러한 담론은 식민지적인 틀을 참고하면서, 식민지의 조건과 연관되어 구축되었으며 항상 본국의 대도시적 측면과 강력하게 연결(metropolitan preoccupations)되어 있었다(Lester, 2005: 14).

제국주의 본국과 식민지 사이의 연결성, 유사성은 담론뿐만 아니라 공간적 측면에서도 나타난다. 식민지의 공간적 구조는 식민지 본국의 정책에 의해 구축되었으며 제국주의적 경제체제의 수탈과 지배를 원활하게 하기 위한 목적에 충실하게 만들어진다. 식민지 관료들은 정책적 차원에서 특정한 모델을 따라 식민지 공간을 건설해나갔다. 영국은 식민지의 도시를 건설하는 과정에서 공통적으로 적용할 수 있는 모델을 따라 식민 도시를 건설했다.[23] 식민 도시 건설 모델은 사전에 계획되었으며 본국의 도시를 참고해 마

다. 특히 철도가 들어서기 이전에는 값비싼 비용을 들여 도로와 같은 인프라를 건설하고 이를 정기적으로 보수함으로써 얻게 될 경제적 이득이 크지 않았다.

23 모델의 주요 요소는 다음과 같다(Home, 2005: 10).
① 정착지를 분산하기보다는 계획에 따른 도시화를 시행하거나 도시 이식 정책을 마련한다.
② 도시, 교외, 시골 지역을 적절히 조합하면서 토지 소유권을 할당한다.
③ 정착 이전에 도시 건설에 대한 계획을 세운다.
④ 넓은 도로를 기하학적으로 배치한다. 일반적으로 격자망을 형성하도록 건설하며 1평방 마일의 면적을 기본으로 거리를 배치한다.
⑤ 공적 광장을 마련한다.
⑥ 도시가 건설되는 현재의 영국 도시와 비교될 수 있도록 표준화된 면적을 가지도록 건설하

련되었다. 근대적인 토지 소유권이 적용되는 공간 구조를 만들었으며 근대적 도로 교통체계를 중심으로, 기능적으로 분리된 도시 공간의 구조를 따라 건설되었다. 영국의 식민도시는 플랜테이션 농장과 식민 지역에 계속해서 건설되었으며 식민 교역과 방어의 중심지가 되었고 문명의 영향력이 발휘되는 지역이 되었다(Home, 2005, 10).

제국주의 국가들은 동질적인 식민 공간을 만드는 한편 제국주의적 힘을 과시하기 위해 공간에 집중한다. 제국주의 국가들은 식민지와 기지, 병참수송을 위한 권리(logistical rights)를 찾기 위해 노력하면서 해외를 향한 "권력의 투영"에 참여하게 된다(Klinghoffer, 2006: 78~79). 제국주의적 공간 확장은 제국의 권력과 힘을 공간적으로 투영하는 작업이었다. 공간적 투영은 실제적인 식민 공간을 확보하고 건설하는 것뿐만 아니라 개념적이고 추상화된 공간을 만드는 작업으로도 나타났다.

공간적 투영을 재현하는 작업 중 대표적인 것이 지도였다. 지도는 제국의 윤곽과 모습, 중심점과 주변의 관계 등을 그려서 사람들에게 제시해준 도구였다. 지도는 지표 위에 펼쳐져 있는 공간적 현상을 단순하게 지시해주는 것이 아니었다. 조지 파킨(George Parkin)은 대영제국의 위세를 보여주기 위해 지도를 활용한다. 그는 자신의 "대영제국 세계지도"에 메르카토르 도법[24]을

___

며 정방형 대지(垈地, plot)로 구성한다.

⑦ 몇몇 대지는 공적 목적을 위한 예비지(豫備地)로 한다.

⑧ 도시와 시골은 물리적으로 분리한다. 일반적으로는 공유지나 그린벨트를 통해 분리한다.

24 지도의 투영법은 왜곡이 따를 수밖에 없으며 지도 제작 시 특정한 투영법을 선택해야 한다는 점에서 지도의 표현적 성격에 이러한 선택의 요소가 개입하게 된다(블랙, 2006: 49). 투영법에 따라 특정한 요소, 특정한 지리적 영역이 강조되거나 축소될 수밖에 없다. 따라서 제국의 지리적 크기를 전시함으로써 제국의 위상과 힘을 과시하고 싶어 했던 국가들은 특정한 투영법을 선택함으로써 자신들의 영토를 강조한다. 대표적인 것이 메르카토르 도법인데 이 도법은 경선들이 양 극점에서 모이지 않고 평행 상태를 유지하기 때문에 적도 근처의 육지에 비해 양 극점 가까이 있는 대륙들이 실제보다 훨씬 크게 표시된다. 이 도법에서는 유럽을 중앙

적용해 영국에 속했던 캐나다, 호주, 아프리카를 부풀려 묘사했다. 또한 영국의 병참선, 재해권, 전신 케이블 등과 영국 대외 공관들을 강조하면서 지도를 이용해 '대영제국'의 지리적 위세를 과시했다(Klinghoffer, 2006: 79).

지도 안에 포함될 것과 제외될 것을 구분하는 것은 지도 제작자였으며 이들은 대부분 제국주의 국가의 일원이었다. 이들은 자신이 속한 제국의 위상을 보여주기 위해 특정한 지역을 삭제하거나 축소시켰으며 지리적 중심으로서 자국을 위치시키는 지도를 제작했다. 유럽이 세계지도의 가운데에 있어야만 한다는 생각에는 19세기 지도학 발전에서 유럽의 역할이나 유럽 국가들이 행사했던 제국주의적 영향력이 반영되어 있었으며 유럽 지도학의 개념들이나 관습, 모델 따위의 지배력을 보여준다. 이러한 세계 지도의 '관습적' 성격은 지도의 내용을 결정짓는 기본 전제를 만들어냈고 미국과 서유럽을 집중적으로 다루는 결과를 낳았으며 남아메리카와 아프리카는 대충대충 취급된다. 지도상의 배치는 중요도의 서열과 함께 유럽 중심적 상황, '서구'의 우위를 시사한다(블랙, 2006: 61~65).

근대의 지도는 지리적 공간을 제시하는 주요한 수단이었다. 근대인들은 지도를 통해 자신이 사는 지역 이외의 공간에 대해 인식했다. 지도 위에 재현된 제국의 크기와 위상을 인식했으며 지도에 반영된 문명과 야만에 따라 공간을 인식했다. 식민지 지역을 야만적 공간으로 인식했으며 서구에 의해 문명화되어야 할 공간으로 생각했다. 이 지역들은 지도 위에 새겨진 서구적 담론에 따라 개념화되었고 서구에 의해 대상화된 지역으로 인식되었다.

지도는 공간적 윤곽을 그릴 수 있게 만드는 도구에 그치는 것이 아니라 공간과 관련된 담론을 파악하고 개별적으로 내면화시키는 교육의 수단이기도

위쪽에 배치했고, 북반구는 위쪽에, 남반구는 지도의 반도 채 차지하지 못하는 것으로 표시해서 북반구의 남반구에 대한 우위를 부여했다(블랙, 2006: 50~51).

했다. 지도 위에 표시된 무역 항로와 식민지의 양상들은 통합된 것처럼 보이는 자본주의적 세계경제의 모습을 보여주었으며 자유무역의 경제적 이념을 인식하게 만들고 각인시키는 훌륭한 기제가 되었다. 지도가 보여주는 공간적 차별성은 문명과 야만을 구분 짓고 인종적 분리를 당연시하는 관념을 자연스럽게 받아들이도록 만드는 역할을 했다.

제국주의 국가들은 지구적 차원의 공간적 연결망을 만들어갔다. 해상교통로를 통한 지리적 연결망은 제국을 단단하게 묶었으며 이 연결망을 따라 자본주의적 경제체제가 전 세계로 확장된다. 그것은 상품과 수탈 그리고 문화적 침범의 통로였다. 이 통로를 따라 식민지 각지에 본국을 모델로 삼은 공간적 경관들이 나타났다. 식민지에 대한 지배는 유사한 공간의 창출과 함께 이루어졌으며 강제적인 공간의 조정을 통해 이루어졌다.

근대 제국주의는 자신들이 만들어낸 연결망을 따라 통합된 자본주의적 경제체제를 구축했으며 이를 공간적으로 전개해나갔다. 자본주의적 상품시장을 건설하고 이를 국제적 차원에서 연결했다. 자원과 상품의 원활한 운송을 위한 교통망이 정비되었다. 이것은 공간적 통로를 마련하는 일이었다. 통로로 사용될 수 있는 건조 환경을 만드는 것이 근대적 공간 생산의 주요한 축이었다.

좀 더 안전한 해상 통로의 창출은 자연재해뿐만 아니라 무력을 포함한 어떠한 위협으로부터 벗어나 안전하고 자유롭게 운항할 수 있는 공간을 확보하는 작업이었다. 우선적인 고려 사항은 폭력적 침탈자로부터의 안전 확보였다. 따라서 초기 제국의 해상 교통로는 물자 운송 통로일 뿐만 아니라 병참선이었으며 해군력이 지배하는 공간이었다. 제국의 식민지 공간은 군항의 건설과 함께 이루어졌다. 해상 교통로였던 아프리카 해안과 인도양 국가의 해안을 따라 군항이 건설되었고 이들은 밀접하게 연결되었다.

초기의 제국주의적 공간 생산은 자연적 경관을 따라 진행되었지만 과학

기술과 산업혁명의 발전과 함께 인간의 힘에 의해 직접적으로 건조 환경이 만들어졌다. 시간과 비용이라는 자본주의적 경제 운용의 핵심 측면이 건조 환경의 조성에도 직접적인 영향을 미쳤다. 운송 비용을 줄이고 운송에 걸리는 시간을 줄이기 위해 대규모 운하 건설이 이루어졌다. 자연적으로 형성된 물길만을 이용했던 것에서 벗어나 자연 경관을 물리적으로 변화시키면서 새로운 통로를 건설했던 것이다. 수에즈 운하는 유럽과 아시아 시장을 최단 거리로 연결할 수 있게 만들었던 획기적인 공간적 사건이었다.

해상뿐만 아니라 육상 지역에서도 교통망을 연결하는 작업이 이루어졌다. 도로의 건설과 철도망의 구축이 이루어지게 된 것이다. 철도에 의해 1차적으로 제국주의 국가 내부가 공간적으로 강력하게 연결되었다. 철도는 비교적 정해진 시간표에 따라 운행되었기 때문에 공간적으로뿐만 아니라 시간적으로도 영토 내부에서 동기화를 이룰 수 있게 해주었다. 식민지에서도 철도는 주요한 공간적 연결 수단이었다. 철도 건설과 함께 제국주의 국가는 해안선을 벗어나 내륙 깊숙이 진출할 수 있었다. 안전한 해상교통망과 철도 교통의 연결은 제국주의 국가의 공간적 확장을 완수할 수 있게 만들었다. 철도를 따라 군대가 내륙 깊숙이 진출할 수 있었고 제국의 통치력과 행정력이 식민지 곳곳에 미칠 수 있었다. 로컬 범위와 지역적 범위의 용도에만 기여했던 철도 운송은 그것을 어디에 부설하더라도 해당 지역을 국제적 교역의 망안으로 통합시키는 역할을 했다. 철도는 중심 도시의 영향력을 이전까지 접근할 수 없었던 지역으로 확장시킨다(오스터함멜·페테르손, 2013: 101~102).

안전하게 확보된 교통망을 따라 물자와 함께 제국주의 국가 사람들이 식민지 곳곳으로 퍼져나갔다. 이들에 의해 서구의 문화가 함께 침투했고 이에 따라 피식민지인들은 물질적으로뿐만 아니라 정신적·문화적으로 제국주의에 동화되는 결과를 빚었다. 대륙 상호 간 노동·자본, 재화의 흐름이 서로 연계되었으며 서로 동등하게 영향을 미쳤다. 유럽인이 이주해 정착하면서 수출을 위해 농산물을 생산하던 새로운 지역은 글로벌 경제로 통합되었다 (오스터함멜·페테르손, 2013: 122). 교통망을 통해 제국주의 국가의 사람들뿐만 아니라 피식민지인들의 대규모 이동도 이루어지게 된다. 이들은 제국주의 국가 내부로 이주하면서 사회적으로 편입되었으며 제국의 식민지를 따라 다른 식민지 국가로 이동하기도 했다. 제국주의의 확장과 함께 인종 간의 대규모 이동이 이루어졌고 이는 문화의 혼종화라는 양상을 낳았다.

근대적 교통망을 통해서 식민지에 관련된 정보가 제국주의 본국으로 전달된다. 무역 상사원, 군인들에 의해 사적 정보의 형태로 전달되기도 했지만 때에 따라서는 탐험이라는 이름으로, 학술 조사라는 이름으로 체계적으로 식민지 공간에 대한 정보가 수집되고 전달되었다. 인쇄술의 발전과 함께 서적 출판의 증가와 신문 발행 부수와 종류가 증대하였으며 식민지에 관한 정보는 활자화되어 제국주의 국가로 전달되었다. 식민지에 대한 다양한 정보를 통해서 유럽인들은 공간적 인식의 범위를 확장했다. 지도가 제국의 영역에 대한 대략적 그림을 그려주었다면 도서와 신문을 통한 지역의 정보는 좀 더 구체적으로 공간에 대한 확장된 인식을 가능하게 해주었다.

제국의 확장과 함께 자본주의적 경제 시스템의 통합이 이루어졌다. 단일 국가적 차원의 시장은 국제적 시장으로 통합되었다. 세계경제가 단일한 경제권 안에 통합되면서 자본과 물자의 흐름은 공간적으로 확장되었으며 세계의 공간은 자본주의적 경제 시스템에 맞추어 동일한 방식으로 구조화되고 개발되었다.[25] 공간을 생산하는 방식, 공간의 구성과 운영 방식 모두 자

---

25 생산과 관련된 공간들은 자본주의적으로 개념화·위계화되고 공간적으로 불균등하게 형성된다. 자본주의적 공간은 지역적으로 유사한 특성을 보이며 건설되지만 실제적인 역할과 위상은 지역에 따라 차등적으로 배분되고 구조화된다. 특히 자본주의적 생산을 위해 만들어지는 공간들은 중심과 지역에 따라 위계적으로 형성된다. 선진국을 중심으로 초국적 기업의 본부가 세워지고 주변부 국가에 지사가 만들어진다. 본부와 지사의 관계는 몇 가지 타입에 따라 다양하게 전개된다. 첫 번째, 본부와 지사가 각자 개별적으로 모든 행정력과 통제력을 가지

본주의의 이윤 중심적 질서를 반영하며 개발되고 만들어졌다. 규격화된 재료, 규격화된 생산 방식, 규격화된 디자인에 따라 대량으로 생산하는 자본주의적 생산 방식은 건축물을 포함한 공간 생산의 방식에도 강력한 영향을 미쳤으며 전 세계의 공간적 경관은 유사한 양상으로 전개되었다.[26]

제국주의적 방식의 공간 생산에 따라 각 지역의 장소적 차이는 사라지거나 축소되었다. 그 위에 제국주의적 공간이 펼쳐졌다.[27] 식민 당국의 건축물들은 제국주의 국가의 양식을 따라 건설되었으며 도시의 중심에 철도역이 건설된다. 도시 중심부의 핵심 업무 지역과 외곽의 주택지로 구분되는 전형적인 근대 도시적 경관이 식민지 도시에서도 펼쳐진다. 모듈화된 방식에 따라 동일한 설계도면에 근거한 대규모 주택단지가 건설된다. 대규모 공장은

며 개별적으로 모든 생산 과정을 소유하는 경우이다. 이 경우 지역적으로 분산된 각 기업들 사이에는 어떠한 위계성도 존재하지 않는다. 두 번째, 본부와 지사가 각자의 위상에 맞는 통제력과 행정력을 차등적으로 갖지만 각각 독립적으로 모든 생산 과정을 소유하는 경우가 있다. 세 번째로는 본부와 지사가 통제력과 행정력을 차등적으로 소유하면서 생산 과정이 본부와 지사로 분할되는 경우이다. 이 경우 본부와 지사는 전체적인 생산 과정의 일부만을 소유하게 된다. 즉, 전체 공정이 지역적으로 분산되는 것이다. 두 번째와 세 번째의 경우는 본부와 지사의 위계성이 관철되며 지사는 본부의 하위 조직으로 남는다(Massey, 1995: 75). 이러한 위계성은 본부가 있는 중심 국가와 지사가 있는 주변부 국가 사이의 공간적 위계성으로 이어진다.

26 19세기에는 과거에 없었던 건물들이 등장했는데 이런 건물들은 대도시가 등장하고 의사소통 수단이 증가하며 산업이 확장됨에 따라 나타난 요구에 의해서 형성되었다. 이러한 건물들이 갖는 공통점은 많은 상품을 급하게 분배하는 문제와 관련 있는, 시대적인 요구를 충족시키기 위해서만 세워진 것이었다(르 코르뷔지에, 2003: 207).

27 이것은 서구의 문명을 일방적으로 전파하는 과정이었다. 여기에는 서구 중심의 '근대성의 신화'가 작용했다. 서구는 자신의 문화를 우월한 것으로, 가장 '발전된' 것으로 정의하고 다른 문화는 열등하고 조야하고 야만적이며 그 주체는 "책임져야 할 미숙함"에 머물러 있다고 단정했다. 타자에게 행사하는 지배란, 실제로는 야만인을 문명화하고 발전시키고 '근대화'시키는 해방이자 '이익'이고, '선'이 된다(두셀, 2011: 94). 서구는 자신들을 기준으로 삼고 자신들과 다른 것들을 야만으로 규정하며 없애려했다. 제국주의적 공간의 확장 역시 서구의 입장에서 야만적 공간을 근대적 공간으로 변화시키는 과정이었다. 식민지의 불결하고 전근대적인 공간 환경들은 서구의 발전된 공간 환경으로 바뀌어야 했다.

일관 생산 라인에 따라 공간을 구성하게 된다. 철도망과 도로망은 자연 경관을 뚫고 가로지르며 직선으로 뻗어나간다. 최소 노력으로 최대의 이윤을 뽑아내야 하는 자본주의적 효율성의 이념은 공간의 구성 원리에도 그대로 적용된다. 교통망은 가능하다면 자연을 우회하지 않고 직선을 관철해나간다. 동선을 최소화하는 원리는 건축물의 공간 배치에서 우선적으로 고려해야 할 사항이 되었다. 공간의 배치를 통해 그 속에서 살아가는 사람들의 실제적인 움직임을 통제하는 과정도 공통적으로 일어난다. 공장의 일관 생산 라인의 공간 배치는 노동자들의 움직임을 하나하나 통제할 수 있게 물리적으로 강제하는 수단이었으며 동시에 노동자들은 그러한 공간의 질서를 내면화하면서 당연하게 받아들이게 된다.

제국주의적 공간은 전 지구적 차원의 공간 연결망을 만드는 과정이었으며 동질화된 공간을 만드는 것이었다. 공간적 연결망을 따라 제국의 이념, 문화, 정치, 경제, 사회적 양상이 강제적으로 식민지로 이식되었다. 공간적 양상 또한 동일한 과정을 겪었다. 서구 중심의 공간적 양상은 표준적인 공간적 양상으로 전파되었으며 사람들은 그 구조와 질서에 자신들을 맞출 수밖에 없었고 나아가 이를 내면화하게 된다.

3. 장소와 장소성

1) 공간과 장소

공간과 장소는 비슷하면서도 서로 다른 개념이다. 학자들에 따라 다양하게 정의되며 혼동되기도 한다. 일반적으로는 공간이 장소에 비해 좀 더 추상적인 성격의 개념이며 장소는 인간의 구체적인 삶 또는 실천과 관련지어 개념화된다. 공간의 의미는 장소와 결합된다. '공간'은 '장소'보다 추상적이다. 공간에 대해서 더 많이 알게 되고 그곳에 가치를 부여하게 되면서 무차별적인 공간은 장소가 된다(Tuan, 1977: 6). 장소에 가치를 부여하는 것은 인간의 활동이다. 인간은 공간 위에서 행위하고 실천하는 가운데 공간에 대해 이해하며 특정한 가치를 부여해 공간을 파악하고 그 의미를 구축한다. 이러한 과정을 거치면서 공간은 장소가 될 수 있는 것이다.

일반적으로 물질적 존재를 담고 있는 텅 빈 영역을 공간이라고 한다. 空間이라는 한자 자체의 뜻풀이만 보더라도 무엇과 무엇 사이의 텅 빈 영역을 일컫는 말임을 알 수 있다. 물리학적으로 볼 때 공간은 사물이 차지한 부피를 바깥에서 구획한 경계이며 둘러싸는 외피에 의해 경계가 정해지는 빈 곳이다(볼노, 2011: 33). 공간의 물리적 성질은 공간 안에 있는 물체들에게 경계나 한계를 정해주며, 이 물체들이 무한히 커지거나 작아지지 못하도록 한다(야머, 2008: 44). 이러한 공간은 무언가를 그 안에 담을 수 있는 그릇으로 비유될 수 있으며 그 안에 담긴 물질들의 범위를 한정하는 역할을 한다. 이를 통해 공간 안에 있는 물질적 존재들의 실존을 가능하게 하는 하나의 물리적 바탕이 된다고 볼 수 있다. 또한 현대 물리학에서의 공간은 연속적이고 등방적(isotropic)이며 균질적이고 유한한 특성을 갖는다(야머, 2008: 39). 이에 따라 공간을 추상적으로 개념화할 수 있게 된다.

공간을 추상적이고 균질하게 개념화하고 측정할 수 있게 됨에 따라 자본주의적 공간 생산이 가능해졌다. 근대 과학은 자연을 수학화해서 계산 가능성을 찾으려 했으며, 이에 따라 공간은 대수적인 공간으로 변형된다(이진경, 2002: 235). 지표면 위에 다양하게 전개되었던 공간은 수치화된 거리와 면적으로 나눌 수 있게 되었다. 등방적이고 균질적인 공간은 표준적인 수치에 따라 절단·계산될 수 있다. 공간이 가질 수 있는 다양성과 차이는 사라지고 표준적인 기준에 의해 평가받고 판단될 수 있게 된다. 수치화된 기준으로 공간을 판단함에 따라 공간은 경제적 이윤을 위해 생산·판매될 수 있었다. 공간의 물리적 속성은 표준화된 기준에 따라 균질적으로 측정될 수 있었으며 공간에 대한 가치 판단 역시 화폐적 가치에 따라 동질적으로 평가받게 되었다.

반면 장소는 인간의 구체적 삶이 이루어지는 '터'로서 개념화할 수 있다. 따라서 장소는 장소 안에서 행위하고 살아가는 구체적 사람, 그들의 삶과 연관 지어 생각할 수 있는 개념이다. 장소는 단순한 공간적 범위가 아니라 그곳에서 활동하는 인간에게 '거처' 혹은 '거처하는 곳'이 되며, 인간과 밀접한 관련을 맺고 인간의 활동을 뒷받침해주는 다양한 기능을 갖는다(마루타 하지메, 2011: 22). 건물과 건물 사이에 존재하는 인도(人道) 그 자체는 하나의 공간이지만 인도 위를 오가는 사람들이 일정한 행위를 통해 그 공간에 특정한 의미와 특성을 부여하게 되면 그 공간은 장소가 된다고 볼 수 있다.

그러나 이는 지나치게 단순화시킨 개념이라고 할 수 있다. 공간과 장소는 때에 따라서는 중첩되며 혼용되어 쓰이기도 하는 개념이다. 앞선 정의에서 장소를 의미와 연결 지어 설명했지만 공간 역시 의미와 연관될 수 있다. 또한 구체적인 인간 삶과 연관될 수 있다. 공간은 단순하게 텅 빈 영역만을 지칭하는 것이 아니기 때문이다. 물리적 공간은 텅 빈 영역으로 정의될 수 있지만 인간은 그곳에 의미를 부여하거나 특정한 질서를 형성하면서 텅 빈 영역 이상의 의미를 갖게 할 수도 있다.

인간이 만든 건축물이나 공간적 구조물에는 이것을 만드는 사람들의 의도와 목적에 따라 특정한 의미가 부가되며 사회적 의미가 담긴다. 르 코르뷔지에(2002: 37)는 건축은 건설의 문제 너머에 있는 예술이고 감동의 사건이라고 주장하며 건설의 목적이 건물을 지탱하는 것이라면, 건축의 목적은 사람을 감동시키는 것에 있다고 말한다. 이 말 속에서 르 코르뷔지에는 단순한 공간적 구조물을 만드는 건설과 의미가 담긴 공간을 만드는 건축을 구분한다. 예술과 감동은 의미의 차원과 연관된다. 건설은 물리적 구조물의 구축

자체에 집중하지만 건축은 물리적 구조물에 건축가의 의미가 투영되고 건축가의 의미가 재현되는 과정이라고 할 수 있다.[28] 이렇게 생산된 공간적 구조물들은 단순한 물리적 공간이 아니라 의미가 담긴 공간이 된다.

공간 계획자들에 의해 공간에 의미가 부여되지만 공간에 대한 의미는 사회적으로도 부과된다. 사회적 공간에 투영된 사회적 의미들은 공간의 구조와 질서 속에 담기며 그곳을 이용하는 사람들에게 강제되거나 부과된다. 또한 공간은 사회적 의미를 과시하거나 현시(顯示)하기도 한다. 공간에는 공간을 상상하고 기획하고 구현해내는 계획자들의 이상과 이념이 담길 수 있다. 물리적으로 실존하는 구조체로서의 건물은 관련자들이 모든 사회적인 요인을 고려해 머릿속으로 상상하는 모델을 근거로 두고 번안된 것이다(마커스, 2006: 35). 이는 르페브르가 분류했던 공간의 재현 측면과 연결된다. 공간 계획자들은 자신들의 이념과 가치관을 투영하면서 공간을 상상하고 기획한다. 따라서 이들이 생산해내는 공간 속에는 공간 기획자가 제시하고자 했던 공간의 의미가 담기게 된다.

또한 구체적인 공간적 실천의 과정을 통해서 공간은 의미를 획득한다. 직접적으로 공간을 만드는 것은 대표적인 공간적 실천이다. 앞에서 밝혔듯이 생산되는 공간에는 공간 기획자들에 의해 특정한 의미가 부여된다. 그러나 이러한 의미 이외에 부가적인 다양한 의미들이 공간 속에 담긴다. 이것은 대부분 사회적 의미로서 사회적으로 구성되고 결정된다. 특정한 주택단지는 특정 계급에 의해서만 이용·접근 가능하게 될 때 계급적 차이와 차별의 의미를 담게 된다.

---

28 19세기 동안 건축이 공학과 결합하면서 건축가의 영향력은 쇠퇴하고 엔지니어가 건축가를 대신하게 된다(기디온, 2013: 195). 건축 과정이 대량으로 생산된 표준적인 재료의 조립으로 변화되면서 건축은 철저한 계산의 영역으로 바뀐 것이다. 건축물의 미적 차원이나 조화보다 건축물의 기능적인 면이 부각되었으며 이를 위한 계산의 중요성이 더욱 커지게 된다.

이러한 공간의 의미들은 사회적으로 구성되고 부과되며 특정한 사회적 목적에 따라 지정되기도 한다. 또한 주류 사회의 이념과 목적에 따라 규정되는 측면이 더 크다고 할 수 있다. 미시적 차원의 의미보다는 거시적 차원의 의미가 더 중요하며 강제적으로 부과되는 측면을 갖는다. 공간이 지닌 의미에 대해 사람들은 수동적이거나 종속적인 경우가 대부분이다.

이에 반해 장소의 의미는 좀 더 구체적이며 미시적인 측면을 갖는다. 장소의 의미는 장소 속에서 살아가는 개개인의 실천에 의해 구축된다. 개인들의 구체적인 삶과 실천에 따라 공간에 대해 부가된 개념과 질서, 구조는 변용될 수 있다. 사람들과 집단들의 공간 이용에 따라 공간의 의미는 새롭게 정의될 수 있다. 앞서 밝혔듯이 장소는 일종의 '터'로서 사람들은 그 위에서 다양한 사회적 실천들을 수행한다. 걷고 움직이며 사람들을 만나고 무언가를 만든다. 또한 관계를 형성하고 공간적 배치를 조정하며 공간을 이용하는 패턴을 만들어낸다. 인간은 자신의 신체 그리고 타인과의 친밀한 경험을 통해서 공간을 조직하며 이 공간은 인간의 생물학적 필요와 사회적 관계에 순응하며 영합하게 된다(Tuan, 1977: 34). 이러한 과정은 오랜 시간에 걸쳐 이루어지며 일정한 코드와 규칙을 만들어내기도 한다. 장소 위에서 혹은 장소 안에서 사람들은 사회적 규칙을 만들고 문화를 형성한다. 이러한 것들이 모여 독특한 장소의 성격을 형성하는데 이것을 장소성이라고 부를 수 있다.

인간은 자신의 공간적 경험을 통해 장소감을 느끼고 장소를 구축해나간다. 공간은 추상적 성격을 갖기 때문에 열린 특성과 가능성의 측면을 지닌다. 반면 장소는 구체적 삶과 연결되고 코드화된다는 측면에서 고정된 특성을 갖게 된다. 투안(Tuan, 1977: 6)은 장소는 안전이며 공간은 자유라고 구분해서 특성을 부여한다. 인간은 장소에 묶여 있으며(attached) 공간을 열망한다고도 말한다. 장소는 장소 자체의 정체성을 지닌 동시에 장소 속에서 살아가는 사람들의 정체성과 긴밀하게 연관되어 있다. 사람들의 정체성은 자신들이 살고 있는 장소 속에서 생겨나고 발전한다.

장소는 기본적으로 생물학적 필요가 충족되는 가치의 중심지가 된다(Tuan, 1977: 4). 장소를 통해서 생물학적 존재로서 살아갈 수 있는 가장 기본적인 존재적 안정감을 획득할 수 있는 것이다. 사람들의 성장과 함께 장소에 대한 관념은 더욱 구체적이고 지리적인 것이 되며 위치들(locations)이 더욱 정확해진다. 사람들은 다양한 위치 속에서 살아가며 위치를 비교하거나 위치 간의 거리를 파악하면서 장소에 대한 감을 확장해나간다. 또한 장소에 대한 감정은 지식에 영향을 받는데 그것이 자연적 장소인지, 인위적(man-made) 장소인지, 장소가 큰지, 작은지 등과 같은 지식들이 관여한다(Tuan, 1977: 32).

장소에 관한 지식들은 개인의 경험을 통해서 획득되기도 하며 개인의 경험에 의해 새롭게 구축되기도 한다. 장소에 대한 지식을 얻는다는 것은 단순히 객관적인 지식을 얻는 차원에서 끝나는 것이 아니라 장소와 개인의 직접적인 접촉의 과정을 통해서 획득되고 변형되는 것이다. 사람들은 획득한 장소적 지식에 의거해 자신이 살고 있는 장소에 일정한 작용을 가하게 된다. 구체적 장소적 실천은 습득한 장소적 지식, 공간적 지식에 근거해 이루어진다. 개인들에 의해 이루어지는 장소적 실천들은 장소의 의미를 변화시키고 새롭게 하며 장소의 규칙과 질서를 변화시킨다. 장소감의 형성은 역동적 과정인 것이다.

장소에 대한 감정은 단기간에 형성되는 것이 아니며 오랜 시간에 걸쳐 이루어진다. 이렇게 형성된 장소감은 개인의 내부에 깊숙이 자리하고 내면화된다. 성인들은 몇 년에 걸쳐 감정을 점진적으로 덧붙여가고(accretion) 장소에 대한 깊은 의미를 획득한다. 성인들은 반성적 중지(reflective pause)와 회고(backward glance)를 통해 장소에 의미를 스며들게 만들 수 있다(Tuan, 1977: 33).

2) 장소성과 장소감

장소는 공간과 비교해서 구체성을 갖는 물리적 영역이다. 사람들의 실제적 삶이 이루어지는 곳이 장소라는 '터'이기 때문이다. 렐프(Edward Relph)는 루커먼(Fred Lukermann)의 장소 개념을 분석하면서 장소 개념의 여섯 가지 주요 요소를 정리해서 제시하고 있다. 렐프의 정리를 다시 요약해 살펴보면 다음과 같다.

1. 위치 개념. 위치는 내적인 특성과 다른 위치와의 외적인 연결성으로 설명될 수 있으며 장소는 공간적인 범위, 내부와 외부를 가진다.
2. 장소는 자연적·문화적 요소들의 통합이라고 할 수 있다. 모든 장소는 고유한 실체이다.
3. 장소는 공간적 상호 작용과 이동의 체계에 의해 상호 연결되어 있다. 장소는 하나의 순환 구조의 일부이다.
4. 장소는 국지적이다.
5. 장소는 끊임없이 새로 나타나거나 생성되고 있다. 장소는 독특한 역사적 구성 요소를 가진다.
6. 장소는 의미를 가진다. 인간 행위의 바탕에는 장소가 있으며, 인간 행위는 다시 장소에 특성을 부여하게 된다(렐프, 2005: 28에서 재인용).[29]

장소는 장소의 외부와 끊임없이 연결되며 관계를 맺는다. 다른 장소와의 관계 속에서 장소의 위치가 결정된다. 장소는 자연적으로 생성된 공간 위에서 만들어지지만 장소 속에서 살아가는 사람들과 그들의 문화에 의해서 만

---

29 렐프의 루커먼 인용을 다시 요약해서 인용했다.

들어지는 것이다. 따라서 장소에는 물리적인 자연적 공간의 특성이 반영되면서 동시에 문화적 측면이 결합한다. 장소의 물리적 측면과 문화적 측면은 장소가 지닌 고유한 실체적 속성의 바탕이 된다. 물리적 특성과 문화는 장소에 따라 고유하며 다양하게 전개된다. 하나의 장소가 갖고 있는 물리적·문화적 요소들과 완전하게 일치하는 요소를 갖고 있는 장소는 존재하지 않는다. 장소의 문화적 속성을 만드는 것은 구체적인 사람들이며 사람들의 개인적·사회적 역사의 궤적을 따라 장소의 의미가 부여되고 변화된다. 장소의 의미는 역동적 과정을 통해 잠정적으로 주어진다. 장소의 의미는 역사적으로 형성되는 것이기 때문에 고정되어 있지 않다. 장소는 공시적이기보다 통시적이라고 보아야 할 것이다.

장소의 특성인 장소성은 자연적으로 발생할 수도 있지만 사람들의 구체적인 경험에 의해 만들어지는 것이다. 장소의 정체성은 건물이나 경치 같은 외관뿐 아니라 상호 주관적인 의도와 경험에 의하여 변화하며, 개별 장소들의 특성뿐만 아니라 상이한 장소들 간의 공통성을 말하는 것이기도 하다(렐프, 2005: 108). 공간 위에 펼쳐진 물리적 속성들은 1차적으로 장소의 성질을 결정하는 주요한 요소이다. 자연적 경관, 그 위에 펼쳐진 인공적 건축물들은 장소의 특징을 정의하는 데 있어서 1차적 요소가 된다. 이러한 물리적 경관에 의미를 부여하는 것은 사람들의 개인적·사회적 경험이다. 사람들은 특정한 의도와 목적을 갖고 장소 속에서 움직인다. 이들의 행위는 개별적인 장소 경험을 형성하며 개별적인 장소 경험들이 모여 사회적 경험으로 발전한다. 이러한 경험들은 장소의 의미와 특성을 결정하는 중요한 요소가 된다.

렐프에 따르면 장소의 정체성인 장소성을 구성하려면 구성 요소들을 연결시키고 감싸 안는 일을 해야 하는 자원이 필요한데 '장소의 정신 또는 장소의 혼(sprit of place)', '장소감(sense of place)', '장소의 분위기(genius loci)'가 그것이다(렐프, 2005: 115). 스틸(Steele, 1981: 12)은 장소감이 형성되는 구

그림 1-1 | 장소감 형성 모델

자료: Steele(1981).

조를 〈그림 1-1〉과 같이 제시하고 있다.

스틸에 따르면 장소감은 상호작용적 개념으로 인간은 환경(setting)과 접촉하면서 반응을 만들어낸다(Steele, 1981: 12). 이러한 반응에는 감정, 지각, 행동들이 포함되며 인간이 존재하는 위치(location)와 연관되어서 이러한 반응이 나온다고 한다. 〈그림 1-1〉에서 알 수 있듯이 인간은 자신을 둘러싼 물리적 환경과 사회적 환경을 포함하는 구조화된 환경 속에 존재한다. 이러한 환경적 요인에 인간 개개인이 지닌 심리적 요인이 결합한다. 인간 외부의 환경과 인간의 심리적 요인의 결합을 통해서 장소감이 생겨나는 것이다.

장소감을 형성하는 데 중요한 것은 장소에 대한 경험이다. 개인의 경험은 상당히 구체적이며 미시적이다. 스틸에 따르면 장소 경험은 다음과 같이 유형화할 수 있다.

- 즉각적으로 형성되는(immediate) 감정과 사고
- 주위 세상에 대한 상(像, Views of the world)
- 직업적 경험
- 한 지점에 대한 친밀한 지식
- 추억과 환상

- 인지(recognition) 또는 새로움
- 누군가에게 "의미 있는 장소(spot)"에 대한 사적인 인지(identification)
- 환경에 의해 야기되는 가능성과 불가능성에 대한 감각
- 즐거움, 재미, 불편함과 관련된 감각(Steele, 1981: 12)

　스틸이 분류한 것이 모든 장소 경험을 포함하는 것은 아니다. 그러나 목록에서 알 수 있듯이 장소에 대한 경험은 구체적이며 미시적이다. 또한 장소에 대한 경험은 직접적이고 완전하며 무의식적이다(렐프, 2005: 110). 개인은 자기 자신을 둘러싼 환경을 자신만의 시각으로 바라보고 분류하며 인식한다. 때로는 일시적으로 사라지거나 순간적으로 형성되는 다양한 감정과 사고 속에 놓이게 되며 이러한 감정과 사고는 일시성을 띠지만 개인의 장소 경험의 요소로 자리 잡는다. 장소에 대한 기억은 성장하면서 추억으로 변화되며 개인은 특정한 장소적 환경에 놓이게 될 때 자신이 지닌 기억과 추억, 그것에서 나오는 환상에 의거해 장소를 인식하고 이해한다. 장소에 대한 경험은 개인의 차원에만 머무는 것이 아니라 타인의 경험과도 연관되어 형성된다. 개개인들의 장소 경험이 집합적으로 묶이면서 또 다른 장소의 경험이 발생하는 것이다. 따라서 개인에 따라 다양한 방식으로 환경과 묶이면서 장소에 대한 경험을 하게 된다(Steele, 1981: 12). 이러한 개인들의 경험과 사회적 경험들이 함께 묶이면서 장소에 대한 경험이 형성되며 이를 바탕으로 해서 장소감이 형성된다고 볼 수 있다.

　장소의 정신은 장소의 지형과 외관, 경제적 기능과 사회적 활동, 과거의 사건이나 현재 상황에서 유래한 특별한 의미를 포함하며 정체성의 기본적인 구성 요소들이 심각하게 변화해도 지속될 수 있다. 장소의 개별성과 고유성을 구성하는 것이 장소의 정신이다(렐프, 2005: 115). 장소가 지닌 정신은 강력하며 장소에 있는 사람들에게 일정한 반응을 유도하고 특정한 감정이

들게 만들 수 있다. 장소의 정신은 개인의 외부에서 개인에게 주어지는 것처럼 보이며 따라서 개인이 거부할 수 없는 무엇으로 보일 수 있다. 스틸은 장소의 정신이 사람들에게 그들의 내적인 상황이 각자 다름에도 유사한 반응을 불러일으킬 수 있는 잠재력이 있다고 보고 있다. 그에게 있어서 장소의 정신은 강력하기 때문에 장소와 마주하게 되는 모든 사람들이 예기할 수 있는 방식으로 행동하게 만드는 것이다. 이러한 장소의 정신은 특정한 물리적 속성, 사람들의 정신, 신비로운 정신, 개인적 장소의 정신 등을 포함한다(Steele, 1981: 13).

장소의 정체성은 장소가 지닌 이미지와 연관된다. 장소의 이미지는 개인에 따라 깊이가 다르게 형성되고 인식되며 사회적으로 구성된다. 장소의 이미지는 우선적으로 개인에 따라 다양하게 구조화되고 나타난다. 개인들은 장소를 각기 다른 시공간적 계기를 통해 경험하며 장소에 대한 자신의 이미지에 색깔을 칠하고 독특한 정체성을 부여하는 개성·기억·감정·의도를 자기 나름의 방식대로 조합한다. 따라서 장소의 정체성은 그것을 경험하는 사람들의 의도·개성·상황에 따라 다양하다(렐프, 2005: 130~131). 이것은 사람들마다 각자의 장소 정체성이 형성될 수 있다는 것을 의미하며 서로 다른 사람들에게 완전히 똑같은 장소 정체성이 형성될 수 없다는 것을 의미하기도 한다. 유사한 장소 정체성을 형성할 수는 있지만 이것들이 100% 완벽하게 일치할 수는 없다.

장소성은 사회적으로도 형성된다. 장소에 대한 정체성은 개인들로 구성된 집단이나 공동체, 사회에 의해서도 발생하는 것이다. 장소의 정체성은 나·타자·우리[30]의 상호작용에 기초를 둔다. 가장 강력한 통합은 깊은 상호주관적 연계를 통해 이미지가 완벽하게 결합될 때 이루어진다(렐프, 2005:

---

30 강조는 원저자의 표기를 따랐다.

131). 타자와 우리를 포함한 집단적인 장소성은 사람들 사이의 상호작용에 의거한다. 각자가 가진 장소성에 대해 상호 전달하기도 하며 공동의 작업, 실천, 경험을 통해서 장소성을 만들어나갈 수 있다. 사회적으로 형성되는 장소성은 그 구성원들 사이에서 공유되며 함께 구축해낸 것이기에 상호 간을 강력하게 이어준다. 사회적 장소성은 집단적 공동체성을 만드는 데 강력한 기제로 작용할 수 있다.

렐프(2005: 133~134)는 합의된 정체성을 밀스(C. W. Mills)의 용어를 이용해 공적 정체성(public identity)과 대중적 정체성(mass identity)으로 구분한다. 공적 정체성은 장소에 대한 집단의 이미지들을 묶어주는 것이며 대중적 정체성은 '여론을 주도하는 사람'에 의해 주어지며 기성품으로 공급되고, 대중매체를 통해 살포된다. 가장 피상적인 장소 정체성으로 감정 이입적 내부성이 들어갈 여지를 주지 않으며 장소에 대한 정체성의 토대를 파괴시킴으로 실존적 내부성을 좀먹는다. 공적 정체성은 구성원들의 직접적인 경험과 참여, 공유에 의해 구성된다고 볼 수 있다. 따라서 그 구성원들에게 강력하게 영향을 미칠 수 있다. 또한 개개 구성원들에게 깊숙이 내면화될 수 있다.

반면 대중적 장소 정체성은 누군가에 의해 외부적으로 주어지는 것이다. 특히 현대사회에서는 상업화된 대중매체가 장소 정체성을 일방적으로 제시한다. 이는 일방적으로 주입되는 정체성이며 자신의 직접적인 경험과는 무관한 장소 정체성인 경우가 많다. 사람들 사이의 직접적인 상호작용이 약화된 대중사회에서 대중매체에 의해 제시되는 장소 정체성은 공적인 장소 정체성을 대체하며 사람들에게 투영된다. 그러나 공적 정체성과 비교했을 때 개개인들에게 끈끈하게 묶여 있지 못하며 온전한 장소 정체성으로 체험될 수는 없다. 현대사회의 대중적 장소 정체성은 대중 매체의 특정한 의도에 의해 구성되는 경우가 많다. 그 대부분에는 상업적 이해관계가 반영될 수 있다. 상업적 이윤을 획득하기 위해 조작되고 왜곡된 장소 정체성이 인위적으로 만들어질 수 있다. 이렇게 만들어진 장소 정체성은 대중매체를 통해 광범위하게 전달됨으로써 다수의 사람들에게 하나의 보편적 상식으로 각인된다. 장소의 정체성은 장소가 가진 차이를 반영하는데 상업적 목적에 의해 장소성이 판단되는 대중적 장소 정체성은 비슷한 유형의 장소 정체성을 만들어내기 때문에 장소가 지닌 차이를 드러내지 못하고 장소적 차이를 소멸시켜버린다.[31]

장소성은 사람들의 장소감에 바탕을 두고 형성된다. 장소성과 장소감은 개인의 외부에 독립적으로 존재하며 일방적으로 개인들에게 영향을 주는 것이 아니다. 이것들은 사람들의 상호작용 속에서 생겨난다. 사람들의 직접적인 경험에 의해 발생하는 장소감에 따라 개인들은 장소에 특정한 의미를 부여하며 장소에 대한 이미지를 구성한다. 이러한 의미와 이미지는 장소성의 요소가 된다. 그리고 이 장소성은 사람들에게 강력한 영향을 미친다. 장소성은 장소 안에서 살아가는 사람들의 행위와 실천에 영향을 미치며 사람들의 행위와 실천은 장소성을 형성하고 변화시켜나간다. 양자의 관계는 상호작용적이며 상호 간의 변화를 수반하는 역동적인 관계라고 볼 수 있다.

3) 장소의 차이와 장소의 상실

근대는 동질적인 공간을 만들어왔다. 이윤 논리가 지배하는 자본주의 경제의 보편화는 이러한 경향을 더욱 가속화하고 확대했다. 전 세계는 공간적

---

31 장소성을 대표적으로 재현하는 것이 지역 축제이다. 그러나 한국의 지역 축제는 지자체의 경제적 이해관계에 의해 시행되는 경우가 많고 지역적 특색은 사라지고 비슷한 방식에 의한 축제들만이 난립하는 결과를 빚고 있다. 산천어 축제의 인기에 따라 겨울 낚시를 주제로 한 비슷한 낚시 축제가 전국 곳곳에서 시작되고 지역적 특성과 상관없이 전국 어디에서는 유채꽃 축제가 열리는 현상은 장소성 획일화의 대표적 사례라고 할 수 있다(KBS 뉴스 9, 2013.7.31).

으로 밀접하게 연결되었으며 자본주의의 확장을 따라 동질적 공간이 지구 곳곳에 만들어졌다. 공간 생산의 기본 원리는 화폐적 가치에 따라 결정되었다. 공간은 상품이 되었고 화폐적 이윤을 최대한 뽑아낼 수 있는 공간들이 만들어졌다.

동질적 공간의 확장은 장소의 상실을 가져온다. 자본주의적 공간 생산에서 개인은 철저하게 배제되며 단지 상품으로 만들어진 공간을 구매하거나 개인이 가진 화폐의 가치량에 따라 공간을 이용할 수 있을 뿐이다. 여기서 공간 이용은 단순한 소비에 머무르는 경우가 대부분이다. 소비의 공간만이 사회적·경제적으로 의미 있는 공간이 된다. 개인이 공간의 생산에 참여할 수 있는 가능성은 원천적으로 봉쇄당한다.

장소는 개인의 구체적인 경험과 실천을 통해서 만들어진다. 사람들은 개별적으로 지닌 특정한 목적과 의도에 따라 장소적 경험을 만들어간다. 개인에 따라 다양한 장소적 경험이 존재한다. 개인의 온전한 투사와 능동적 참여는 장소적 경험을 더욱 풍부하게 만들어주며 이렇게 형성된 장소적 경험은 개인과 밀접하게 결합된다. 소비의 공간은 이러한 장소적 경험을 불가능하게 하거나 어렵게 만든다. 사람들은 자신들이 지불할 수 있는 화폐의 양에 따라 공간을 이용할 수 있을 뿐이다. 더 정확하게는 공간의 이미지만을 이용할 뿐이다.

상품화된 동질적인 공간의 확장과 장소의 상실은 현대사회의 특징 중 하나이다. 공간적 획일화의 양상은 과거에도 있었지만 현대의 획일화가 새로운 점은 광범위한 스케일로 이루어진다는 것이며, 무장소적인 획일성이 각 지역적 상황에 적응하면서 토착화되는 과정이 부재하다는 것이다. 이로 말미암아 어느 곳에서나 장소 경험이 빈약해지게 된다(렐프, 2005: 177). 이러한 획일화는 교통망과 커뮤니케이션 망이 지구적 차원에서 확장되었기 때문에 가능했다. 철도와 도로, 항공로, 해상 항로 모두가 공간을 가로지르며 연결된다. 자동차, 선박, 비행기, 기관차 등이 기술적으로 발전되면서 운송량이 비약적으로 증가하고 운송 시간은 비약적으로 단축된다. 좀 더 짧은 시간 안에 다양한 물자와 사람들이 광범위한 영역에 걸쳐 이동하게 된다. 물자와 사람들의 이동은 중심지의 문화가 주변부로 확산되는 속도를 높여주며 문화 전파에 다른 영향력의 크기 역시 증대시킨다. 중심지의 공간적 양상은 물리적 거리의 한계를 뛰어넘어 전 영역으로 확산된다.

대중매체는 중심지의 공간적 담론과 공간 생산을 이미지화해서 광범위한 영역에 걸쳐 전달한다. 대중매체의 선형적인 일방적 커뮤니케이션 방식은 중심지의 공간적 담론을 효율적으로 전달하고 개인에게 각인시킨다. 추상적 공간의 균등성에 기반을 둔 공간 생산의 담론이 지구적 차원으로 전파되면서 장소의 차이가 사라진다. 근대적·물리적·사회적 공간 계획은 공간이 균등하고, 사물과 활동이 그 공간 안에서 자유롭게 위치하고 조작될 수 있다는 함축적인 가정 위에서 성립한 것이다(렐프, 2005: 193). 자유롭게 위치하고 조작할 수 있는 것은 구체적인 장소적 경험을 하는 사람들이 아니다. 이러한 물리적·사회적 공간 계획은 사회의 특정 계급 혹은 계층의 사람들, 그들과 관계를 맺는 공간 계획자들에 의해 이루어진다. 이들이 수행하는 구체적 공간 생산은 자신들의 공간 담론을 강제적으로 부과하는 과정이 된다.

근대적 공간은 만족할 만한 효율성 달성을 목표로 하며 이 과정에서 장소는 효율성에 침해되어 사실상 부수적인 것이 되어버린다. 개인이나 공동체의 생활과 가치보다 추상적·경제적·공공적 이익을 강조하는 접근의 편협성이 나타나며 이에 따라 우리가 일상생활에서 알고 경험하는 장소는 유리되고 장소를 아주 가볍게 보아 무시하고 말살하게 된다(렐프, 2005: 196). 효율성은 경제적 효율성을 말한다. 공간 생산은 효율성의 가치에 따라서 이루어진다. 경제적 효율성은 화폐적 가치로 계산될 수 있다. 화폐적 가치 창출이 공간 생산의 1차적 목적이 되는 것이다. 화폐적 가치를 보장해줄 수 있느냐에 따라 특정한 장소적 정체성이 선택되고 공간에 반영된다. 이렇게 선택되는 장소 정체성은 사람들의 직접적인 경험에 의해 형성되는 정체성이 아니라 사람들과 분리된 정체성이다. 장소 속에 내재된 사람들의 삶이 사라져버린다. 피상적인 이미지만이 남고 소비된다. 개인들은 장소 정체성의 이미지에 종속된다.

장소별로 달라지는 장소성의 차이가 사라지면서 무장소성이 나타난다. 무장소성은 특히 매체에 의해 직·간접적으로 조장되며 이 매체들은 장소들이 서로 비슷하게 보이도록 만들고 비슷한 느낌을 주며 똑같이 무감동한 경험을 하도록 장소의 정체성을 약화시켜버린다. 매체에는 매스컴·대중문화·대기업·강력한 중앙 권력, 이 모든 것을 포괄하는 경제체제가 포함된다(렐프, 2005: 197).[32] 현대의 장소 정체성은 사람들에 의해 만들어지기보다는 누군가에 의해 정의되며 매체를 통해 강제적으로 전달된다. 매체는 상업적으로 구획된 대지 위에 꿈과 낭만, 유토피아적 장소 정체성을 입힌다. 새롭게 조성되는 주택단지는 유사한 설계 도면에 따라 대규모로 건설되며 낭만적 안락함과 함께 소유자의 경제적 위치를 과시해줄 수 있다는 것으로 사람들을 유혹한다. 동일한 장소성 위에 브랜드화된 이름만이 남는다. 사람들이 걷는 거리는 대규모 쇼핑몰이 점유하며 때로는 거리 자체가 하나의 거대한 쇼핑센터가 된다. 사람들을 만나고 관계 맺으며 살아가는 터가 되었던 거리

---

32 렐프는 무장소성이 표출되는 형태를 정리해서 제시한다(렐프, 2005: 242~243). 이는 '타자 지향성', '획일성과 표준화', '몰양식의 장소, 인간적 스케일과 질서의 결핍', '장소 파괴', '장소의 일시성과 불안정성'이라는 카테고리로 분류된다. '타자 지향성'에는 관광객을 위한 경관, 오락 지구, 인공·가짜 장소(상업 지구, 디즈니화된 장소, 박물관화된 장소, 미래주의적 장소)등이 포함된다. '장소의 획일성과 표준화'는 인스턴트식 신도시와 교외, 상공업 지구의 개발, 새로운 도로와 공항, 국제적 스타일의 설계와 건축 등으로 나타나며 '몰양식의 장소'는 서브토피아, 거대증, 문화 및 자연환경과 무관한 개별적인 건물들의 형태로 나타난다. '장소 파괴'는 전시의 파괴, 채굴과 매립에 의한 파괴, 외부인의 토지 매입과 재개발로 인한 파괴 등으로 표출되며 장소의 일시성과 불안정성은 지속적인 재개발을 겪고 있는 장소들에서 나타난다.

는 소비 상품의 진열대로 변질되며 구매한 소비 상품을 통해 드러나는 소비자로서의 정체성을 과시하는 장으로 전락한다. 거리는 이미지화된 라이프 스타일의 전시장이 되고 사람들은 스타일을 드러내는 연기자가 된다. 삶의 구체성과 생동성이 사라진 장소가 된다. 그 자리에는 상품화되고 규격화된 이미지의 공간만이 남는다.

제2장

매스미디어와 근대적 공간

1. 근대국가와 매스미디어

1) 근대국가의 출현

근대적인 국가는 민족국가(nation state)로서 비교적 새로운 개념의 국가였다.[1] 그것은 16세기 종교 전쟁의 산물로 만들어졌으며 종교적 분열과 서구 유럽에서의 민족의식의 완전한 실현이 함께 이루어진 것이다(Laski, 2000: 6).

---

[1] 국가는 인간에게 상대적으로 새로운 개념이며 민족국가(nation-state)라는 개념은 특히 더 그러하다. 그 원형적 형태는 아시리아, 이집트, 미노아, 미케네, 마케도니아 같은 고대 제국이나 바빌론, 아테네, 스파르타, 로마와 같은 도시국가에서 기원한다. 국가의 발전은 다른 사회적 현상의 발전과 함께 하는데 (공식적인) 문자언어(written language)의 사용, 경제적 잉여 생산물에 대한 중앙 집중적 관리의 성장, 세금제도의 형성, 내적 위협과 외부의 적에 대항하기 위한 조직화된 '합법적' 물리력의 행사 등을 포함한다. 또한 중앙 집중화된 신념체계나 이데올로기 역시 중요하다. 군사조직의 발전은 커다란 규모의 관여를 가능하게 만들었다. 군대는 국가의 영역적 경계를 성립할 수 있게 만들었으며 영토 안에서 작동하는 조세체계와 같은 국가 성립을 위한 주요 발전을 가능하게 해주었다(McAuley, 2003: 24).

근대 이전 국가와 민족은 동일하지 않았으며 사람들의 삶에 영향을 미쳤던 것은 민족과 국가보다는 자신들의 삶의 바탕이 되었던 지역이었다. 봉건제적 상황에서 사람들에게 영향을 미쳤던 권력 역시 멀리 떨어져 상상이나 생각 속에서만 영향을 미치는 국가나 왕과 같은 모호한 실체일 수는 없었다. 바로 지금 여기, 눈앞에서 보고 경험할 수밖에 없었던, 자기가 살고 있었던 지역의 봉건 영주나 성직자들이 실체적 권력으로서 개인들의 삶에 영향을 줄 수 있었을 뿐이었다.

근대적 국가는 영토에 기반을 둔 사회로 정부와 국민이 분리되어 있는 체제를 이루고 있다(Laski, 2000: 6) 정부와 국민은 공간적으로도 분리되어 있으며 정신적으로도 분리되었다. 봉건 영주의 권력이 눈앞에서 마주할 수 있었던 권력이었다면 국민국가의 정부라는 권력은 멀리 떨어져 있는, 눈앞에 보이지 않는 권력이었다. 하지만 그럼에도 정부는 봉건 영주를 넘어서는 실체적 권력으로서 사람들에게 다가왔으며 그 영향력을 좀 더 확장된 방식으로, 좀 더 강력하고 세밀하게 국민들을 대상으로 행사했다.

국가에 대한 개념은 두 가지로 살펴볼 수 있는데, 하나는 특정한 지리적 영역 안에서 작동하는 정부 통치의 기구이며 다른 하나는 특정한 통치 혹은 지배를 따르는 사회적 시스템이다. 국가는 국가의 구성원들이 직원으로 참여하는 기관들의 집합체(set of institutions)이며, 이 기관들은 지리적으로 경계 지워진 영역의 중심부에 자리 잡고 법률 제정에 대한 독점권을 갖고 있다(McAuley, 2003: 20). 근대적 국민국가는 영토에 기반을 두며 영토 안에서 배타적이고 독점적인 영향력을 발휘할 수 있게 된다. 이것이 가능하기 위해서는 중앙의 지배력이 공간적으로 전 영토에 걸쳐 발휘될 수 있는 시스템을 갖추어야 한다.[2] 이 시스템 속에서는 물자와 사람과 같은 물리적 실체의 이동뿐

---

2 근대적 민족국가를 운영하는 메커니즘에는 폭력 수단에 대한 (독점적) 통제, 영토적 경계, 주권,

만 아니라 정신, 사상, 이념, 명령, 정보 등 무형적인 내용의 이동도 함께 이루어질 수 있어야 한다. 물리적 실체의 이동을 위한 운송 시스템과 무형적인 정보가 이동할 수 있는 시스템이 갖추어야져야 하는 것이다. 운송 시스템과 커뮤니케이션 시스템의 발전과 확장은 근대 민족국가 성립과 안정화의 핵심적 요소가 되는 것이다.

근대적 민족국가가 성립되기 위해서는 강제력을 가진 강력한 권력이 들어서야 했다. 그 권력은 좁은 지역에만 발휘되는 권력이 아니라 이전까지 생각할 수 없었던 광범위한 지역에 걸쳐 강력하고 전일적이며 배타적인 방식을 통해 발휘되는 권력이었다. 이러한 강제적 수단이 집적되고 중앙 집중화되면 국가가 만들어진다. 국가는 명확한 경계 안에서 강제를 위한 중앙 집중화된 주요 수단들을 통제할 수 있는 조직을 만들어내며, 이 조직들은 국가의 경계 안에 존재하는 다른 모든 조직에 대해 일정 부분 우월한 지위를 행사할 수 있다(Tilly, 1990: 19).

봉건적 시기에 이러한 조직은 권력을 갖고 몇몇 소규모 가계(家系)에 집중되었다. 이들 가족의 중심이 되는 인물과 그를 보좌했던 가신들에 의해 성립된 일정한 통치체제가 관료적 국가 기구의 시발점이 된다. 국가 설립 과정은 통치자 가계(家系)의 소규모 인원으로 시작되었지만 확장된 행정 기구들이 건설될 수밖에 없었으며 통치적 혼자 혹은 그의 사적인 가신들만으로 직접 관장하는 것이 더 이상 불가능해지게 된다(Ertman, 1997: 8). 영토적 확장이 이루어지면서 더 이상 가족과 가신으로 구성된 소규모 집단으로는 모든 영역을 관장할 수 없었던 것이다. 이 문제를 해결하기 위해서는 체계화된 행정 기구가 성립되어야 했다.

입헌성, 비인격적 권력, 공적 관료체제, 권위·합법성, 시민성, 조세제도가 포함된다(Pierson, 2004: 6).

행정 기구는 통치 기반 조직을 위해 필요한 자원을 소유한 사회 구성원들의 협력을 요구하게 된다. 행정·재정·군사 분야의 전문성, 현금 자산, 높은 사회적 지위에 의거한 사적 권위가 주요한 자원이 된다. 이러한 자원을 소유한 집단들은 무제한적이고 독단적인 세습 군주의 권위로부터 자신들의 특권, 지위, 수입을 보호하고 확대할 수 있게 만드는 수단을 협상해 얻어낼 수 있는 방법을 추구하며, 그것은 특정한 관리(官吏)직에 대한 종신 재직권이나 후계권을 얻어 자신들의 가계를 따라 전승할 수 있도록 하는 것이었다. 몇몇 엘리트 집단들은 자신들이 점유하고 있던 행정 관료의 자리를 집단의 사적인 세습 지위로 만드는 데 성공했다. 이것이 베버(Max Weber)가 말한 전형화된 세습 관료체제였다(Ertman, 1997: 8).

세습 관료체제를 시발점으로 근대적 관료체제가 완성된다.[3] 봉건적 국가와 절대왕정 국가들은 세습 관료를 중심으로 전쟁을 수행하며 영토적 확장을 꾀한다. 확장된 영토에 대한 내적 통제 역시 이들 관료를 중심으로 수행하게 된다. 이러한 과정에서 두 가지 딜레마가 발생한다. 첫째, 경쟁자들을 굴복시키는 데 성공하는 정도에 따라 획득하게 되는 토지, 물자, 인적자원을 관리해야 할 필요성이 제기되었으며 행정이 중요해지는 만큼 전쟁으로부터 멀어질 수밖에 없었고 때에 따라서는 전쟁을 반대해야 하는 상황에 처하게 되었던 것이다. 둘째, 전쟁을 대비하면서 통치자들은 어쩔 수 없이 군사 부분에서 제외되었다. 전쟁을 대비하기 위해 갖추었던 조세, 공급, 행정을 위한 기반 조직들이 군대의 규모를 압도하면서 커지게 되었던 것이다. 이들 기반 조직들을 이끌어가는 사람들은 자신들을 위한 권력과 이익을 얻게 되고,

---

3 근대적 관료체제는 프랑스혁명 이전에 유럽에 나타났으며 19세기에 가서야 완전한 형태로 발전한다. 독일과 1660년대 이후 덴마크에서 고등교육을 받은 관료들로 구성된 기반 조직들이 위계적으로 만들어졌다. 근대적 관료체제의 전 단계는 독일, 덴마크뿐만 아니라 스웨덴, 영국 등에서도 나타난다(Ertman, 1997: 9).

이들이 보유한 권력과 이익은 군부의 성격과 힘(intensity)에 제약을 가하게 된다(Tilly, 1990: 20). 근대적 민족국가의 성립 과정은 관료체제의 성립과 확장 과정이라고 할 수 있다. 영토적 확장은 강력한 군대를 필요로 했으며 병력을 모집하고 관리하기 위해서는 막대한 비용뿐만 아니라 이 과정을 담당하게 될 시스템이 마련되어야 했다. 또한 군대를 이용한 전쟁으로 확장된 영토와 새롭게 획득하게 될 자원을 배분하고 통제할 시스템 역시 필요했다. 이 시스템이 마련되고 안정화되면서 이 시스템을 중심으로 강력한 권력이 형성되었으며 이들은 지리적 중심과 사회적 중심에 자리 잡고 그 영향력을 영토와 그 속에 포함된 모든 것에 대해 강력히 행사할 수 있게 되었던 것이다.

근대적 국가체제를 완성하고 운영하기 위해서는 막대한 비용이 소요되었다. 이 비용을 충당하기 위해서는 안정적인 조세 수취 시스템이 갖춰져야 했다. 국가적인 조세 수취 시스템의 성립은 새로운 징수관들의 조직(army of new revenue officers)을 만들면서 가능했다. 이들은 은행가들이나 거대한 규모의 세금 징수 청부인(tax farmer)들을 대체했다(Ertman, 1997: 76). 조세 수취 시스템의 발전은 관료제의 발전을 뒷받침했지만 동시에 관료제의 발전 그 자체라고 할 수 있었다. 조세 수취가 사적 영역에 맡겨져 있었다는 것은 행정력과 국가권력이 미약했다는 것을 의미했다. 사적 영역에 맡겨져 있던 자금원을 국가 시스템 속으로 끌어와서 단일한 권력의 통제 아래에 두게 됨으로써 중앙 권력의 통제력이 증대될 수 있었다. 또한 징수관들을 체계적으로 조직화하고 일사불란하게 활동하도록 만들었던 조직이 근대적 관료체제를 완성하는 가장 큰 토대가 되었다. 조세 수취를 위해서는 영토 안의 물자와 자원, 사람들에 대한 완벽한 파악이 뒷받침되어야 했다. 조세 수취 시스템은 단지 금전적 세금을 걷는 일이 아니었으며 세금을 걷기 위해서는 사전에 물자와 자원, 사람들에 대한 완벽한 조사와 분류가 이루어져야 했던 것이다. 또한 이러한 조사 자료를 바탕으로 직접적으로 세금을 강제하는 인력과

그들의 네트워크가 필요했다. 이들은 국가의 재정을 담당하는 관료 시스템의 일부가 된다.[4]

관료체제를 발전시켰던 또 하나의 시스템은 군대였다. 근대적 국민국가는 영토적 확장 과정을 동반했으며 이를 위해서는 대규모의 강력한 군대가 필요했다. 거대한 규모의 군대와 해마다 이루어지는 군사 작전은 지역 단위와 정부 모두에게 추가적인 부담을 요구하는데 이러한 요구에 맞추기 위해서는 엄청난 양의 징병 서류를 작성해야 했으며 대규모 세출이 필요했다. 이러한 압력으로 중앙정부와 지역정부에서 사무와 행정 업무를 담당하는 상근직 관료의 수가 증대한다(Ertman, 1997: 77). 군대의 모병은 인력에 대한 통제를 중심으로 이루어진다. 인력을 통제하기 위해서는 조세 수취체제의 성립 과정과 마찬가지로 인적 자원에 대한 대규모의 조사와 분류가 필요했고, 이를 바탕으로 인구의 일부에게 군복무를 강제하는 명령 시스템을 갖추어야 했다.

봉건제에서는 권력이 통제할 수 있는 영토적 범위는 한정되었으며 권력자들이 마주하게 되었던 물적·인적 자원 역시 한정될 수밖에 없었다. 그러나 근대적 민족국가로 전환되면서 국가의 통치자들은 광범위한 영역에 걸쳐 물적·인적 자원을 직접적으로 대면하며 통제할 수 있게 되었다. 민족국가는 군사조직, 추출조직, 행정조직, 분배와 생산조직 등을 중앙 집중적 구

---

4 17세기 후반과 18세기 초반에 걸쳐 정부 고용인들이 만들어낸 서류는 공적 문서가 되었으며 사무 관행에 따라 정리, 복사, 제본되었고 부처에 속한 관료들에 의해 접근 가능했다. 이러한 정보는 통계적으로 조직되었으며 수학적 형태를 갖추었다. 이러한 정보의 목록에는 선박의 입출항 정보, 가격표, 회계, 상품의 고장, 지역의 봉쇄, 세금 환급, 군사력의 총합, 직업 정보 등이 포함되었다(Brewer, 2005: 181). 관료에 의해 사회의 세부적 사항 하나하나가 채집되고 체계적으로 정리되었던 것이다. 이러한 자료는 국가의 공식적 문서로 저장되며 국가는 관료를 통해서 이러한 서류를 바탕으로 국가 내의 모든 것을 통제하고 관리하게 된다. 자료의 수집, 처리, 분류, 저장, 활용까지 이 모든 것을 담당할 관료 시스템이 근대 국민국가 건설 과정에서 완성된다. 그리고 그 시스템에 의한 중앙 집중화된 전일적 지배체제가 마련된다.

조로 통합된다(Tilly, 1990: 21). 강력한 중앙 권력이 사회 전반에 걸친 모든 시스템을 일방적으로 관리하고 통제하는 구조가 갖추어지게 되는 것이다.

그러나 이러한 과정은 안정적으로 이루어진 것이 아니다. 중앙 권력의 강제에 맞서는 저항이 존재했던 것이다. 국가의 크기가 커지고 강제력과 자본 분배에서의 차이가 커질수록 중앙의 통제에 저항하려는 유인(incentive)이 강력해졌으며 서로 다른 적들 사이에 동맹이 형성될 유인도 커지게 되었다(Tilly, 1990: 24).[5] 사람들의 저항을 잠재우고 이들을 하나의 민족국가로 통합하기 위한 작업이 필요하게 된다. 관료체제는 공식적이고 형식적으로 사람들을 국가의 통제 아래에 둘 수 있었지만 이들을 하나의 국가 성원으로, 민족으로 만드는 작업은 정신적인 면까지 고려해야 하는 과정이었다.

중앙 권력에 의한 직접적인 통치로 전환하게 되면서 통치자들은 시민들, 자원과 접촉하게 된다. 가정에 대한 조세 부과, 거대한 규모의 징병제, 인구조사 통계, 경찰 제도, 미시적 규모의 사회생활에까지 미치는 침입 등을 통해 이들을 통제한다. 그러나 이렇게 되기 위해서는 커다란 규모의 저항, 협

---

5 근대적 국가의 형태는 전일적 지배력을 구축하려는 국가권력과 이에 저항하는 시민사회에 의해 일정 부분 결정되었다. 근대국가의 이전 단계인 절대왕정의 수립 과정은 왕과 가신들을 중심으로 한 중앙 권력과 시민사회와 지방 권력을 중심으로 한 세력 간의 힘의 역학 관계에 따라 결정되었으며 이는 이후 근대적 국가체제의 건설에도 일정한 영향력을 발휘한다. 18세기까지 존재했던 국가들의 정체는 절대왕정에 저항하는 국민의회의 능력에 의해 결정되었으며 이것은 지역정부의 성격까지도 결정하게 된다. 잉글랜드, 스코틀랜드, 헝가리, 폴란드, 스칸디나비아와 같이 지역정부가 국가 형성기에 참여적인 방법으로 조직된 국가는 지역과 국가 단위에서 사회적 신분 집단들이 협력적으로 상호작용하게 만들었다. 이러한 상호작용은 절대왕정과의 싸움에서 사용할 수 있는 재정과 군사력, 사회 자본을 유지해주었으며 왕실이 입헌 권력을 사회와 나눌 수 있도록 만들었다. 반면 라틴 유럽과 독일처럼 지역정부가 하향식, 비참여적 방식으로 형성된 국가에서는 신분 의회가 분할되었고 힘이 약했다. 통치자들은 이들을 주변으로 밀어낼 수 있었으며 절대왕정의 계획을 현실화할 수 있었다(Ertman, 1997: 317~318). 시민사회의 힘이 컸던 곳에서는 의회의 상대적 힘이 클 수밖에 없었고 왕권은 일정한 양보와 함께 협력할 수밖에 없었던 것이다. 반면 시민사회와 지방 권력이 약한 곳에서는 절대왕정이 말 그대로 절대적인 권한을 하향식 방법을 통해 강제할 수 있었다.

상, 시민들의 권리와 특전이라는 희생을 감수해야 했다. 침투(penetration)와 협상은 새로운 국가 구조를 만들어냈으며 정부 예산, 관료(personnel), 정부 조직(organizational diagrams)을 확장시켰다(inflate). 우리 시대가 갖고 있는 전방위적(omnivorous) 정부가 탄생한 것이다(Tilly, 1990: 25). 봉건시대까지 사람들의 삶의 중심은 지역이었으며 자신들의 삶을 통제하는 것도 지역의 눈에 보이는 권력이었다. 근대적 국가체제는 이들 지역 권력을 중앙의 권력으로 대체하는 과정이었다. 지금까지 본 적도, 들은 적도 없었던 새로운 권력에게 복종할 것을 강제당하는 과정에서 저항이 발생한 것이다. 저항하는 사람들을 통제하기 위한 행정력과 경찰력, 사법 시스템을 갖추는 것 역시 근대적 국가 형성 과정의 일부분을 이뤘다. 그리고 그 과정에서 일정한 권리를 시민들에게 양도함으로써 이들을 권리와 의무를 갖는 시민 혹은 국민으로 묶는 작업도 필요했다.

중앙 집중화된 관료체제는 더욱 세분화되고 전문화된다. 단일한 관료 시스템만으로는 확장되고 분할된 사회를 통제하고 관리하기가 불가능해졌기 때문이다. 민족국가체제는 세분화(specialization)된 국가체제로서 19세기부터 현재까지 이어지고 있다. 군사력은 정부의 전문화된 세부 영역의 하나가 되었으며 군사 부문과 재정 부분의 조직적 분리가 증대하게 된다. 군사조직과 경찰 부문이 더욱 강화되었으며 대의 기구들이 군사 부문의 지출에 대해 의미 있는 영향력을 발휘하게 된다. 국가는 분배, 규제, 보상, 사법 행위 영역에 걸쳐 더욱 크게 확장된다(Tilly, 1990: 29). 권력은 중앙에 집중되지만 권력을 뒷받침하는 체계는 더욱 전문화되고 세분화되는 것이다.

근대국가는 정부와 국민의 분리, 국가와 시민사회의 분리를 기반으로 하고 있다. 국가의 체제가 전문화되고 세분화되면서 이를 담당할 관료 역시 세분화되고 전문화된다. 이들은 전체 인구에 비해 상대적으로 소수의 인원으로 구성되며 이들 사이의 강력한 네트워크에 권력이 집중된다. 이들은 자신들을 국민들과 구분하기 시작하며 국민들 역시 자신들을 대신해서 주권을 행사하고 자신들을 통제하는 사람들에 대해 일정한 동의를 해줌으로써 권력을 승인한다. 이렇게 형성된 근대국가는 주권국가이며 주권은 절대적이고 전능하며 통제당할 수 없고 전제적인 속성을 갖게 된다. 정부와 국민의 분리는 국가와 사회의 동등성을 배제하고 있으며 국가의 권력은 소수의 사람들에게 분할된다. 실제적인 권력을 휘두르는 소수의 사람들과 그들이 내리는 결정을 묵인하는 다수의 사람으로 나뉘게 된다(Laski, 2000: 8).

근대국가의 전신인 절대왕정에서는 국가의 권력이 절대군주와 그를 둘러싼 가신 그리고 이후 결합한 관료들에게 집중되었다. 그중에서도 절대군주에게 그 이름만큼이나 절대적인 권력이 집중되었다. 하지만 근대 민족국가로 변화하면서 권력은 관료체제와 입법, 사법체제를 독점하는 사람들에게 분할된다. 이 체제 안에 진출할 수 있었던 사람들에 의해 집합적인 단위의 통치와 권력 행사가 이루어진다. 이들은 집합적 통치(collective governance)를 통해서 자신의 힘을 사회 깊숙이 확장하고 자신들의 필수적 과업을 수행한다. 국민들의 행동들을 모니터링하고 반대자들을 처벌한다(Blanton and Fargher, 2008: 22). 관료체제를 장악하고 국민들의 행동을 관찰·감시하면서 자신들의 권력 행사를 원활하게 하기 위해 때때로 경찰력과 사법권을 동원해 국민들을 직접적으로 처벌하게 된다. 경찰력과 사법권은 근대적 국가의 대내적 물리력을 담당하며 국가권력에 의한 직접적인 강제를 뒷받침한다.

그러나 물리력에 의한 직접적인 강제력만으로는 국민들을 통제할 수 없다. 국민들의 동의와 승인을 필요로 하게 된다. 관료제를 장악하게 된 새로운 통치자(principals)들은 상당한 수준의 '기반 권력(infrastructural power)'을 소유하고 있어야 했으며 동시에 집합적인 대규모 사업의 수행을 통해 자신들을 드러내야 했다(Blanton and Fargher, 2008: 22). 근대국가의 권력자들 역시 자신들의 권력과 힘을 과시하고 전시해야 했다. 특히나 이전까지 지역 권력을 전부로 알고 있었던 사람들에게 공간적으로 멀리 떨어져 있는 새로운 권력은 지금까지 듣지도 보지도 못했던 권력이었으며 이들이 자신들의 삶을 새롭게 통제한다는 것은 쉽게 인정하기 어려운 것이었다. 이들에게 새로운 국가권력을 인식시키기 위해서 권력을 드러내야만 했던 것이다. 새로운 권력은 지방까지 진출한 관료체제를 통해 자신들의 힘을 보여줄 수도 있었지만 동시에 눈에 보이는 거대한 스펙터클을 만들어서 전시할 필요도 있었다. 거대한 새로운 토목 사업이나, 군사적 행동, 군사 퍼레이드, 대규모 행사와 같은 의례적 차원의 국가 행위들이 이 역할을 수행하게 된다.

집합적 정체(collective polity)에서 정치적 의례(儀禮)는 집합적 원칙에 통치자들이 기여하고 있다는 것을 사람들에게 알려준다. 정치적 의례에 대한 통치자들의 참여는 평등주의적 측면을 재확인해주며 납세자들에게 통치자들의 행위를 평가할 수 있는 기회를 제공하고 있다는 것을 알리는 역할을 한다. 이러한 커뮤니케이션 행위에는 공적 현장에 모습 드러내기, 정부 회의의 공개, 폭넓은 공중이 정책 결정 과정과 통치자들의 집합적 사업의 수행에 접근할 수 있도록 만드는 커뮤니케이션 채널을 포함한다(Blanton and Fargher, 2008: 22). 집합적 권력은 자신들의 통치 행위를 드러내서 전시함으로써 일반인에게 관료들이 자신들을 대신해 정책을 시행하고 있다고 인식하게 만들어야 했다. 국민들은 자신들의 대리인이 자신들을 대신해 정책을 계획하고 실행하며 이 과정을 통해서 자신들이 간접적으로 통치 행위와 권력 행사에 참여하고 있다고 믿는 것이다. 과거에는 거대한 국가 제전이나 행사, 퍼레이드 같이 물리적 공간에서 집합적으로 이루어지는 이벤트, 대규모 토목공사와 같은 물리적 공간 환경의 창출과 같은 것들을 통해서 집합적 권력이 과시되고 인지되었다. 하지만 근대국가의 공간적 범위가 확장되면서 물리적 공간 위에서의 공존성에 의존하는 것은 한계가 명확해졌으며 물리적 공존성이 없이 사람들에게 권력을 전시해줄 수단이 필요했다. 또한 일상생활 속에서 권력이 자연스럽게 전시되고 일상생활의 일부가 될 필요가 있었다. 사람들이 일상생활 속에서 자연스럽게 권력의 모습을 인지하고 그것을 자기 삶의 일부로 받아들일 수 있어야 했던 것이다. 커뮤니케이션 미디어의 발달은 국가권력의 전시를 일상화하는 데 있어서 강력한 수단을 제공해준다.

2) 국민국가 정체성의 확립

국민국가는 영토를 확보하고 관료체제를 형성해서 전국적인 단일한 권력을 만드는 것만으로 형성되지 않는다. 영토는 국가 성립에 물리적 환경을 제공하고 관료체제는 국가의 체계적 기반을 제공한다. 동시에 사람들이 자신들을 민족국가의 성원으로 인식하고 국가적·민족적 정체성을 확립해야 한다. 근대적 민족국가의 성립 과정은 다양한 방향으로 전개되었다. 영토적 확장과 더불어 민족 성원을 만드는 작업이 함께 이루어졌던 것이다. 프랑스혁명에 의해 나타난 국가-민족-국경의 연결 관념은 19세기와 20세기 유럽 그리고 그 식민제국 내 내셔널리즘 건국신화(mythomoteur)가 되었다(Anderson, 1996: 25). 국가라는 정치체제와 민족이라는 정신적 차원, 국경이라는 물리적 차원이 함께 연결됨으로써 오늘날의 국가라는 물리적·관념적 실체가 만들어지게 되었다.

민족국가 형성 과정은 사람들이 영토 정체성과 영토 장악력에 대한 정확한 개념을 알게 했다(Anderson, 1996: 25). 근대 민족국가는 공간적으로 명확하게 정의되어야 했다. 지도 위에 명확하게 그어진 선을 따라서 국가의 영토가 확정되어야 했다. 근대국가의 주권의 배타적 행사는 영토라는 물리적 공간 안에서 발휘되며 주권이 행사되지 못하는 영토 밖과 공간적으로 단절된다. 이러한 체제는 공간적으로 구분된 국가 사이의 관계를 사람들이 인식하게 했다. 국경 안의 공간과 국경 밖의 공간이 명확하게 우리와 타자를 구분하는 손쉬운 장치로 활용된다.

근대국가로 발전하는 과정에서 1차적으로 수행되었던 것은 영토적 확장이었고 점령한 땅 위에 가상의 선을 그어 그곳이 특정한 국가의 소유임을 명백하게 대외적으로 밝히고 확인받는 작업이었다. 그 후 그 땅 위에 살고 있는 사람들을 국민으로 혹은 민족으로 편입시키는 작업이 진행된다. 미국과 프랑스 영토 내에 살고 있던 사람들은 한편으로는 자연적으로 만들어진 경계에 의해, 다른 한편으로는 자유의사에 따른 동의에 의해 자신들이 살고 있는 땅을 미국과 프랑스라고 부르게 된다. 미국은 흑인 노예와 원주민이라는 문제를 안고 있었고 프랑스는 시골 지역 인구 대부분이 프랑스어와 다른 지역 방언을 사용하고 있었다는 사실[6]과 때때로 그들에게 주입된 새로운 혁명적 사고에 대해 저항했다는 문제를 갖고 있었다(Anderson, 1996: 41). 이러한 저항을 해소하고 짧은 시간 안에 민족 구성원으로서의 정체성[7]을 갖도록 만

---

6 1789년 프랑스혁명 당시 프랑스 인구의 50%는 프랑스어를 전혀 할 줄 몰랐으며 단지 12~13%만이 프랑스어를 '정확히' 구사했다. 이탈리아 역시 1860년 이탈리아 통일 당시 이탈리아어를 일상적인 목적을 위해 사용했던 사람들은 인구의 2.5%에 지나지 않았다(Hobsbawm, 1992: 60~61). 적어도 유럽에서는 근대적 국민국가의 성립 과정에서 언어와 민족이 동일시될 수는 없었다. 특정한 지역의 방언이나 특정 신분의 사람들이 사용하던 언어를 표준어로 지정하고 이것을 사람들에게 강제하는 과정에서 민족어가 만들어졌던 것이다.

7 국가 정체성은 국가와 국민의 관계를 어떻게 설정하느냐에 따라 달라질 수 있고 국민으로서의 정체성을 어떻게 확립하는가에 따라 국가의 형태가 달라질 수 있다. 19세기와 20세기 정치인들과 행동가들에게 영향을 미친 네 가지 국가 형태가 있는데 첫째, 계약적 혹은 반(半)-자발적(quasi-voluntary) 국가인데, 이는 많은 사람들이 자신을 국가의 일원으로 인정하기 때문에 존재한다. 이러한 국가의 경우 기존의 국민 정체성이 약화되거나 새로운 국민 정체성을 갖게 되면 사라진다. 둘째, 다른 국가와 구별되는 본성적 성질이 있기 때문에 국가가 존재한다는 이론이다. 이 이론에 따르면 개인은 자신의 국민 정체성을 선택할 수 없다. 개인은 민족의 일원으로서 태어나며 민족 정체성에서 벗어나거나 그것을 부인할 수 없다. 셋째, 국가는 형이상학적 이상(ideal) 혹은 비인격적 의지라는 학설이다. 이 견해는 국가를 이미지, 염원(aspiration), 고도로 선택된 역사적 지향점(reference)으로 생각한다. 넷째, 소수 엘리트 집단에 의한 정치적 계획물(project)이라고 보는 견해이다. 여기서 국가는 국가 가치(the values of nations)의 구현체가 된다. 엘리트들은 스스로에게 사회 근대화라는 과업을 할당한다(Anderson, 1996: 41~42).

들기 위해서는 관료적 체제와 같은 제도적 장치뿐만 아니라 다른 방법을 찾아야 했다. 민족어를 제정하고 민족의 역사를 만들어내며 민족의 영웅과 민족의 신화를 찾아내고 밝히는 작업이 이루어지게 된다. 또한 민족과 땅을 연결함으로써 공간적 동질성을 확보하고 공간 속으로 민족 구성원을 포섭하는 작업 역시 이루어졌다.

이러한 민족 구성원은 시민이 된다. 시민들은 국민국가의 일원으로서 시민권을 갖게 된다. 시민권은 국가와 국민 사이의 관계를 구성하는 핵심적 사항이 된다. 시민적 권리는 '자연권'이나 '인권'처럼 보편적인 것은 아니며 시민의 지위를 누릴 수 있는 행운을 가진 사람들에게 주어질 뿐만 아니라 그러한 시민권은 그것이 적용될 수 있는 특정한 국가에 의해서만 보완될 수 있다. 시민권은 '배타적'이기 때문에 다양한 사람들이 시민의 지위로부터 배제될 수 있다(Pierson, 2004: 22). 시민은 본질적으로는 선천적으로 주어지는 것이 아니라 시민으로서의 권리를 국가에 의해 인정받아야만 될 수 있는 존재였다. 또한 시민은 국가에 의해 만들어지는 존재이다. 국가는 시민을 만들기 위해 직접적으로 개입하고 국민의 삶 속으로 침투한다. 근대국가 발전의 일반적 특성은 사회에 대한 국가의 침투가 증대되었다는 것이다. 근대국가는 그 구성원들을 만들고 관리하는 데 능동적이며 선제적(proactive)인 국가이다(Pierson, 2004: 44). 국가가 적극적으로 국민을 조사하고 분류하며 개인의 사적 영역까지 공식적 관료를 통해 개입하게 된다. 관료제 시스템을 이용해서 태어날 때부터 등록하고 번호를 부여하며 일정한 시기가 되면 학교로 보내고 상비군으로 징집한다. 개인과 가족의 공간적 이동 역시 감시하고 등록한다. 사적인 경제생활의 모든 영역에 국가의 힘이 미친다. 국가 안에서 이루어지는 모든 사적인 일에 국가가 개입할 수 있게 된다. 이를 바탕으로 근대국가는 시민들을 만들어낸다.

① 공간적 정체성 만들기

국민국가의 구성원으로서의 정체성을 만들기 위해 국가는 다양한 활동을 벌인다. 우선 공통된 신화를 만들어야 했다. 가장 대표적인 것이 땅을 중심으로 하는 공간적 신화를 만드는 것이었다. '땅(land)' 이라는 개념은 민족국가의 본질을 역사적으로 설명하는 데 중요하다. '우리의 땅(our land)'이라는 개념은 민족 이데올로기와 국가 형성을 연결 짓는 마법과도 같은 주문이었다. 땅이라는 개념은 상징적인 '토지' 경관('land' scapes)을 둘러싸고 특정한 민족 정체성을 만들어내는 데 이용된다(Whitehead, Jones and Jones, 2007: 89~90). 조상 대대로 물려받은 땅, 우리 가족 나아가 우리 민족이 오래 전부터 살아온 '땅'이라는 관념은 강력한 이데올로기로 사람들에게 수용되며 각인된다. 핏줄로 연결된 사람들에 의해 오랜 시간에 걸쳐 점유되어온 땅이라는 관념은 땅과 그 위에 존재하는 사람들을 불가분적인 관계로 강력하게 묶어버린다. '땅'은 그 위에서 살아가는 사람들의 삶과 강력하게 연결되고 삶의 터전이 되기 때문에 사람들은 '땅'과 강한 유대감을 쉽게 가질 수 있다.

근대 민족국가는 국경과 국내의 커뮤니케이션에 대한 관심이 있었으며 조국의 땅과 경계선을 문화적으로 전유하는 과정에서 민족이 '영토화'되는 경향이 나타났다. 민족이 소유하는 민족 공간으로서 '민족의 땅(homeland)' 이라는 개념은 민족주의의 핵심적 교리가 되었다. 그 목표가 무엇이든지 간에 민족주의는 항상 땅의 소유와 유지에 관한 것이었다. 실제적인 국가 건설 사업은 땅에 대한 소유 안에서, 그리고 소유를 통해서만 가능하였다. 조국의 땅에서만 민족 구성원들은 자신들의 정치적 형제애와 사회적 응집력을 느낄 수 있었다. 따라서 민족 국가의 선결 조건은 조국의 땅 획득이었다(Smith, A. D., 1988: 162~163). 민족을 구성하고 확정할 수 있었던 가장 기본적인 조건은 공간적 조건이었던 것이다. 민족이 점유하고 전유할 수 있는 물리적 공간 없이는 어떠한 민족적 정체성도 공표할 수 없었다. '민족의 땅', '우리 땅'

은 사람들을 동원할 수 있는 강력한 정치적 수사로 기능하다. 민족 국가의 성립 과정에서 특정한 땅은 민족의 발전을 위해서 반드시 되찾거나 확보해야 하는 땅으로 규정된다.

'땅'에 대한 근대적 관념을 형성하는 데 중요한 역할을 수행한 것이 토지 이용 과정을 그려 넣은 지도이다. 토지 이용 지도는 엄격하게 규격화된 지도 제작을 통해서 땅을 명확하게 표현하고 재현하며 만들어낸다. 토지 이용 지도는 민족의 땅이라는 모호한 문화적 주문(呪文)을 실제적으로 파악할 수 있는 공간적 실체로 만들어버렸다(Whitehead, Jones and Jones, 2007: 90). 우리의 땅, 민족의 땅이라는 추상적 말은 거부할 수 없는 주문과도 같은 속성을 가지고 사람들에게 정신적 영향을 미쳤지만 그것은 실체적으로 뒷받침되어야 했다. 땅에 대해 실체적 차원에서 접근할 수 있게 만들어준 것이 근대적 지도 제작술이었으며 지도 위에 그려진 토지의 모습을 통해 사람들은 민족의 땅, 우리 땅이라는 공간적 관념을 실체적으로 갖게 되었다.

토지 이용 지도의 제작은 단순히 공간의 모습을 그려나가는 작업이 아니다. 지도는 본질적으로 땅이라는 공간에 대한 복제물이다. 모든 복제물은 속성상 원래의 대상을 100% 정확하게 재현할 수 없다. 특히 지도는 원래의 대상을 축소해서 담아내기 때문에 자연스럽게 왜곡될 수밖에 없다. 또한 공간에 펼쳐진 다양한 요소 중 특정한 요소만을 선택해서 기호화한다. 모든 공간적 요소가 그려지는 것이 아니라 지도 제작자의 의도에 따라 특정 요소가 선택되고 부각되며 다른 요소는 삭제되거나 축소된다. 따라서 지도에는 특정한 요소를 선택하고 삭제하는 지도 제작자의 의도와 사상이 담길 수밖에 없다. 지도는 이데올로기적 속성을 가질 수밖에 없는 것이다.

지도 제작은 자연을 중앙 집중적으로 등록함으로써 자연에 대한 중앙 집중화와 영토화를 동시에 꾀하게 된다. 결과적으로 토지 이용에 관한 지도는 지도의 공간적 편성을 통해서 자연에 대해 단순히 기록하는 차원을 넘어서서 공간에 대한 색인을 만드는 것이라고 할 수 있다. 토지 이용 지도는 정치권에서 추구하는 공간적 질서를 함축하게 된다. 이러한 공간 질서는 지도 그 자체 혹은 지도에 기초해서 수행되는 정치적 권위의 행동을 통해서 제시된다(Whitehead, Jones and Jones, 2007: 91). 근대국가의 성립과 발전 과정에서 지도는 정치적 목적 속에서 작성되었다. 특정한 정치 세력들은 자신들의 정치적 목적을 위해 정치적 경관을 만들어내고 조작했으며 그 과정에서 공간 질서를 만들어내게 된다. 정치적 목적을 위해 특정 지역을 영토로 편입시키거나 특정한 공간적 경관을 만들어낸다. 공간을 이용하는 방식을 결정하며 특정인이나 특정 집단을 공간 속으로 포섭하거나 공간으로부터 배제한다. 이 모든 과정이 공간적 질서를 만드는 과정의 일부분이며 그것은 정치적 경관 속에서 이루어지거나 그 자체가 정치적 경관을 형성한다.

② 민족 정체성의 구성

국가는 공간적 정체성을 만들면서 동시에 민족국가를 구성하는 특정한 인종적 정체성을 마련해야 했다. 그것은 단일한 인종적 정체성일수도 있었고 다층적인 인종 정체성의 혼합일수도 있었다. 어느 것이든 사람들을 특정한 인종적 정체성으로 묶고 이를 바탕으로 국가 정체성을 부여해야 했다.

근대 민족국가는 두 가지로 구분될 수 있는데 '시민국가(civic nations)'와 '인종국가(ethnic nations)'가 그것이다. 인종국가는 특정한 인종의 문화와 정체성을 재생산하는 것을 가장 중요한 목적으로 상정한다. 시민국가는 시민들 사이의 인종적 정체성을 존중한다는 점에서 '중립적'이며 민주주의와 정의라는 원칙에 의거해서 국민의 자격을 정의한다(Kymlicka, 2000: 13). 근대 민족국가는 시민국가든 인종국가든 일정한 인종적 정체성을 기반으로 국가의 성원들을 구성해야 했다. 시민국가적 차원에서는 인종적 구분이 시민의 성립 요소가 되는 것이 아니고 형식적으로 모든 인종 집단의 평등성이 전제되지만 실제로는 특정한 인종 집단의 사회적·정치적 우위가 지배적인 것이 대부분이다. 지배적 인종 집단을 중심으로 하는 일종의 힘의 균형 상태에서 형식적인 공존이 이루어지고 있는 것이다. 반면에 인종국가에서는 특정한 인종적 정체성이 공개적으로 강력한 주도권을 갖고 사회적·경제적·정치적 차원에서 관철되는 모습을 보여준다.

이 모든 국가체제에서 중요한 것은 사람들을 특정 문화를 중심으로 통합하는 것이었다. 그것은 대부분 지배적인 인종 집단의 문화일 가능성이 높았으며 강제적으로 부과되거나 암묵적인 묵인과 동의에 의해 사회적으로 승인되기도 했다. 특정한 인종 집단의 문화는 사회적 문화가 되어서 사회 구성원을 통합하는 핵심적 기제로 작동하게 된다.[8] 사회적 문화는 영역적으로 집중되어 있는 문화이며 광범위한 문화적 제도에서 사용되는 공유된 언어를 중심으로 하는 문화이다. 그러한 사회적 문화에 참여함으로써 전반적인 인간 행위에 접근할 수 있게 된다. 사회적 문화로 통합하려는 노력은 '국가 건설' 계획의 일부가 된다(Kymlicka, 2000: 14).

문화는 언어를 통해서 형성되며 언어를 통해서 전파되고 전수된다. 하나의 문화가 유지되기 위해서는 공유된 언어가 있어야 한다. 하나의 문화가 생존할 수 있느냐를 결정하는 가장 중요한 결정 요인은 그 문화의 언어가 정부

---

8 근대국가는 사람들을 국가의 일원으로 통합하려 했다. 이를 위해서 국가를 구성하는 사람들에게 시민권을 부여했으며 다양한 인종 집단을 문화적으로 통합하려 했다. 프랑스혁명 이후 프랑스는 근대적 국민국가의 틀을 갖추어 나가는데 이를 위해서 사용했던 것이 시민권의 부여와 인종 간 통합이었다. 프랑스혁명은 보편적이고 통합적이며 배타적인 시민권이라는 개념을 도입하였고 이 목표를 달성하기 위해 기초 교육에 의존한다. 또한 프랑스 국내와 식민 지역 모두에서 이민자와 식민화된 민족 모두를 동화시키려 했다(Skeptorowski, 2000, 119~120). 사람들을 시민으로 만드는 공적 영역의 작업이 요구되었으며 이는 근대적 의무교육으로 이어졌다. 사회 구성원의 양성이 이루어진 곳을 사적인 영역에서 공적인 영역으로 변경한 것이다. 공적인 의무교육을 통해서 보편적이고 표준화된 문화가 사람들에게 전파되었다. 민족 정체성을 구성하는 공식적 과정을 의무교육이 담당하게 되었던 것이다.

공용어인가라는 점이다. 정부가 특정 언어를 공교육에서 사용하기로 결정하면 그 언어와 관련된 사회적 문화는 가장 중요한 지원을 받게 되는 셈이다. 언어, 전통, 관습의 전수를 보장하게 되는 것이다. 정부가 특정한 언어를 공교육과 공적 서비스에 사용하겠다고 결정하면 그 언어와 관련된 사회적 문화는 국가의 영역 안에 존속할 수 있게 된다(Kymlicka, 2000: 15).

언어는 또한 사람들에게 상징적 자원들을 제공한다. 언어로 구성된 상징적 자원들은 민족문화의 내용을 구성하고 명료화해서 사람들에게 제시해준다. 상징적 자원들은 민족문화의 핵심적인 사항들을 명시적으로 드러낸다. 사람들은 기호적 코드로 제시된 상징 자원을 통해서 민족문화를 지각하게 되고 공유한다. 공유된 민족문화를 바탕으로 자신들과 타자들의 심리적·정신적 경계선을 긋게 된다. 집단 간의 경계를 만드는 메커니즘으로 자주 사용되는 상징적 요소는 말(words)이다. 말은 한 집단의 구성원이 자신의 집단과 다른 집단을 구분하는 경계에 접근할 때 신호등과 같이 경고를 해준다는 점에서 효과적이다(Armstrong, 1982: 8). 인종 집단을 명시적으로 구분해줄 수 있는 것은 언어와 그것을 이용한 상징적 자원이기 때문이다. 소통할 수 없는 언어에 접근할 때, 사람들은 낯선 언어를 사용하는 집단을 자신과 다른 사람들로 인식하며 해당 언어의 사용자를 배제할 것인지 포섭할 것인지를 판단해야 한다.

또한 언어적 상징물은 집단 정체성을 지켜주는 장치가 된다.[9] 고대 신화의 상징에 대한 공명은 신화의 수용자들에게 무의식적인 영향력을 발휘한

---

9 언어는 민족국가 교육 시스템, 문화, 정체성의 핵심을 이루며 민족국가의 정체성과 연결된다. 정체성은 안정감, 소속감, 공통 유산을 소유하고 있다고 느끼게 해준다(Yagmur and Kroon, 2003: 320). 언어적 정체성은 민족 정체성, 국가 정체성과 연결된다. 특정한 언어의 이름은 특정한 지역, 특정한 인종의 명칭과 연결 지어 정의되었으며 근대 민족국가의 성립 과정에서 이 명칭은 민족과 국가의 명칭으로 확장된다. 언어, 민족, 국가의 명칭이 일치하게 되며 언어적, 민족적, 국가적 정체성을 단일한 것으로 가정하게 만들어버린다.

다. 상징물을 통해 전달되는 단서들은 인종 집단들에게 주는 신호와 같다. 상징물은 오랜 시간을 거쳐 유지될 수 있기 때문에 신화적 구조 속에 개인적인 상징물들을 결합시킬 수 있도록 해준다(Armstrong, 1982: 8). 신화는 언어적 상징물을 통해 구성되기도 하지만 신화와 관련된 장소, 자연적 물건들, 공간적 구조물 역시 상징적으로 신화를 재현해준다. 이러한 상징적 장치들을 접하게 될 때 사람들은 신화의 서사적 구조를 떠올리고 서사 구조에 담긴 문화적 내용들을 인지한다. 이렇게 인식된 문화적 내용은 사람들 사이에 공유되고 무의식 속에 자리 잡게 된다. 공유된 신화는 인종적 집단을 구분할 수 있게 해주는 지표의 역할을 수행한다.

신화 속에 담겨진 서사는 사람들에게 민족적 정체성을 형성하도록 만들면서 민족적 사명감을 제시한다. 이것은 근대국가에서 강력한 정치적 장치로 활용된다. 신화적 서사는 민족과 국가의 오랜 기원에 대해 이야기해주면서 민족과 국가의 시조가 지녔던 특정한 사명을 제시해준다. 오래된 민족적 사명을 상기시키면서 이를 현재의 민족 구성원이 반드시 달성해야 할 최종 목적으로 설정하는 것이다. 거룩한 목적을 달성해야 한다는 특정한 사명감은 신화를 공유하고 있는 사람들 사이의 민족적 자긍심을 높여주며 그 사명을 달성하도록 사람들을 동원하는 역할을 맡게 된다. 신화의 가장 의미 있는 효과는 특정 집단의 구성원들에게 자신들의 "공통 운명"에 대한 강력한 인식을 불러일으킨다는 데 있다. 공통 운명은 그것이 담긴 에피소드가 역사적이든 아니면 '순수하게 신화적이든' 상관없이 외부의 적에 맞서기 위한 개인들의 연대를 강조함으로써 강렬한 영향력을 발휘하며 경계에 대한 지각을 두드러지게 만든다(Armstrong, 1982: 9).

근대국가는 우선적으로 영토적 경계를 확정하는 것에서 시작했지만 눈에 보이지 않는 경계 역시 긋게 된다. 그것은 사람과 사람들, 집단과 집단을 구분하는 경계선이었다. 특정한 사람과 집단을 나와 우리로 묶고 다른 사람과 집단을 타자로서 구분하고 배타적으로 대하는 작업이 이루어졌던 것이다. 이러한 무형의 경계선은 신화적 상징물의 복합체에 의해 정의되었다. 이러한 경계선들은 인종적 정체성을 구분해주는 신화들을 소유한 집단들을 포함하게 된다. 근대의 제국은 이것들을 지우거나 초월해야 했다(Armstrong, 1982: 131). 근대국가는 단일한 인종적 집단에 의해 구성될 수도 있었으며 다양한 인종 집단으로 구성될 수도 있었다. 근대 민족국가의 일부는 특정한 인종적 정체성만을 승인하고 강제할 수도 있었지만 또 다른 민족국가는 인종 간의 차이를 흐리게 만들거나 초월하는 듯이 보여야 했다.

도시국가와 같은 소규모 정치체제를 갖춘 국가의 경우 시각적 관념 연상물과 개인적 친분에 의존할 수 있었지만 근대 제국의 엘리트들은 좀 더 강제적인 신념을 만들어낼 필요가 있었다(Armstrong, 1982: 131). 광범위한 영토 속에 흩어져 있었던 사람들을 민족 구성원으로 묶어나가는 작업은 과거 신화를 단순히 구전으로 전하거나 물리적 공간에 고정된 특정한 사물이나 장소를 상징적으로 활용하는 것만으로는 불충분했다. 과거의 신화는 새롭게 재발견되고 재구성되어야 했다. 재구성된 신화를 바탕으로 새로운 문화적 정체성을 수립하고 이를 사람들에게 강제해야 했다. 그들이 만들어낸 신화는, 제국이 정체성의 한계를 구성하는 물리적이고 정신적인 경계선을 설정하며, 이 경계선은 피할 수 없는 틀이 된다는 주장을 담는다(Armstrong, 1982: 131). 근대국가가 만들어냈던 신화가 주장하고 제시하는 정체성은 거부할 수 없는 것으로 상정되었던 것이다.

이러한 신화는 민족 정체성을 규정하며 동시에 민족의 사명을 제시하는 기능을 담당한다. 과거에 대한 신화와 민족의 본질을 노래하는 시가(詩歌)는, 지도자가 영웅적인 위대한 시대를 언급할 수 있도록 함으로써 공동체의 목표를 설정하게 하고, 사람들의 행동과 성취의 모델로 삼게 한다(Smith, A. D., 1988: 201). 신화에 기반을 둔 공동체의 목표는 개인이 거부할 수 없는 것으로 다가오며 신성한 대의를 갖는 것으로 사람들에게 제시된다. 사명에 대한 거부는 죄악시된다. 사명에 대한 인식과 그것의 달성을 위해 참여하는 것은 민족의 구성원임을 확인받을 수 있는 기준이었다.

근대 민족국가가 성립되던 시기는 끊임없는 변화의 시기였으며 개인들은 그러한 변화를 따라갈 것을 강요받던 시기였다. 전통적인 공동체의 파괴와 개인을 규정해주었던 안정적인 사회가 파괴되고 사람들은 새로운 정체성을 갖추어야 할 필요성에 직면했다. 탈장소화(dislocation)되고 요동치는 이러한 시기에 과거에 대한 신화는 사람들이 정착할 수 있고 안정감을 찾을 수 있도록 만들어주었다. 탄압받던 사람들에게 (예전에 갖고 있었다고 생각되는) 위엄을 부여하며 떨어져 있는 사람들을 집단으로 묶고 계급을 연대하도록 만들었다. 신화와 상징은 잠재적 기호이자 민족을 설명해주는 장치였다. 이것은 사람들로 하여금 스스로가 세대를 이어 계승되고 있다는 감정을 불러일으킬 수 있었다(Smith, A. D., 1988: 201).

3) 근대국가의 공간적 확장과 미디어

근대 민족국가는 끊임없이 공간적 확장을 추구했다. 명확한 국경선으로 구분되는 영토의 확보는 근대국가 성립의 기반이 되었으며 국가를 유지하기 위해 경제적 발전을 추구했는데 이것은 영토적 확장과 함께 이루어졌다. 서구의 근대 민족국가는 영토를 확장하고 그 위에 자신들의 경제체제와 경제적 네트워크를 이식함으로써 안정적으로 국가의 부를 획득하려 했다. 영토의 확장은 단순한 공간적 확장이 아니었으며 경제 시스템, 사회체제, 정치체제, 문화, 관습, 규범 등 모든 것을 공간적으로 확장하고 이식하는 과정이었다. 멀리 떨어져 산재해 있던 개별적인 차이의 공간을 균등한 동질성의 공간으로 변화시켰던 것이 근대국가의 공간적 확장이었다.

동질적 공간을 만들기 위해서는 중심부 공간과 주변부 공간이 밀접하게 연결되어야 했다. 중심부의 체제와 문화 등이 연결망을 통해서 주변부로 짧은 시간 안에 명확하게 전달되고 제시되어야 했다. 주변부의 상황 역시 중심부로 전달되어야 했다. 이러한 연결은 운송 분야의 발전과 커뮤니케이션 분야의 발전에 크게 의존하게 된다. 물자와 인적 자원의 안정적인 이동을 보장하기 위해 안정된 교통망이 확보되고 그 위를 움직이는 기술적 수단들이 개발되고 발전되어야 했다. 확장된 공간 속에 존재하는 다양한 정보를 수집하고 처리해서 전달해줄 수 있는 커뮤니케이션 수단 또한 발전해야 했다. 민족국가의 국민적 정체성, 민족적 정체성을 형성하는 문화와 신화는 의무교육과 같은 제도적 장치를 통해서도 전달되었지만 공간적으로 흩어진 수많은 사람들에게 짧은 시간 안에 다량으로 동일한 내용을 전달할 필요가 있었다. 발전된 커뮤니케이션 망을 통해서 엄청난 인원의 사람들이 동일한 경험을 동시적으로 체험할 수 있게 되었다. 동일한 경험의 공유는 사람들이 다른 사람과 연결되어 있다는 무언의 감각을 느끼도록 만들수 있었다. 커뮤니케이션 미디어을 통해 잠재적이고 거대하며 동질적인 인간 집단이 형성되었다. 이들은 같은 민족, 같은 국민이라는 공통적 정체성을 갖게 된다.

　근대국가가 형성되는 과정에서 단일 국가를 넘어서는 국제적인 경제 질서가 수립되었다. 공간적으로 광범위하게 펼쳐져 있던 지역 간에 정기적인 상업망이 형성되면서 공간과 공간이 밀접하게 연결되었다. 상업적 연결망을 안정적으로 지탱하기 위해서는 안전한 교통로가 필요했고 공간과 공간을 연결하는 커뮤니케이션 망이 마련되어야 했다. 원격지 무역의 확대, 새로운 시장의 개발, 국제 견본 시장들의 형성, 광범위하게 영향력을 확보한 상사들의 등장으로 인해 교회와 수도원, 제후와 국왕, 대학, 길드와 도시 같은 부문에만 국한된 전령 제도로는 커뮤니케이션을 더 이상 해결할 수 없었기 때문에 새로운 의사소통체계가 필요했다(파울슈티히, 2007: 91).

새롭게 마련된 의사소통체계를 따라 경제적 정보뿐만 아니라 다른 지역과 관련된 다양한 정보들이 전달되었다. 정보에 대한 필요는 경쟁적인 상품 공급, 다른 시장과 견본 시장, 새로운 원료, 다른 곳의 정치적 상황과 권력 관계, 주민들의 필요와 수요, 도로와 통행로의 상태, 노상강도나 전쟁 수행 집단에 대처하는 운송의 안정성 확보, 새로운 발견과 발명, 일반적인 사회적 상황, 관습, 풍습, 지배적인 가치 위계질서로까지 확장되었다. 다른 종류의 더 많은 정보가 요구되었고 이 정보들은 전령, 여행자, 순례자, 편력직인, 거지, 유랑인, 학생, 배우, 방랑시인, 도축업자와 같이 떠돌아다니는 중세인들의 시대보다 훨씬 더 확실한 정보 가치를 지녀야 했다(파울슈티히, 2007: 91). 구전에 의존한 정보체계만으로는 근대체제가 요구했던 정확한 정보를 전달할 수 없었던 것이다. 체계적으로 정보가 수집되어야 했으며 수집된 정보는 전문가에 의해 판단되고 분류되며 처리되어야 했다. 또한 안정적인 방식으로 규칙적으로, 정기성을 띠고 전달되어야 했다.

국가와 국가, 지역과 지역이 경제적으로 밀접하게 연결되면서 상인들이 파악해야 할 정보가 복잡해지고 비약적으로 증대했다. 유럽의 민족적·영토적 분열은 통용되는 화폐와 주화의 상황을 한눈에 알아보기 힘들 정도로 복잡하게 만들었다. 원격지 무역에 종사하는 상인들은 화폐들을 서로 비교해야 하는 문제에 직면했다(파울슈티히, 2007: 93). 화폐뿐만 아니라 지역 간 다른 도량형과 경제 제도의 차이에 대해서도 알아야 했으며 상품 판매지와 원료 공급지에 관한 다양한 정보를 파악하고 이를 비교해야 할 필요가 있었다. 원격지에 대한 정보는 상업적 전략을 수립하는 데 핵심적인 사안이었다. 원격지의 시장 상황을 제대로 알고 있어야 상대적으로 유리한 판매 전략을 수립하고 실행할 수 있었기 때문이었다. 따라서 상인들 사이의 정기적 정보 전달 채널이 마련되어야 했다.

16세기 후반에는 세계경제의 확대와 정치적 변화 속에서 서신을 통한 정보 교류가 전문화·세분화한 것이 특징이라고 할 수 있다. 유럽의 모든 대규모 상업 중심지, 궁정 도시와 대학 도시에는 통신원 사무실 또는 "통지 사무소(Avisenhäuser)", "소식 사무소"가 생겨났고 결과적으로 기고자였던 상인, 시 참사회 의원, 학자, 관리는 직업적인 소식 기고자들에 의해 대체되기에 이르렀다(파울슈티히, 2007: 101~102). 서신에 의한 정보 수집은 각지로 퍼져 나갔던 우편망에 의해 더욱 안정적으로 이루어졌다. 상인들의 가신과 심부름꾼에 의해 사적으로 이루어졌던 서신 교환이 공적인 우편망으로 대체되면서 정보 전달은 좀 더 규칙적·체계적으로 이루어질 수 있었다.

우편망의 발달로 정보 전달의 전문성도 확보될 수 있었다. 서신을 분류하고 전달하는 작업이 전문화됨으로써 이전과 비교했을 때 정보가 좀 더 안정적으로, 좀 더 신속하게 전달되었다. 우편 종사자의 일부는 서신의 전달에만 머무는 것이 아니라 직접 서신에서 발췌한 정보를 편집해서 신문의 형식으로 만들게 된다. 이들은 오늘날 신문의 편집인의 역할을 수행한 것이다. 전문적인 우편 종사자로부터 전문적인 정보 수집가와 편집자가 발생했다. 우체국장들은 당시의 여행 및 의사소통 중심지였던 우편 마차 역참에 도착하는 소식들을 모으고 복제하고 유포해서 부수입을 올릴 수 있었던 것이다(파울슈티히, 2007: 350~351).

정기적 우편망이 확립되면서 인간은 새로운 공간 경험을 하게 되었다. 우편망을 통해 전달된 서신은 멀리 떨어진 지역에 대한 공간적 정보를 제공했다. 물리적 이동 없이도 다른 공간에 대한 인식을 가능하게 함으로써 개인이 경험할 수 있는 공간의 영역이 확장되었다. 개인의 공간 경험의 확장은 공간에 대한 단순한 지각에만 머무는 것이 아니었다. 서신에 담긴 지역의 정보를 통해 해당 지역을 나와 연관된 공간으로 인식하게 된다. 이것이 민족적·국가적 차원으로 확대되면 앞서 언급한 '우리의 땅'이라는 관념 자체를 실체적으로 인식하게 만드는 효과가 생긴다. 상업적 서신의 중심지였던 상관(商館)

은 영토적 침략과 함께 식민지 공간으로 침투하게 된다. 상관이 설립되었던 지역은 제국의 강력한 군사력에 의해 점령당한 지역이었으며 상관을 설립한 상업 세력과 식민 당국은 점령지에 대한 정보를 수집하고 이것을 자신들의 이익에 맞게 변형시켜 본국으로 전달했다. 식민지는 제국의 땅으로서 새롭게 정의되어 제시된다. 상인의 서신을 통해, 나중에는 이것을 모아놓은 신문의 형태를 통해 사람들은 식민지의 공간적 정보를 얻게 되며 식민지의 땅을 자신들이 속한 민족, 국가의 땅으로서 인식하고 포함하게 되었던 것이다.

정기적인 신문의 발행은 멀리 떨어진 공간에 대한 인식적 경험을 일상적 활동으로 만들어버렸다. 신문이 정기적으로 발간되고 값싸게 구독할 수 있게 되면서 신문 구독은 일상생활의 일부가 되었다. 사람들은 매일 신문을 통해 뉴스를 접하게 되었으며 기사로 전달되는 다른 공간의 이야기를 자신들의 언어로 매일 접할 수 있었다. 기사는 언어와 사진과 같은 강력한 상징적 자원들을 제공한다. 상징적 자원에 담긴 내용들은 코드화되어 사람들에게 각인되며 그것을 자연스럽고 당연한 것으로 받아들이게 만들었다. 커뮤니케이션 미디어의 재현에 의해 묘사된 공간은 인간의 공간 경험을 구성하고 확정했으며 이를 바탕으로 사람들의 공간적 경험이 확장되었던 것이다.

근대국가는 구성원들의 민족적 정체성을 구성하는 작업을 수반했다. 이 작업은 공교육 제도를 통해서도 이루어졌지만 매스미디어를 통해서도 이루어졌다. 매스미디어를 통해 신화적·문화적 내용들이 재현되고 제시되었으며 사람들은 일상적인 삶 속에서 그 내용을 인식하고 공유했다. 이를 통해 무언의 공동체적 의식을 갖추게 되었던 것이다.

미디어는 상징적 자원들을 제시함으로써 사람들에게 민족적·국가적 정체성을 심어준다. 공간적 구조물이나 장소적 특질, 자연적 공간과 그것을 구성하는 자연물들은 상징적 자원으로 자주 사용되는 것들이었다. 특히 공간적 구조물들은 사람들에 의해 인위적으로 만들어지는 것들이었으며 그 구조물을 만드는 사람과 집단들의 문화적 의미가 담기게 된다. 그것은 민족 정체성을 보여주는 동시에 민족 정체성을 구성하는 핵심적인 상징적 자원으로 작용한다.

근대국가는 특정한 공간적 배치를 구성해서 사람들에게 제시한다. 이것을 경관(landscape)이라고 부를 수 있다. 경관은 인간에 의해 만들어진 인위적인 경관과 자연에 의해 만들어진 경관을 포함하게 된다. 인위적 경관은 사람들이 만든 건축 구조물과 토목 구조물을 포함한다. 거창한 대규모의 건축, 토목 구조물뿐만 아니라 인간이 일상생활 속에서 만드는 구조물 역시 인공적 경관의 일부를 이룬다. 자연적 경관은 인간의 인위적 개입 없이 자연의 작용에 의해 만들어진 물리적 경관을 말한다. 인간은 자연적 경관에 특정한 의미를 부여함으로써 그것을 정치적·문화적으로 활용한다. 특정한 장소는 민족적 정체성의 상징이 되거나 민족적 정체성을 불러일으키는 수단으로 작용할 수 있다.

인공적인 경관이 민족의식과 결합하기 위해 자주 사용되는 방식 중 하나는 일상적 삶에서 이용하는 공간적 구조물들을 보여주는 것이다. 권력을 과시하고 유지하며 강화할 수 있는 주요 방법 중 하나는 경관과 일상적 삶의 실천들을 통제하고 조작하는 것이다. 강력한 사회적 집단들은 도시적 경관과 전원 경관 모두에서 자신들의 현실에 대한 인식과 실천들을 부과하려고 노력한다. 이 과정에서 이들은 경관의 생산과 이용에 자신들의 이데올로기와 자신들이 만든 지배적 의미가 영향력을 발휘하도록 노력한다(Winchester, Kong and Dunn, 2003: 67). 유용하게 사용할 수 있는 물질적 완성물들을 이용함으로써 민족 정체성을 보여줄 수 있었는데, 농촌의 가옥이나 마을의 배치 같은 것들이 여기에 해당한다. 민족주의자들의 커뮤니케이션 네트워크는 민족적 특성을 보여줄 수 있는 인공물들을 정체성의 상징으로 전환시켰다(Armstrong, 1982: 14). 특정 인종이나 민족 집단이 일상적으로 사용하는 가옥과 마을의 전경을 찍은 사진들은 인공적 경관을 보여주는 매개체가 된다. 신문이나 잡지, 여행 서적, 지리지 등에 게재된 가옥과 마을 사진들은 특정한 인종 집단과 민족의 실제적인 문화들을 보여주는 것으로 인식되었다.

또한 그 이미지들은 민족적 원형의 모습을 보여주는 상징적 자원으로도 인식되었다. 그것은 근대적 민족국가의 건설 과정에서 잃어버린 과거의 모습을 담은 실체적 경관으로서 그려진다. 이 이미지들은 특정한 과거에 대한 향수(nostalgia)를 불러일으키는 매개체가 된다. 향수는 시간적으로 멀리 떨어진 과거의 우월했던 삶의 방식을 보여줄 수 있는 이미지이며 함축적 의미에 강력한 영향력을 발휘할 수 있는 "집합적 기억"이다. 향수를 이용함으로써 앞선 시기의 삶의 패턴은 후속 세대의 태도를 결정하는 조건이 되며 인종적 경계를 지각할 수 있게 만드는 조건을 형성한다(Armstrong, 1982: 16).

민족의 우월함을 보여줄 수 있다고 생각되는 과거는 시간적으로 되돌아갈 수 없는 영역이다. 민족국가는 시간적으로 되돌아갈 수 없는 과거를 현재에 재현해서 보여줌으로써 사람들이 과거에 대한 향수를 갖고, 영광스러운 과거를 통해 오늘의 자신들을 규정하도록 만든다. 돌아갈 수 없는 시간적 과거를 실체적 현실로 보여줄 수 있는 것이 경관이었던 것이다. 동시대 전원에서 포착할 수 있었던 가옥과 마을의 모습은 과거를 낭만화해서 보여줄 수 있는 경관을 제공했다. 그 속에 '우리'가 살아왔던 삶의 방식이 담겨있으며 오늘날의 우리가 그 문화를 계승하고 있다고 주장함으로써 사람들이 민족적 정체성을 구성할 수 있도록 만들었다.

민족적 경관의 제시는 전원 경관을 제시하는 것에 머무르지 않았다. 전원 경관이 회고하게 해주었던 낭만적 과거뿐만 아니라 영광스러운 과거 역시 공간적으로 제시되어야 했다. 그 공간은 과거의 영광을 재현할 뿐만 아니라 지금 현재 민족의 영광도 재현해주어야 했다. 근대국가가 만들었던 수도는 그러한 경관을 제공했다. 근대로 넘어오는 시기 제국의 수도는 제국 신화와 제국의 행정을 연결하는 역할을 수행했다. 정체성의 중심으로서 도시의 출현은 국가 신화라는 측면에서 매력적인 것이었다(Armstrong, 1982: 168). 수도는 근대적 제국의 성과와 영광을 보여줄 수 있는 공간이었다. 수도 안에는 궁전과 대성당과 같이 정치적 권력의 권위를 전시해줄 수 있는 거대한 건축 구조물이 들어섰다. 잘 포장되고, 확장된 도로는 도시의 중심에서 사방으로 뻗어나가면서 공간적으로 확장되는 제국의 힘을 상징적으로 보여주는 장치였다. 도심의 한복판의 광장은 시민사회의 힘이 드러나는 장소였다. 이러한 도시의 거대한 건축학적 배열들은 하나의 자연스러운 진보(a natural further step)였다(Armstrong, 1982: 168~169). 거대한 건축물들은 건축물을 계획하고 만들었던 권력의 정당성과 권위를 과시하고 드러내주는 동시에 사람들로 하여금 그 영광을 자신들의 영광으로 믿도록 만들었다. 웅장한 건축물과 잘 정비된 도로, 계획적으로 건설되고 분할된 수도의 모습은 근대 민족국가의 진보를 상징적으로 보여주는 장치였다.

민족국가의 수도는 중앙 집중적 권력을 강화시키는 제도적 메커니즘이 되었다. 수도와 결합된 제도들은 대도시적 스타일을 중심에 두는 소속감(esprit de corps)을 만드는 관성을 발전시켰다(Armstrong, 1982: 197~198). 근대국가에서는 수도에서 발생하고 시작되는 모든 것들이 민족국가의 영토 내로 퍼져나가며 모든 행동, 제도, 관습, 규범 등의 보편적 표준이 되었다. 중심으로서 수도의 산물은 따라야만 하는 모델이 되었다. 수도의 영향력은 제국주의 본국의 영토에서만 발휘되지 않았으며 제국에 예속된 식민지의 모든 공간에 영향력을 미치게 된다.

수도는 물리적인 공간의 중심일 뿐만 아니라 커뮤니케이션 네트워크의 중심이 되었다. 수도는 영토 내에서 이루어지는 모든 커뮤니케이션의 결절점이 되었다. 모든 정보는 수도로 집중되었고 수도의 모든 정보는 영토의 모든 곳으로 전파되었다. 수도의 인공적 경관은 신문, 잡지, 서적에 담겨 제국의 공간 곳곳으로 퍼져나갔다. 이미지화된 이 경관들은 제국이 추구하고 달성해야 할 이상적인 공간적 경관으로 제시되었다.

특정한 지리적 공간의 자연적 경관 역시 민족적 정체성을 제시해주는 역할을 담당했다. 자연적 경관은 하나의 텍스트로서 사람들에게 제시되었다. 자연 경관은 글로 구성된 텍스트의 객관적인 고정성을 갖고 있다. 그것은 또한 원저작자의 의도로부터 분리해낼 수 있다. 사회적이며 심리적인 영향력과 물질적 결과라는 측면에서 자연 경관에 대해서 다양한 독해가 가능하다. 자연 경관은 그것이 만들어진 최초의 상황을 넘어서는 중요성을 갖고 있으며 광범위한 독자들에게 무언가를 말해준다(Barnes and Duncan, 1992: 6). 자연 경관은 인위적으로 구성되지 않은 객관적 대상으로 보일 수 있지만 자연 경관을 바라보고 이용하는 인간의 관점이 개입하면서 의미가 담긴 텍스트로 변화한다. 사진에 담긴 자연 경관은 어떤 설명과 문구가 결합되느냐에 따라 의미가 달라질 수 있다. 동일한 자연 경관을 민족이나 인종 집단에 따라 다르게 바라보고 해석할 수 있다.

근대국가는 특정한 자연 경관에 이름을 붙이고 설명을 덧붙임으로써 그 경관에 국가적·민족적 신화를 부여한다. 경관은 경관을 구성하고 정의하며 유지하는 사람들의 권력을 반영하고 폭로한다. 한번 구축된 경관은 권력을 정당화하는 능력을 갖는다. 이것은 자연화 과정을 통해 달성된다. 그것은 쉽게 지각할 수 있으며(tangible), 자연스럽고 친숙하며 어떠한 질문도 허락하지 않기 때문이다. 경관은 이데올로기의 사회적 구성에 기여한다(Winchester, Kong and Dunn, 2003: 67). 이렇게 고정된 경관의 신화는 매스미디어를 통해 전국에 걸쳐 전달됨으로써 국가와 민족의 공식적 신화가 되어버린다. 장소의 이름 붙이기, 특정한 자연물들을 영웅 서사에 연결하기, 표지판 세우기, 경관 신화의 문자화 등의 작업을 통해 특정한 경관의 의미를 고정하게 되는 것이다. 텍스트로서의 자연 경관은 해당 경관에 접근하고 그곳을 이용하는 사람들이 일정한 방향으로 행동하도록 강제한다. 미디어를 매개해서 전달되는 자연 경관은 그곳에 대한 사람들의 해석과 인식을 미디어에서 제시하는 방향으로 따르도록 만든다.

근대국가는 다양한 공간적 경관을 만들었고 자연 경관을 활용했다. 인위적 경관과 자연 경관을 창출하고 의미를 부여하는 과정을 통해서 민족적 정체성을 확립하고 이를 확인했다. 매스미디어는 민족 구성원들에게 경관을 동시적으로 제공함으로써 정치권력이 의도하는 방향으로 경관을 소비하고, 새로운 민족 정체성이 보편적으로 전파되고 작용할 수 있도록 만들었다.

2. 미디어와 근대적 공간

1) 인쇄 기술과 근대적 공간 관념

근대적 미디어의 발달은 사람들의 리터러시(literacy)에 극적인 변화를 야기했다. 사람들의 읽고 쓰는 능력은 인쇄미디어의 발전과 함께 향상될 수 있었다. 1800년대 이후 인쇄 산업에서 급격한 기술의 변화는 사회라는 조직이 변하도록 만들었다. 종교가 사람들로 하여금 읽기 교육을 받도록 추동했지만 인쇄는 리터러시를 더욱 장려했으며 지식을 확장시켰고 보통 사람들을 공적인 사건에 전례 없이 관여시켰다(Fang, 1997: 47). 인쇄 기술은 서적의 생산을 안정화시켰으며 출판을 이윤이 발생하는 산업으로 정착시켰다. 인쇄술의 발달이 근대적 의무교육과 결합하면서 글을 읽고 쓰는 식자층을 비약적으로 증대시켰다. 기계적 인쇄기의 보급으로 값싸게 대량으로 서적을 만들 수 있게 되었다. 서적은 대량생산된 상품으로 공급될 수 있었으며 이것을 읽고 쓸 수 있는 사람들은 근대적 의무교육을 통해서 공급되었다.

근대적 인쇄술 이전에 지식과 정보를 안정적으로 저장하고 전달할 수 있었던 커뮤니케이션 방법은 쓰기였다. 쓰기가 도입되면서 사회가 시간뿐만 아니라 공간적으로도 확장할 수 있었다. 문자 커뮤니케이션은 법률과 교역을 통해서 사회를 좀 더 복잡한 방식으로 조직할 수 있게 해주었다. 법률과 교역은 문자 커뮤니케이션이 사용된 첫 번째 영역이었다. 이것은 안정된 권력이 광대한 영역의 땅을 통제하고 사회를 위계적으로 조직할 수 있게 되었다는 것을 의미했다(Bolin, 2006: 71). 대량 인쇄가 불가능한 상황에서 쓰기를 이용한 서적의 제작은 수량 측면에서 한정될 수밖에 없었다. 쓰기가 정보의 공간적 이동을 확대했지만 공간적 영역 안에 존재하는 모든 사람들에게 정보가 전달될 수 있게 만들지는 못했다. 쓰기를 통한 정보의 공간적 극복은 당시까지 불완전한 것이었다. 정보의 공간적 극복은 물리적인 공간의 극복뿐만 아니라 공간에서 살아가는 사람들 사이로 확장되는 것을 의미했다. 완전한 공간적 극복은 근대적 인쇄술의 발달과 함께 서적이 대량생산됨으로써 가능해졌다.

인쇄 기술은 말을 좀 더 광범위한 수용자들에게 도달하게 해주었고, 수많은 국가에 퍼질 수 있도록 해주었으며, 수세기에 걸쳐 전수될 수 있게 해주었다. 이러한 유동성 덕분에 사회적 권력, 권위, 신념, 규칙, 가치들의 구조가 해방될 수 있었다. 동일한 사본들이 공간을 가로질러 전파되면서 장소를 공간으로 변형시킬 수 있는 새로운 힘이 나타났다(Adams, 2009: 30). 구술 전통이 지배하던 시기, 멀리 떨어진 공간에 대한 정보는 정보 전달자와의 물리적 공존이라는 한계 때문에 제약받았다. 물리적 공존은 공간적 제약뿐만 아니라 시간적 제약도 함께 갖고 있었다. 공간에 대한 정보는 특정 정보 전달자와 동 시간에 같은 장소에 있을 것을 강요했다. 구술은 또한 불확실한 기억에 의존했기 때문에 정보의 양뿐만 아니라 질에 있어서도 열등할 수밖에 없었다. 인쇄된 서적은 정보의 양과 질 모두에서 비약적인 발전을 가져왔다. 서적을 통해 전달되는 공간에 대한 정보 역시 양적·질적 측면에서 향상되었다. 인쇄미디어는 커뮤니케이션에서 동시성이라는 시간적 제약을 극복하게 해주었다. 정보의 시간적 저장성이 크게 증대된 것이다. 공간에 대한 정보는 시차를 두고 광범위한 지역에 걸쳐 안정적으로 공급될 수 있었다. 활자화된 지도와 지리지, 모험 소설, 신문 기사는 발달된 교통망을 따라 넓은 지역으로 보급될 수 있었다. 작은 크기의 책에 담긴 정보는 손쉽게 공간적으로 이동할 수 있었다. 인쇄의 발전은 공간적 정보가 시간적·공간적 제약을 벗어나 자유롭게 이동할 수 있는 기반을 마련해주었다.

대량생산된 상품 속에 담긴 텍스트는 동일한 내용을 담고 있었다. 대량생산된 서적에는 표준화된 지식이 담기게 된다. 서적의 보급은 표준화된 지식이 사회 전반에 걸쳐 보급될 수 있게 만들었다. 대량생산된 서적에 접근할 수 있던 사람들은 비슷한 생각을 하고 유사한 행동 패턴을 보일 가능성이 높아졌다. 익명적으로 흩어져 있지만 유사한 행동과 반응을 보이는 대중이라는 존재가 만들어질 수 있는 근거를 제공한 것이다.

인쇄미디어로 제작된 서적은 근대의 동질적 개인들을 만드는 데 일조했다. 유사한 사고방식, 행동방식, 이념, 정체성을 지닌 거대한 집단의 사람들을 만들 수 있는 기반을 마련해준 것이다. 서적은 언어 텍스트로 구성되기 때문에 특정한 언어를 사회적으로 승인받게 만들 수 있었다. 특정한 지방 언어의 지위가 올라갔으며 근대적인 민족국가를 언어학적으로 정의할 수 있게 해주는 첫걸음을 내딛게 해주었다(Adams, 2009: 32). 서적은 새롭게 지정된 표준어로 제작되었다. 이전까지는 특정한 지방이나 특정 집단에서만 사용되는 언어가 표준어로 공식화되면서 국가 영토 내의 모든 언어를 압도하는 절대적 힘을 갖게 되었다. 사람들은 새로운 언어를 강제적으로 습득하고 사용해야만 했다. 특정한 언어의 사용으로 그 언어를 사용했던 사람들을 중심으로 문화적 정체성이 확립되었으며 이것은 민족적 정체성으로 확대된다. 민족국가는 언어적 동질성을 추구하게 되었으며 국경 밖의 영토 중에서 자신들의 언어가 지배적으로 사용되는 땅을 되찾으려 하였다. 이는 자신들의 언어를 사용하지 못하는 사람들을 배제하거나 동화시키려는 시도와 연관되었다(Adams, 2009: 32~33).

언어는 근대적 민족국가가 성립하던 시기에 문화적 동질성을 확인하는 데 중요한 역할을 담당했다. 동시에 언어는 민족의 공간적 영역을 경계 짓는 과정에서도 중요한 역할을 맡았다. 또한 공간을 민족의 영토로 포함시키는 과정에서도 일정한 역할을 수행했다. 특정한 공간을 민족국가의 영토로 확인하는 손쉬운 작업은 언어를 통해서 이루어졌으며 특정한 공간을 민족국가의 영토로 만드는 과정 역시 언어를 통해서 이루어졌다. 동일한 언어는 민족 정체성을 구성하는 가장 핵심적인 요소가 되었다(Adams, 2009: 91). 이러한 공간적 포섭과 일치, 경계 짓기에 사용된 언어는 새롭게 제정된 표준어였다. 표준어는 구어 생활을 통해서도 퍼져나갔지만 학교라는 제도화된 교육 체계를 통해서 사회의 모든 구성원들에게 받아들여졌다. 이 과정에서 도서와 신문을 포함한 인쇄미디어는 핵심적 역할을 수행했다. 문자로 인쇄된 도서와 신문은 표준어를 공식화시켰고 이동과 보관이라는 측면의 이점을 통해서 표준어의 공간적 확장과 세대 간 전달에 결정적 역할을 담당했다.

동질적 언어가 공간적으로 퍼져나갔으며 완벽하게 일치하지는 않았지만 국경선을 따라 언어 사용의 경계선 역시 그려졌다. 언어는 국경선을 영속화하기도 했으며 변경하기도 했다. 말은 **우리**와 **그들** 사이의 경계를 정의하며 그들을 침묵시키고 우리를 드러나게 해줬고, 그들에게 라벨을 붙여서 우리의 실체로부터 외부화시켰다(Adams, 2009: 91).[10] 언어는 공간화되었으며 공간적 한계와 함께 하게 된다. 공간적 경계를 가능하면 언어적 경계와 일치시

---

10 강조는 원저자의 표기를 따랐다.

키려했다. 특정한 지리적 공간에 기반을 둔 국가와 특정한 민족의 이름이 언어의 명칭에 부여되었다. 이렇게 됨으로써 민족과 국가, 언어가 동일한 명칭을 갖게 되었으며 명칭에 사용된 지역 혹은 민족의 이름은 공간과 언어의 정체성을 확립하고 경계 짓는 임무를 맡게 된다. 공식 언어를 선택하고 보전하는 과정에서 언어와 국가권력이 만나게 되었으며 언어는 사람들을 포섭하고 배제하는 수단이 되었다. 18세기에서 20세기까지 민족국가를 건설하는 작업은 민족 언어를 시민들에게 부과하는 과정이었으며 인구의 일부를 국외자로 재구성하는 과정이었다. 한번 만들어진 국가는 언어를 통해 공고하게 다져졌다(Adams, 2009: 92).

인쇄물의 유통은 민족국가의 국경을 공고하게 만들었지만 인쇄물은 국경을 넘어서 침투하기도 했다. 물자, 기술, 노동자는 인쇄물과 함께 국경을 넘어서 이동했으며 인쇄 산업 종사자들의 활동은 지역적 범위에서 국제적 범위로 규모가 확장되었다. 인쇄물은 번역과 해외 재출간으로 해외 수용자들에게 흘러들어 갔다(Adams, 2009: 33). 서적은 이니스(Harold A. Innis, 2003)가 말한 공간적 편향성을 갖고 있는 매체였다. 책의 보존력이 높아지면서 서적의 시간적 편향성이 증대되기는 했지만 서적의 매체로서의 본래적 성질은 공간적 편향성이라고 할 수 있다. 가벼운 종이에 인쇄되어 코덱스 방식으로 제본된 서적은 상대적으로 가벼웠으며 적은 부피를 차지했다. 적은 노력과 비용으로 공간을 가로질러 보급될 수 있었던 것이다. 발달된 교통망과 운송 수단의 보급으로 서적은 민족국가의 영역을 넘어 이동할 수 있게 되었다. 대학이 발전하고 유럽 각국에 근대적 교육제도가 정착하면서 학문의 영역도 국제화되었으며 학문적 성과를 담아내는 서적의 국제적 수요 역시 증대했다. 서구 유럽의 사상과 철학은 국가적 차원을 넘어 빠르게 유럽 각지로 퍼져나갔는데, 서적에 대한 국제적 시장 수요가 있었기 때문에 가능한 것이었다. 대학교육을 포함한 고등교육을 받은 지식인층이 늘어났으며 새롭게 대두되었던 사회적 계급인 부르주아계급과 노동자계급의 독서 수요가 비약적으로 증대한 것이다. 국경을 넘어서 보급되는 서적을 통해 보편적 이념과 사상이 유럽 각지로 퍼져나갔고 19세기와 20세기를 거치면서는 식민지 지역에까지 근대적 사상을 전파할 수 있게 되었다. 전 세계에 걸쳐 서구를 중심으로 한 근대적 지식의 체계가 보편적 지식체계로 자리 잡게 된 것이었다. 근대로 넘어오면서 이러한 서구 중심의 보편적 지식체계를 소유한 동질화된 인간집단이 만들어졌다. 이들은 국경을 초월해 전 지구적 공간에서 나났으며 서구 중심의 근대라는 이상을 공간적으로 확산시켰다. 서구의 민주주의 정치체제, 자본주의적 경제체제, 민족국가를 중심으로 한 근대적 국가체계의 이상을 공간적으로 확장했던 것이다. 19세기와 20세기는 이러한 근대적 이상을 지구적 차원에서 추구하도록 만들었다.

민족국가가 성립되던 시기에 인쇄물은 언어적 통일성을 제공함으로써 민족국가의 국경을 고정하는 데 기여했지만 인쇄물이 경계를 벗어나 유통됨으로써 반대로 민족국가의 영토적 경계를 위태롭게 만들기도 했다. 민족국가를 고심하게 만들었던 국경선의 유동성은 인쇄물 무역과 사상의 국제적 보급의 산물일 뿐만 아니라 멀리 떨어진 장소의 인쇄된 이미지가 좀 더 많은 수용자들에게 도달했기 때문이었다. 수직적인 종교적 공간과 수평적인 민족국가의 국경은 대량 인쇄된 서적 속에 담긴 말의 유동성에 의해 강화되기도 했으며 문제가 되기도 했다. 중심부와 주변부의 지리는 매우 밀접한 관련 속에서 조정되었으며 경제적으로 부유한 도시가 종교적 중심지를 대신해 상대적인 힘을 얻게 되었다(Adams, 2009: 33). 멀리 떨어진 공간과 관련된 정보가 인쇄물의 형태로 전달되었고 공간과 공간은 정보의 교환을 통해서 밀접하게 연결되었다. 인쇄된 정보를 통해서 다른 공간에 대해 깊이 있고 폭넓은 이해가 가능해졌으며 공간과 공간을 넓은 틀 속에서 바라볼 수 있게 만들었다. 자신들이 살아가는 공간이 고립된 공간이 아니라 상호 간 밀접하게 연결되어 있는 공간이라는 인식이 근대인 사이에 형성된 것이다. 중심부는 공간적 정보를 획득함으로써 주변부를 지배하고 통제할 수 있었으며 중심부의 정보를 전파함으로써 주변부를 중심부에 통합할 수 있었다. 인쇄물이 묘사해준 주변부의 모습은 중심부 사람들의 공간 인식을 확장시켰으며 주변부 사람들은 인쇄물을 통해 중심부의 문화를 자신들이 추구해야 하는 문화적 모범으로 생각했다. 인쇄물을 통해 전달되는 중심부의 경관은 주변부가 추구해야 하는 모범적 경관이 되었다.

　기계식 인쇄기의 발명으로 인쇄는 문자언어에 대한 특정 계급의 독점을 붕괴시켰으며 세계 문화에 대한 접근 수단을 일반인들에게 제공했다. 이에 따라 모든 사람들의 시간적·공간적 범위가 확장되었으며 과거와 다가올 미래, 가까운 곳과 먼 곳, 오래전 사망한 사람들과 앞으로 태어날 사람들을 함께 할 수 있도록 만들어주었다(Mumford, 2007: 94). 지식 독점이 해체되면서 평범한 사람들이 접근 가능한 지식의 범위가 확장되었다. 가장 하층 계급의 사람들도 서적과 신문을 통해 원격지의 문화에 접근할 수 있었다. 제국주의적 확장의 시기에 서적과 신문은 식민 지역의 문화를 전달해주었다. 동시에 다른 제국주의 국가의 문화에도 접근할 수 있게 만들었다.

　제국의 수도와 대도시는 소설과 여행기, 신문 기사를 통해서 낭만적으로 제시되었으며 중심부와 주변부의 사람들을 끌어들이는 공간이 되었다. 이 공간 속에 다양한 인종과 민족의 사람들이 모였으며 이들을 따라서 세계 각지의 문화가 흘러들어 왔다. 이들 도시는 세계 문화의 결절점, 새로운 문화의 창조지가 되었다. 새로운 문화의 창조지, 문화의 중심지로서 근대적 도시의 모습은 인쇄미디어를 통해 낭만적으로 그려지며, 그 공간적 특성이 고정되었다. 도시를 설명하고 묘사해주었던 인쇄미디어는 전 세계 사람들에게 중심부 국가의 도시 공간의 특질과 이미지를 각인시키는 역할을 했다. 중심부 국가의 도시는 서구 문명의 화려한 과거를 전시하는 공간이었고 새로운 트렌드를 이끌어가는 변화의 중심지였다. 도시는 인쇄미디어에 의해 낭만적 과거와 역동적 현재, 낙관적 미래가 교차하고 통합되는 공간으로서 그려졌으며 사람들을 공간적·문화적으로 통합하는 곳이었다.

인쇄미디어는 광대한 공간을 가로질러 새로운 인간관계를 형성하도록 만들었다. 근대로 넘어오면서 혈연과 장소를 기반으로 형성되었던 전근대적 공동체가 해체되었다. 이 공동체는 장소성과 밀접하게 연결되었는데 전통적 공동체의 해체는 그것과 결부되어 있었던 장소성의 상실로 이어진다. 좁은 장소를 기반으로 형성되었던 실체적인 인간관계는 근대로 넘어오면서 형식적이고 가상적인 인간관계로 대체된다. 이러한 인간관계는 명확하게 파악될 수 없었으며 미디어에 의해 매개되는 간접적 특성을 지녔다. 근대로 넘어오면서 공동체의 해체와 함께 공동체적 연대는 약화되었지만 멀리 떨어진 지역의 사건에 대한 대리적 참여가 강화되었다. 특정 지역에 존재했던 유대감은 느슨해졌지만 거대한 집합적 단위들 사이의 연결이 형성되었다. 도시 사람들은 서로 분리되었지만 좀 더 비개인적인 커뮤니케이션 채널들에 의해 새로운 방식으로 연결되었다. 개별적 차원의 참여는 대리적 참여에 의해 대체되었다(Eisenstein, 2007: 102).

사람들이 인쇄미디어를 통해 정보를 얻으면서 구체적인 사건에 대한 사람들의 경험 방식이 변화한다. 물리적 공존성에 기반을 둔 직접적 경험보다 미디어를 이용한 간접적 경험이 공간과 사건을 경험하는 주요 방식이 되었다. 값싸게 접근할 수 있는 인쇄물들에 의해 사람들은 집안에 머물면서 "공적"인 페스티벌에 참여할 수 있었으며, 이로 인해 통치자들과 그 수행원들의 모습이 영토 내에 흩어져 있는 사람들의 관심을 받게 되었다. 사람들이 인쇄물을 구독하면서 집권자들의 사적인 모습을 새로운 방식으로 대중들에게 인식시킬 수 있었다(Eisenstein, 2007: 102). 과거 인간이 체험했던 공간 경험은 직접적 경험이 주를 이루었다. 물리적 이동의 가능성이 낮은 가운데 대부분의 사람들은 평생토록 한정된 공간적 영역을 벗어나지 못한 채 살아갈 수밖에 없었다. 장소를 옮겨 다니며 장사를 했던 상인이나 방랑시인, 수도승 등 몇몇 사람들을 제외하면 대부분은 경작지를 중심으로 일정한 공간에 속박되었다. 다른 공간은 순례자나 방랑시인과 같은 사람들이 부정기적으로 전달하는 소식을 통해 간접적으로 경험될 뿐이었다. 대부분의 공간 경험은 개인이 존재했던 지금-여기의 공간 경험으로 한정되었다.

근대적 인쇄술의 발명으로 공간 경험의 범위는 확장된다. 공간 경험에서 물리적 공존성은 약화된다. 지금-여기의 공간 경험에 더해서 지금-거기, 과거-거기의 경험이 덧붙여지며 과거-거기의 경험의 비중이 점점 더 커지게 된다. 인쇄물은 다른 공간에 대한 정보를 광범위한 영역에 걸쳐 전달하고 운송수단과 교통망의 발달과 함께 정기적인 인쇄물의 전달이 가능해지면서 다른 공간에 대한 간접적 경험이 일상생활 속으로 들어온다. 멀리 떨어진 공간에서 벌어지는 사건이나 일들이 일상생활 속으로 들어와 일반인들의 보편적 경험이 되며 사람들의 생활에 이전과는 비교할 수 없을 정도의 강력한 영향력을 발휘하게 되는 것이다. 정치적 영향력의 공간적 확장이 한 가지 예가 될 수 있다. 새로운 커뮤니케이션 시스템의 도입으로 거대한 대중들이 단일한 지도자를 따를 수 있게 되었고 지도자의 카리스마를 전국적 단위에서 어필할 수 있게 되었다(Eisenstein, 2007: 102~103).

인쇄물의 공간적 확장은 정기적인 우편망의 성립과 교통망의 발전으로 가능했다. 15세기에서 17세기에 걸쳐 유럽의 몇몇 국가에서 정규적인 우편 서비스가 성립되었으며 이로 인해 보편적으로 우편 서비스를 이용할 수 있게 되었다. 17세기와 18세기를 지나면서 공적인 우편을 이용한, 통합된 커뮤니케이션 네트워크가 등장해서 국내외 모두에 보편적인 배송 서비스를 제공할 수 있었다(Thompson, 2007: 113). 정기적인 우편망의 실현은 교통망의 발전을 통한 공간적 확장의 결과물이며 동시에 사람들의 공간적 경험을 확장하는 주요한 수단이 되었다. 정기적인 서신 교환이 가능해졌으며 전달되는 서신을 타고 다른 공간의 이야기들이 직접적으로 사람들에게 전달될 수 있었기 때문이다.

　근대적 교통수단의 발명과 도입, 발전은 이러한 가능성을 더욱 높여주게 된다. 19세기가 되면 철도가 발달하고 우편을 통해 메시지를 전송하는 데 요구되는 시간이 급격하게 줄어든다(Thompson, 2007: 114). 철도는 그 어느 육상 운송 수단보다 시간적 정기성을 높였다. 철도는 비교적 정시에 출발하고 정시에 도착함으로써 정확한 시간표에 따라 활동하는 것을 가능하게 해주었으며 근대적인 시간관념을 일상화하고 내면화할 수 있도록 만들었다. 철도망을 따라 우편물뿐만 아니라 신문의 보급 환경도 개선되었다. 정기적으로 정해진 시간에 신문을 먼 곳으로 보낼 수 있는 시스템이 마련된 것이다. 근대적 신문의 특징 중 하나인 정기성을 완전하게 정착시킬 수 있었던 것은 철도를 비롯한 근대적 교통수단의 발달 덕분이었다. 텔레커뮤니케이션의 발전 이전에 근대적 신문의 속보성을 향상시켰던 것 역시 교통의 발달 덕분이었다. 텔레커뮤니케이션에 비교할 수는 없지만 철도를 통한 우편물의 전달은 도보와 역마차에 의해 이루어지던 정보 전달의 속도를 비약적으로 증대시켰다. 국경 안에서 이루어지는 사건들이 적어도 하루, 이틀 안에 전국으로 퍼져나갈 수 있게 된 것이다.

　특히 신문은 근대 민족국가의 국경선 안에서 벌어지는 사건들에 대한 정보를 수집, 정리, 배포함으로써 사람들에게 국가와 세계에 대한 정신적 관념을 형성하게 했고 이 관념을 내면화할 수 있도록 만들었다. 초기 신문의 구독은 개인이 세계에 대한 감각을 만들 수 있도록 해주었는데, 세계에 대한 지리적 범위는 17세기 초반까지는 매우 제한적이었다(Thompson, 2007: 114). 초기 신문은 사사로운 서신의 내용에 의존할 수밖에 없었기 때문에 전달되는 뉴스가 제한적이었다. 초기 지역 정보의 전달을 담당했던 것은 상인들이었다. 따라서 전통적으로 교역의 흐름을 따라서 정보가 유통되었으며 상인들이 해로와 육로를 통해서 상품과 함께 뉴스를 가져왔다(Briggs and Burke, 2002: 23). 상인들이 가져온 뉴스는 대부분 상업과 관련된 정보를 담고 있었으며 상업적 내용이 아닌 정보라 하더라도 대부분이 상업적 성공과 결부될 수 있는 정보에 한정될 수밖에 없었다. 하지만 그 정보 속에는 멀리 떨어진 공간의 정치, 사회적 상황에 대한 정보가 담겼다. 서신을 통해 다른 나라의 정치, 경제, 사회, 문화에 대한 부분적인 소식을 일부의 계층을 중심으로 접할 수 있게 된다. 수집되는 지역 뉴스의 내용적 제한, 도달 범위의 한계, 뉴스를 접할 수 있었던 사회적 신분의 제한 등으로 인해 다른 지역, 다른 나라에 대한 정보는 한 국가나 사회 내에서 광범위하게 전파될 수 없었으며 이에 따라 사람들의 지리적 인식의 범위는 제한될 수밖에 없었던 것이다.

근대적 국가의 정부는 도로망에 관심을 가졌는데 이는 유럽의 국가들이 점점 더 중앙 집중화되면서 수도에서 지방까지 전달하는 명령을 좀 더 신속히 보내야 할 필요성이 증대했기 때문이었다. 정부 부처가 커뮤니케이션으로부터 얻는 이득이 우편 제도를 신속하게 확대시킨 주요한 이유였다(Briggs and Burke, 2002: 23). 중앙의 명령이 신속하게 공간을 가로질러 퍼져나가야 했으며 지역의 정보가 중앙으로 모여야 했다. 민족국가의 행정력이 전국적으로 행사되기 위해서는 이를 뒷받침해줄 정보 시스템의 구축이 필수적이었다. 따라서 민족국가는 전국적 범위의 교통망과 커뮤니케이션 망 건설에 집중했다. 정기적 역마차 시스템과 철도 시스템의 도입, 정기적 우편망의 형성은 그 결과물이었으며 이것은 정보와 뉴스 배포 방식을 새롭게 만들었다. 새로운 배포 방식에 의해 인쇄된 사건 보도가 수적으로 제한 없는 수용자들에게 전달될 수 있었다(Thompson, 2007: 115). 사적 통신체계에 의해 전달되던 과거의 뉴스는 제한된 범위의 사람들에게만 전달되었다. 군주와 성직자, 상인을 중심으로 한 소수의 부르주아들에게만 서신에 의한 뉴스가 도달했던 것이다. 철도와 근대적 우편망의 도입으로 대량 인쇄된 신문이 원거리까지 신속하게 전달되었으며 안정적 배급망을 타고 다양한 계층의 사람들의 손에 신문이 들어올 수 있었다. 근대적 의무교육을 통해 읽고 쓰는 능력이 향상된 다수의 대중들에 의해 신문과 서적의 새로운 수요가 증대했는데, 철도와 우편망은 그 수요를 충족시켜줄 수 있는 토대를 마련했다.

늘어난 수요와 이를 뒷받침해줄 배급망의 보급으로 인쇄물은 보편적인 매체가 되었고 사람들은 인쇄물을 통해 세상을 경험하고 인식하게 된다. 또한 인쇄물을 통해 새로운 공동체를 형성했다. 18세기의 몇몇 신문은 상상의 지역 공동체가 형성되는 데 도움을 주었다. 19세기의 신문은 독자들을 공동체, 즉 민족으로 다루며 민족의식을 형성하는 데 기여했다(Briggs and Burke, 2002: 31). 신문은 민족국가의 경계를 설정하는 데 핵심적인 역할을 한다. 물리적 국경선의 설정과 함께 정신적 국경선을 긋는 것에도 기여한다. 표준어로 제작된 신문의 지면을 분야별로 구분함으로써 사람들이 세계를 바라보는 인식의 틀을 형성해주었다. 국내와 해외로 구분된 뉴스를 접하면서 국내의 범위를 간접적으로 인식했으며 경제 뉴스 섹션을 통해서 민족 경제, 국가 경제의 범위를 인식하게 되었다. 신문 기사에 실린 '우리나라', '우리민족'이라는 단어 그리고 그 단어와 연관된 각종 기사의 내용을 읽으면서 민족이라는 추상적 관념을 현실로 투영할 수 있었던 것이다.

서적 역시 민족과 국가의 관념을 형성하고 구체화하는 데 기여한다. 인쇄 기술이 발전되면서 좀 더 정교한 인쇄가 가능해졌고, 이에 따라 단순한 문자 텍스트 위주의 서적에서 벗어나 한층 풍부한 시각적 자료들을 제공할 수 있게 되었다. 각종 삽화와 사진이 첨부됨으로써 상상 속에서 그려지던 먼 곳의 이미지가 구체적인 현실로 눈앞에 그려지기 시작했다. 인쇄물들이 저렴하게 만들어졌고 운송될 수 있었으며 이에 따라 이전과 비교해서 상당히 빠른 속도로 더 많은 사람들에게 인쇄물이 전달되었다. 신세계에 대한 이미지는 콜럼버스나 다른 탐험가들이 전달했던 구두 언어보다 깃털관을 쓴 미국 원주민이나 인육을 먹는 사람들을 그린 목판화를 통해 더 생생하게 전달되었으며 더 쉽게 기억되었다(Briggs and Burke, 2002: 37). 멀리 떨어진 공간에 대한 묘사가 더욱 정교해졌고 좀 더 현실감 있게 다가왔다. 그림으로 그려진 원시의 세계와 그림에 대한 설명을 보고 읽으면서 사람들은 아프리카와 아시아, 아메리카의 세계를 실제의 세계로 믿게 되었던 것이다. 이 경향은 사진의 보급과 함께 더욱 강화된다. 그림으로 그려진 다른 세계를 접하면서 유럽의 독자들은 자신들을 세계의 다른 지역에 사는 사람들과 명확하게 구분할 수 있었으며 '우리'의 경계를 더욱 분명하게 인식할 수 있었다.

근대적 세계는 영토적으로 명확하게 분리된 국가들의 세계였다. 이들 국가들은 모호하게 그려졌던 공간의 경계를 분명하게 설정하고 점유하면서 국가의 틀을 갖추어나갔다. 이후 안정된 영토를 바탕으로 국가체계를 마무리하고 그들의 입장에서 공간적인 확장에 나서게 된다. 자신들의 체계와 시스템을 닮은 동질적 공간을 지구적 차원에서 만들어나갔으며 각각의 공간을 상호작용할 수 있도록 연결해나갔다. 이 과정은 군사적 작전만으로 달성될 수 없었으며 공간과 공간을 연결할 수 있는 네트워크가 필요했다. 네트워크를 통해 교환·공유되는 정보는 공간 속에 산재했던 수많은 사람들을 단일한 정체성으로 묶을 수 있었다. 자신들의 공간과 타인들의 공간을 구분할 수 있게 되었으며 자신들과 타인들이 다르다는 사실도 인식할 수 있게 되었다. 인쇄물은 사람들이 이러한 인식의 변화를 이룰 수 있도록 만드는 주요한 요인이었다. 대량 인쇄된 서적과 신문은 다른 공간에 대한 정보를 값싸게 접할 수 있게 해주었으며 일상적 삶 속에서 손쉽게 읽을 수 있게 만들었다. 서적과 신문이 일상적 삶의 일부가 되면서 그 속에 담긴 정보 역시 사람들의 일상 속으로 파고들었고 사람들의 사고 속에 내면화되었으며 세상을 바라보는 틀을 제공했다. 근대인들이 근대적 공간을 가늠할 수 있게 만들어준 것은 바로 인쇄물이었던 것이다.

2) 텔레커뮤니케이션과 공간의 연결

인쇄미디어는 공간과 공간을 시간 차를 두고 연결시켰다. 정보와 메시지가 움직일 거리가 필요했으며 그만큼 시간이 소모될 수밖에 없었다. 타인의 공간이 내 삶의 공간으로 들어올 수는 있었지만 그러기 위해서는 다른 공간에 대한 정보가 공간을 가로질러 전달되는 시간이 필요했다. 그 시간의 거리는 기술의 발달과 함께 현격하게 줄어들었다. 시간적 거리를 축소시킨 기술적 발전은 물리적 이동을 개선할 수 있는 교통 기술이 이끌었다. 내연 기관을 중심으로 발전한 기계식 교통수단의 발전은 물리적 이동을 위해 필요한 거리를 획기적으로 줄여버렸다. 철도와 증기선은 대규모의 사람들과 대량의 물자를 정기적으로 신속하게 광대한 지역을 가로질러 이동할 수 있게 만들었다. 새롭게 정비된 도로를 따라 처음에는 정기적인 역마차가, 이후에는 역시 내연 기관의 도움을 받는 자동차가 빠른 속도로 정기성을 유지한 채 사람과 물자를 옮겨놓았다. 19세기와 20세기를 거치면서 지구상에서 인간이 이론적으로 도달하지 못할 공간은 더 이상 남아 있지 않게 되었다.

교통의 발전은 거리를 급격하게 축소시켰지만 여전히 최소한의 물리적 한계는 남아 있다. 가장 빠른 비행기라고 하더라도 대륙과 대륙을 오가기 위해서는 여전히 적어도 하루의 시간은 필요하다. 공간적 거리의 축소가 완전한 동시성을 보장해주지는 못했던 것이다. 동시성의 문제는 과학기술로부터 더 직접적으로 영향을 받았으며, 전자통신이 등장함으로써 하나의 존재가 두 곳에 동시에 있는 일이 유사 이래 최초로 가능해졌다. 거리와 소통 부재로 상호 고립되었던 사람들 간에 일체감의 점증이 가능해졌다(컨, 2004: 224). 광학기술과 전자기술을 이용한 새로운 커뮤니케이션 기술의 발전은 공간 경험의 동시성을 가능하게 해주는 획기적인 기술적 발전이었다. 이제 세계는 물리적 이동 없이 정보에 의한 간접적 공간 경험을 통해 동시적으로 연결된다.

철도, 전자의 힘을 이용한 커뮤니케이션 기술은 사회적 구성물이었다 (Headrick, 2007: 124). 동시성 속에서 공간을 연결해야 할 사회적 필요성이 갈수록 증대되었고 이를 뒷받침해줄 새로운 기술들이 사회적으로 요구되었던 것이다. 국민경제의 범위를 벗어나 각국의 경제가 상호 연결되고 제국주의적 공간 확장 경쟁이 갈수록 치열해지면서 커뮤니케이션을 위해 필요한 시간을 단축시키는 것이 그 무엇보다도 중요해졌다. 이러한 상황 속에서 다양한 사회적 필요성이 커뮤니케이션 기술의 발전을 이끌어냈으며 군사적 필요성이 그 첫 번째 사회적 힘이 되었다. 한 번에 군사적 명령을 국경에 전달하고 그것에 대한 대답을 받아야 했으며 국가의 운명을 결정할 전투에서 실시간으로 정보를 받아야 할 필요가 있었다(Headrick, 2007: 124). 근대적 민족국가들을 중심으로 근대적 국제질서가 형성되었으며 이들 국가들은 치열한 영토 경쟁을 벌였다. 대부분의 영토 경쟁은 평화롭게 진행되기보다 강렬한 군사적 충돌을 야기할 수밖에 없었다. 각국은 상비군을 동원해 지구 곳곳에서 충돌했는데 군사 작전의 성공은 신속하고 안정적인 커뮤니케이션 채널을 확보하는 문제에 점점 더 의존하게 되었다. 1차적으로 전선과 전방 작전 본부 사이에, 2차적으로는 전방 작전 본부와 모국 사이에 정보를 전달하기 위해 필요한 시간적 한계를 획기적으로 줄여야 했다. 초창기 광학전신기술은 오늘날에 비해 약간의 시간적 지체가 있었지만 거의 실시간이나 마찬가지인 속도로 정보를 전달할 수 있는 기술이었다. 물리적인 공간적 이동 없이 정보를 전달할 수 있는 시대로 접어들게 된 것이다.

커뮤니케이션의 문제는 군사적 측면에만 한정되지는 않았다. 광학전신기술은 시작부터 정치적·이데올로기적 의미를 지녔다(Headrick, 2007: 124). 새롭게 등장했던 민족국가는 정치적 통합의 과제를 안고 있었으며 이를 위해서 사람들에게 '국민'과 '민족'이라는 정체성을 새롭게 부여하고 각인시킬 필요가 있었다. 사람들을 민족국가라는 테두리 안으로 끌어모아야 했다. 이것은 단순히 공간적인 응집만을 의미하는 것은 아니었다. 사람들은 정신적으로, 이념적으로 모여야 했다. 새롭게 등장한 커뮤니케이션 수단인 전신은 물리적 거리를 축소시켰으며 거대한 인구 집단을 단일한 지점으로 모이게 만들었다(Headrick, 2007: 124). 전신은 모든 사람들을 하나의 거대한 대지에 모이게 했고 사건이 일어나는 그 순간에 사람들이 그 사건을 볼 수 있게 만들었으며, 말해지는 그 순간에 들을 수 있고 사건이 일어나는 그 순간에 정책을 판단할 수 있게 해주었다(Briggs and Burke, 2002: 134). 전신을 이용한 커뮤니케이션은 공간적 공존성을 충족시키지 않더라도 사람들이 한 곳에 모여 있다는 생각과 느낌을 갖게 했다. 동일한 사건을 공간적으로 분리되어 있는 사람들이 동시적으로 함께 경험할 수 있게 되면서 집합적 기억이 만들어졌다.

집합적 기억은 사람들을 민족과 국민으로 만드는 과정에서 중요한 이데올로기적 역할을 수행했다.[11] 근대적 민족국가로 변신한 프랑스에서 전신은

---

11 사람들을 민족과 국민으로 만들기 위해서는 민족이 될 사람들이 함께 공유할 것들을 만들어 주어야 했다. 과거에 사람들이 삶을 영위했던 터전이자 사람들의 정체성에 영향을 미쳤던 지리적 공간과 공동체는 근대사회로 넘어오면서 해체되었고 사람들은 공간적, 공동체적 뿌리를 잃고 유랑의 길로 들어서게 되었다. 이 유랑은 공간적인 동시에 정신적인 것이었다. 뿌리 없이 흔들리고 방황하는 사람들을 하나로 묶을 무언가가 필요했다. 혼란스럽고 뿌리 없이 흔들리는 근대사회에서 민족 신화와 민족적 상징물들은 무엇이 진정한 '우리의 것'인가를 설정해줌으로써 집합적 유산을 복구하고 '우리는 누구인가'라는 것을 설명해줄 수 있었다. 인종적 민족주의는 자신들만의 의례와 종교적 행위, 축제와 기념행사, 기념물, 기념관, 행진, 순례를 만들었으며 이것들은 민족국가의 역사 속에 존재했던 결정적 순간들과 위인들을 기념하고 찬양하는 데 사용되었다(Smith, A. D., 1986/1988: 202). 이것들은 도서와 신문 등 인쇄물을 통해 민족의 문화와 역사로서 사람들에게 제시되었다. 그러나 이것들은 시간적으로 과거의 것이었으며 다른 시간, 다른 공간의 사건이었다. 이러한 사건을 살아 있는 지금의 사건으로 경험할 수 있게 만들어줄 도구가 필요했다. 전신을 통해서, 그리고 이후 라디오와 텔레비전

민족국가의 정보적 도구였다. 프랑스 정부는 민족국가의 단결과 방어의 수
단으로서 전신의 가치를 인식하고 있었다. 정부가 네트워크를 소유하고 운
용했는데 전신의 사용은 정부의 메시지 전달에 한정되었다(Headrick, 2007:
124). 민족국가적 동질성을 국민들 사이에 전파하고, 국민들로부터 확인받
는 동시에 국민들의 사고 속으로 각인시키기 위해서 민족국가의 정부는 효
율적인 커뮤니케이션 도구가 필요했다. 효율성은 시간의 잣대로 평가받을
수 있었다. 중앙정부가 제정한 법률과 정책, 제도뿐만 아니라 그 이데올로기
적 내용 역시 신속하게 광범위한 공간으로 퍼져나가야 했다.

이러한 민족국가 만들기는 시기에 따라 반복적으로 행해지는 작업이었으
며 끊임없는 재해석, 재발견, 재구성의 과정이었다. 각각의 세대는 '과거'의
신화, 기억, 가치, 상징이라는 측면을 염두에 두면서 국가의 제도와 계층체
계를 개정해야 했다. 이것은 지배적 사회 집단과 제도의 필요와 염원에 가장
잘 부응할 수 있는 방법이었다. 이것은 '민족국가'의 영역 내에 있는 주요 사
회적 집단과 제도 사이의 의사소통의 산물이며 자신들이 지각하고 있는 이
상과 이해관계에 대한 답이었다(Smith, A. D., 1988: 206). 새롭게 정의되고 정
비되는 민족국가는 사회적으로 확인받고 승인받아야 했다. 커뮤니케이션
미디어는 이러한 작업의 주요한 통로가 되었다. 새롭게 정비된 민족국가의
내용은 지체 없이 국가적 영토 내의 모든 사람들에게 커뮤니케이션 미디어
를 통해서 전달되었다. 과거의 신화와 함께 새롭게 만들어지는 신화는 각종
국가적 이벤트와 사건을 통해 구성되고 드러났으며 신문과 잡지의 기사, 사
진을 통해 전달되었고 라디오의 소리와 영화의 영상을 통해서 더욱 생생하
게 전해져서 사람들에게 깊숙이 내면화되었다.

방송을 통해 전달되는 사건은 살아 있는 기억을 형성해주었으며 동시적인 경험을 통해 사건
에 직접적으로 참여한다는 느낌을 갖도록 함으로써 집합적 기억을 더욱 강화했다.

커뮤니케이션 미디어를 통해 공간을 연결시키는 작업은 수평적으로 이루어지지 않았다. 공간을 연결하고 지배하는 힘은 소수에게 집중되었다. 커뮤니케이션 미디어를 장악할 수 있었던 사람들은 사회적으로 진행되는 커뮤니케이션의 흐름을 장악하고 자신들이 만든 메시지를 일방적으로 전달함으로써 공간에 대한 지배를 강화할 수 있었다. 커뮤니케이션 장비들은 사회적 계층화의 원인이자 결과였다. 새로운 커뮤니케이션 장치들은 사회적 신분을 보여주는 상징이 되었으며 물리적인 이동 없이 다양한 장소에 접근할 수 있다는 것이 하나의 권력이 되었다. 멀리 떨어져 있는 사람들과 대화할 수 있는 힘은 새로운 커뮤니케이션 장치들을 소유할 여력이 있는 기득권층에게 새로운 사회적 이점을 제공했다(Adams, 2009: 39). 권력의 힘은 커뮤니케이션 미디어의 흐름을 따라 작동했다. 중앙의 명령과 내용이 미디어를 타고 공간적으로 떨어진 사람들에게 일방적으로 전달되었으며 메시지의 수용자는 깊은 생각을 할 겨를이 없이 메시지에 속박되었다.

무선은 전자통신의 송신 대상을 확대시켰고 전화는 송신 대상을 일반 대중에게까지 확산시켰다(컨, 2004: 174). 텔레커뮤니케이션 시대의 미디어는 송신자와 수신자를 직접적으로 연결할 수 있게 만들었다. 송신 측에서 쏘는 전파는 유무선 채널을 따라 수신자의 단말기에 그대로 꽂혔으며 수신자들은 권력이 발신하는 기호에 직접적으로 노출되었다. 또한 동시적으로 다수의 대중들이 메시지를 수신할 수 있게 되면서 압도적인 숫자의 다수가 압도적인 힘을 지닌 소수에게 일방적으로 종속되었다.

전화가 미친 영향은 훨씬 더 광범위해서 이제 사람들은 어떤 의미에서는 두 가지 장소에 동시에 존재할 수 있게 되었으며 서신 교환에서 주어졌던 생각할 여유 따위는 불가능해졌다. 업무적인 것이든 사적인 것이든 간에 서신 교환 자체도 이전 같은 시간 간격이 사라지고 즉각성을 띤 매체로 급변했다(컨, 2004: 176). 텔레커뮤니케이션 미디어는 응답을 위한 시간을 급격히 단축시킴으로써 사람들이 깊은 생각과 판단을 할 시간 역시 축소시키거나 빼앗아버렸다. 또한 전달되는 메시지에 담아낼 수 있는 정보의 양이 기존의 인쇄 미디어에 비해 현저하게 적기 때문에 피상적 의미의 전달에 머물 수밖에 없었다. 전신과 전파를 이용한 미디어를 통해 전달되는 사진, 영상, 그래픽은 직관적 이해를 가능하게 해주었지만 정보가 생략되거나 기호가 추상적으로 연결되기 때문에 나머지를 사람들이 직접 채워 넣어야 했다. 그러나 끊임없이 흘러나가는 전파의 속성상 사람들이 메시지의 나머지 부분을 채우기 위해 필요한 시간은 짧거나 거의 없게 된다. 결국 전파 미디어를 통해 전달되는 메시지와 정보, 내용에 대해 피상적인 이해와 판단을 할 수밖에 없게 된다. 메시지에 대한 깊이 있는 성찰과 판단이 어려워지고 직관적인 인식과 이해만이 강조되면서 미디어의 메시지가 갖고 있었던 일방성은 더욱 강화된다. 그 결과 대중들의 미디어에 대한 종속성 역시 강화된다. 미디어에 접근할 수 있는 사람들 혹은 세력들은 메시지를 통해서 더욱 강력하게 다수의 대중들을 통제할 수 있다. 다수의 개별적 공간을 중앙의 공간에 촘촘하게 연결시키는 것이 가능해졌으며 공간의 위계는 더욱 공고화된다.

전신을 포함한 새로운 커뮤니케이션 미디어는 국가적·이데올로기적 통합의 도구였지만 동시에 커뮤니케이션의 보편화와 평등화를 가져옴으로써 지배층에게 심리적 불안감을 야기했다. 인쇄와 마찬가지로 전신은 사회적 규범을 해체하고 사회적 상황을 새롭게 정의하도록 해주었다. 이 때문에 사회 엘리트들은 두려움을 갖게 되었다(Adams, 2009: 37). 근대에 등장한 새로운 커뮤니케이션 미디어들은 특히 지배계급에게 불안감을 가중시키게 된다. 새로운 미디어에 의해 사회적 커뮤니케이션이 수평적으로 확장될 수 있기 때문이었다.

신문에 기반을 두는 새로운 공공 영역은 생산적 측면에서 다원주의적이었고 형식적으로는 영속적인 유통의 장으로서 확고한 위치를 차지했으며 수용의 측면에서는 신분 세력과 특정 영역을 뛰어넘었고 가공 방식에서는 다기능적 특성을 보였다(파울슈티히, 2007: 366). 초기 근대적 신문은 정파지의 성격을 띠었고 다양한 정치적 세력과 정당의 후원 아래 서로 다른 정치적 견해와 이데올로기가 경쟁하는 장이 되었다. 이후 광고를 통해 안정적인 수익이 보장되는 신문 산업으로 성장하면서 구독료가 인하되었고, 비교적 저렴한 가격에 사람들이 이용할 수 있게 됨으로써 다양한 계층과 계급의 사람들이 신문에 접근할 수 있었다. 이들을 중심으로 한 수평적 공공 영역이 등장하게 된다. 17세기 초기 부르주아 공공 영역은 온전히 새로운 매체인 신문에 기반을 두고 있었으며 잠재적으로 민주적인 기능을 떠맡은 새로운 형태의 공공 영역이었다(파울슈티히, 2007: 366). 민주적 공공 영역은 정부의 정책을 비판적으로 바라보고 판단할 수 있게 해주었기 때문에 정부와 권력을 장악한 지배계급에게 근대적 커뮤니케이션 미디어에 기반을 둔 공공 영역은 달갑지 않은 영역이 되었으며 때에 따라서는 자신들의 지배와 권위, 권력을 위협하는 것으로 간주되었다.

텔레커뮤니케이션 기술의 발달로 중앙의 공간에 전체 공간이 수직적으로 묶이는 현상이 나타났지만 동시에 수평적인 공간, 저항의 공간 역시 만들어질 수 있었다. 전신과 전화를 통해 다수의 대중은 중앙 권력의 직접적 영향 아래에 놓이기도 했지만 공간적으로 떨어져 있는 다른 사람들과도 직접적으로 연결 가능해졌다. 물리적 공간의 이동 없는 공간의 확장은 수평적 방향으로도 이루어졌던 것이다. 근대로의 이행에서 두 가지의 서로 상반된 발전 과정이 나타나는데 한편으로는 점점 더 많은 공공 영역들로 세분화하고 인간 및 수기 매체의 우위에서 인쇄 매체의 우위로 변화함으로써 제반 공공 영역의 사회적 중요성이 증가했다. 다른 한편으로는 완전히 새로운 매체인 신문으로 인해 완전히 새로운 형태의 공공 영역이 생겨났고 이 공공 영역은 당시의 지배와 반란의 대립 속에서 점차 전 사회적으로 정치적인 성격을 띠게 되었다(파울슈티히, 2007: 363). 의무교육으로 리터러시를 획득한 대중들은 서적과 신문, 잡지, 팸플릿 등을 통해 정치적 사상에 접근할 수 있었으며 공간적 거리를 넘어서는 계급 내, 계급 간 연대를 실현할 수 있었다. 정치권력이 자신들의 정치적 이해관계를 위해 미디어를 사용해서 형식적인 국민적 통합을 달성하고 사람들에게 정체성을 부여하는 데 성공한 만큼 하층계급의 사람들 역시 동일한 미디어를 이용해서 공간적 연대를 실현했으며 저항의 공간을 만들어낼 수 있었다.

근대의 공간적 확장은 영토적 경계 안에서 동질적 공간을 창출하고 사람들에게 동질적 정체성을 부여하는 과정과 함께 했다. 근대 민족국가가 유럽을 중심으로 성립하면서 공간적 동질성은 단일 국가의 영토 안에만 한정되진 않았다. 유럽의 제국주의적 국가는 자신들의 본토를 넘어서 동질적 공간을 창출하려 했다. 이것은 초기 군사적 확장과 병행되었지만 나중에는 경제적으로 통일된 공간의 창출에 더 의존하게 된다.

전신은 민족국가의 경제에 충격을 가했다(Fang, 1997: 77). 국가적 영토 내에서 공간적으로 분리되어 있었던 경제 시스템을 국민경제 시스템으로 통합하는 데 커뮤니케이션 미디어는 결정적 영향을 미쳤다. 특히, 전신은 정보 전달을 위한 시간을 줄였으며 정보가 전달될 수 있는 공간적 범위를 국가의 영토 안에 존재하는 모든 공간으로 확장시켰다. 1차적으로 전신의 발달은 원거리 상업의 발달을 가져옴으로써 국민경제가 공간적으로 통합·확장되는 데 기여한다. 전신이 정보를 전달하면서 더 많은 기차가 다닐 수 있었고 기차를 통해 더 많은 상품을 더 낮은 비용으로 전달할 수 있었으며 기업 활동에 박차를 가할 수 있었다. 산업은 멀리 떨어진 지사로부터 판매 주문을 받을 수 있게 되었고 이들과 일간 단위로 접촉할 수 있게 되었다(Fang, 1997: 77). 19세기에는 전신의 도움을 받게 되면서 상업에서 중개인을 둘 필요성이 줄어들었고 소매의 필요성이 늘었으며 재고품의 회전이 빨라졌다. 상업적 커뮤니케이션은 정보와 교환에 드는 비용이 줄어들면서 크게 증대했다 (Sussman, 2016: 43). 전신은 원거리를 이동하는 교통수단을 정기적으로 정확한 시간에 움직일 수 있도록 만들었다. 물류와 운송이 시간적 정확성을 기대할 수 있게 되면서 경제의 예측 가능성도 높아졌다. 또한 전신을 통해 원거리 커뮤니케이션의 내용도 정확해질 수 있었다. 정확한 판매 정보와 신용 정보가 먼 거리를 가로질러 정확하고 신속하게 전달되면서 국민경제 시스템의 신용도도 역시 높아졌다. 공간적으로 분리되어 퍼져 있던 고립된 시장들이 단일한 시장으로 묶였으며 국민경제라는 체계 속으로 빠르게 통합되었다.

국민경제는 영토적 경계 안에서의 통합에만 머물지 않았다. 서구 유럽의 국민경제는 해외 식민지에 본국과 유사하지만 일정한 한계를 갖는 국민경제 시스템을 이식했으며 본국의 국민경제 시스템과 식민지의 국민경제 시스템을 수직적으로 연결하면서 국민경제를 공간적으로 확장하게 된다. 서구 유럽의 국가들은 국내외적인 국민경제 시스템의 통합을 위해 다양한 테크놀로지를 채택하고 사용했다. 이들이 구성한 기술적 네트워크는 구심적 배열을 가졌으며 그 최종 목적지는 소수의 국가들에 수렴되었다(Mattelart, 1996: 163). 유럽 제국주의 국가들이 그 공간적 수렴지가 되었다. 국민경제의 통합을 위해 사용된 교통망과 커뮤니케이션 망은 모두 제국주의 본국을 향했으며 그중에서도 본국의 중앙, 즉 수도를 향하게 된다. 몇몇 제국주의 국가의 수도는 모든 경제적·정치적·사회적 통합의 중심, 기술의 중심이 되었다. 이 공간은 국가의 모든 것을 빨아들이며 국가의 모든 것이 지향하는 강력한 공간적 중심이 되었다.

제국주의 국가들이 주변부에 철도와 장거리 커뮤니케이션 연결망을 이식하려 했던 이유는 새로운 세계경제의 필요성에 부응하기 위해서였다(Mattelart, 1996: 163). 경제는 더 이상 국가 영토 내에서만 작동하는 국민경제 시스템에 한정될 수 없었다. 대공장 시스템을 통해 대량으로 생산되는 상품은 국제적 차원에서 작동하는 무역을 통해서 순환되며 이윤을 만들어내야 했다. 중상주의 원리가 지배하면서 제국주의 국가는 상품의 수출국으로, 식민지는 상품의 수입지, 원료 제공지, 하급 노동력의 공급지로서의 역할을 수행하며 수직적으로 통합된 국제적 경제 시스템을 만들어냈다. 이 경제적 시스템 아래에서 유럽은 자본주의를 세계적 차원에서 작동하게 만드는 그물망을 제공했다(Mattelart, 1996: 164).

이 그물망을 따라서 국가 내에서는 중앙과 지방이, 국제적 차원에서는 중심부와 주변부가 긴밀하고 촘촘하게 연결되었다. 중심과 주변부 사이의 지배 관계는 국가적 커뮤니케이션 네트워크 안에 새겨졌다. 이 네트워크는 외향성을 갖고 있었으며 식민 지역의 경우 철도와 전신은 기본적으로 "관통 루트(route of penetration)"의 패턴을 따라 이식되었다. 군대를 이동시켜야 한다는 군사적 논리가 수많은 철도 네트워크의 기원이 되었다. 항구, 광산, 기타 자연 자원의 보유지에 존재하는 연락소를 설치하는 것 역시 외향성의 이유였다. 대부분의 커뮤니케이션 네트워크는 이들 땅을 가로질러서 설치되었다(Mattelart, 1996: 170). 식민지의 공간들은 외부의 세력이 침투해 들어갈 대상이었으며 그 안에 존재했던 자원, 인력, 정보 등 모든 것은 외부, 즉 제국주의 본국으로 빠져나가게 된다. 그들에게 부여된 교통 네트워크와 커뮤니케이션 네트워크는 철저하게 제국주의 본국을 향해 있었다. 그리고 네트워크는 철저하게 불평등하게 운용되었다.

국민경제가 형성되고 근대적 국민국가가 형성될 때 교통과 커뮤니케이션 네트워크로 이루어진 시스템은 경제 시스템의 구축과 국방을 위한 기본적인 요소가 되었다. 19세기 말엽에 미국이 지구적 차원의 강대국으로 등장했을 때, 언론은 미국 제국주의 과정에서 눈에 띄는 역할을 하게 된다(Mattelart, 1996: 198).[12] 미국은 내륙을 관통하는 철도 시스템을 안정적으로 확보하면서 대륙을 가로질러 공간적 확장을 완성한다. 19세기 내내 이어진 철도의 건설은 동부와 서부를 연결하면서 물류와 인력이 자유롭게 이동할 수 있게 만들어주었다. 전신을 이용한 네트워크는 정보를 신속하고 정확하게 전달할 수 있게 만들었고 광대한 미 대륙을 경제적으로 통합된 시장으로 만들었다. 전신의 활용을 통해 미국의 주식시장을 장악하고 주도하게 된 뉴욕은 미국이라는 국가를 넘어서서 국제적 주식시장까지 장악함으로써 미국 중심의 새로운 국제 경제 질서를 구축하게 된다.

국민경제 시스템의 구축은 시장의 통합과 평준화를 통해 이루어졌다. 전신은 공간 속에서 시장을 평준화시켰으며 전신의 도움으로 사람들은 교역을 위해 동일한 장소에 모일 수 있었다(Carey, 2007: 152). 동일한 장소는 실제의 공간에 위치하는 시장을 의미하기도 하지만 전국적으로 통합되는 가상적인 단일 시장을 의미하기도 한다. 실제 공간의 시장이든, 가상적 공간의 통합된 시장이든 모두 동일하거나 유사한 가격체계와 상품에 의해 통합된 시장을 구성하며 이 시장은 지리적 한계를 뛰어넘는 단일한 시장을 가능하게 해주었다.

전신을 통해 정확한 상품 정보와 매매 정보가 교환될 수 있게 됨으로써 시장의 안정성이 높아졌고 민족국가 내부 시장의 지역적 차이는 약화되었다. 서로 다른 지역의 상품 정보가 신속하고 정확하게 공유될 수 있었고 이에 따라 상품 가격의 지역적 차이가 줄어들었으며 표준적인 가격의 책정도 가능해졌다. 전신에 의해 수요와 공급의 조건이 모든 시장에서 가격을 결정하게 되었는데 완전한 정보가 제공된다는 고전적 가정을 현실화시킴으로써 차익

---

12 전신을 사용함으로써 미국에서는 효율적인 철도 시스템을 채택할 수 있었고 전신은 주식과 채권 브로커에게 유용한 수단이 되었다. 전신 사용과 함께 1845년과 1871년 사이에 미국에서는 11개의 주요 도시에 상품 거래소가 만들어졌으며 뉴욕에는 주식 거래소가 지역 대상으로 시작되었고 이후에는 국가적 차원의 거래소로 발전했다. 전신 사용으로 월스트리트는 미국 증권시장을 장악할 수 있었고 해외 주식 시장을 통합할 수 있었다(Sussman, 2016: 43).

거래의 기회를 없애버렸다. 전신에 의해 투자는 공간적 차원에서 시간적 차원을 중심으로 이루어지게 되었다. 공간적 차이에 의한 차익 거래에서 선물 (先物)에 대한 투자로 변모하게 된다(Carey, 2007: 152).

국민경제 시스템의 통합은 공간적 균질화와 함께 진행되었으며 균질화의 경향성을 더욱 촉진하고 강화했다. 커뮤니케이션 미디어의 발전과 함께 지역의 공간이 가지고 있던 개별적 차이는 약화되었다. 대량생산된 동일한 상품이 운송 네트워크를 통해 전 지역에 보급되고 소비됨으로써 지역적 차이 없는 동질적 소비가 나타났다. 동질적 소비는 균일하거나 유사한 라이프 스타일을 공간적 차이 없이 보편적으로 자리 잡게 만들었다. 동일한 뉴스가 전신을 통해서, 대량생산된 신문을 통해서 전 영토로 전달됨으로써 집합적이고 동질한 기억을 갖도록 만들었다. 지역이 갖고 있던 개별적 차이는 상품화된 도서와 신문, 잡지를 통해 영토의 다른 지역으로 전달되었으며 중심의 문화에 통합될 수 있는 부분만 남아 상품화된 차이만을 갖게 되었다. 모든 공간은 단일한 시간표에 의한 동일한 리듬의 생활 패턴에 묶였다. 공간은 화폐화된 가치에 의해 평가되고 팔릴 수 있는 상품이 되었으며 교환가치가 우선시되는 추상적인 동질적 공간으로 바뀌게 된다. 추상적으로 균질화된 공간 위에 경제적 가치 판단을 중심으로 이윤을 보장할 수 있는 동질적 공간 패턴이 전개되었다.

철도 교통과 결합한 전신은 물류와 인력을 비교적 정확한 시간에 이동시킬 수 있었다. 물류의 물리적 이동 시간이 짧아졌기 때문에 공간적 이동에 따른 비용이 줄어들었고 그만큼 상품의 가격을 결정했던 지역적 차이의 영향은 줄어들었다. 사람, 물자, 신문, 서적 등을 운반하는 철도와 공적, 사적 '메시지'를 전기를 통해 운반하기 위해 발명된 전신은 사람들의 정신을 상호 간에 직접적으로 연결할 수 있게 만들었다(Briggs and Burke, 2002: 134). 거기에다 전신은 가격과 수확량에 대한 지식을 널리 전달하면서 시장과 가격을 통합했다.

미래의 교역은 탈맥락화된 시장을 요구했으며 시장은 지역의 수요·공급 조건에 상대적으로 덜 반응할 수 있었다. 전신은 시장에 작용하는 특정한 맥락을 제거했으며 물리적 혹은 지리적 시장을 정신적 시장으로 새롭게 정의하도록 만들었다. 시장은 모든 장소, 모든 시간 속의 시장이 되었다(Carey, 2007: 153). 동질적 상품이 영토 내의 모든 시장에 시간적 차이 없이 공급되면서 지역의 차이는 더 이상 시장 상황에 영향을 줄 수 없었다. 전신은 원거리 거래를 개인의 개별적 거래 차원까지 확대했으며 물류와 인력의 이동 없이 정보에 의해서만 거래될 수 있는 시장 역시 가능하게 해주었다. 운하, 철도, 대양 항로처럼 전신은 국내시장과 국제시장을 연결했는데 여기에는 주식시장과 상품시장이 모두 포함되었다(Briggs and Burke, 2002: 135). 제국주의 국가의 단일화된 국내시장을 중심으로 세계시장 역시 단일화된다. 철도와 전신으로 연결된 네트워크를 따라 중심부 제국주의 국가의 경제, 문화, 정치의 영향력이 식민지 내부 공간 곳곳으로 퍼져나가며 단일한 구조와 질서를 만들어냈다. 식민지의 문화적·정치적·경제적·공간적 경관은 중심부를 모방하고 균질적 경관을 만들어내며 중심부에 통합되었다. 지역적 차이의 축소는 단일 국가적 차원을 벗어나 세계적 차원에서 진행되었다.

전신은 공간적 동질화의 강력한 도구였다. 근대사회에서 공간은 동일하거나 유사한 경관을 만들어내며 동질화되었다. 공간에 대한 평가는 경제적 기준이라는 동질적 잣대에 의해 평가되었으며 경제적 이윤을 중심으로 동질적 경관을 만들었다. 공간의 동질화는 외형적 경관의 동질화만 의미하는 것은 아니다. 공간 위에서 혹은 공간 안에서 전개되었던 사회적 현상들 역시 동질하게 전개되었다. 문화적 현상 역시 공간적 차이 없이 유사한 형태로 나타났다. 동일한 상품을 중심으로 한 소비문화 역시 공간적 차이를 무력화시키며 유사하게 전개되었다. 중심부의 문화와 제도, 경제, 정치의 형태가 공간적으로 복제되어 재현되었다. 중심부의 문화, 제도, 경제, 정치의 핵심적 내용은 전신을 타고 지역 공간으로, 식민지 공간으로 신속하게 퍼져나갔다. 인쇄미디어와 텔레커뮤니케이션 미디어를 통해 전달되는 메시지는 사적인 공간 깊숙이 침투했다. 개별적 인간은 강력하게 중심부에 연결되었으며 미디어의 메시지를 매개로 중심부의 문화와 공간에 접근할 수 있었다. 그것은 더 이상 먼 곳에 떨어져 존재하면서 주변부 사람들의 삶과 분리된, 상관없는 문화와 공간이 아니었다. 주변부는 중심부의 공간을 열망했으며 자신들의 공산 속에 복제하려 했다. 커뮤니케이션 미디어를 통해 전달되는 중심부의 공간은 주요한 참조점이 되었다.

3) 전자적 미디어와 공간 경험의 변화

전자의 원리를 이용한 새로운 커뮤니케이션 미디어의 발달은 공간의 지구적 통합을 더욱 가속화시켰다. 영상은 개인의 공간 경험을 변화시켰다. 인쇄미디어와 전신, 전화를 통한 공간 경험은 개별적 상상 속에서 이루어졌다. 모험 소설 속에 묘사된 남태평양 제도의 모습은 개인들의 상상으로 채워져야 했다. 신문의 기사 역시 마찬가지였다. 도서와 신문의 삽화는 독자의 상상을 보조해줄 수 있었지만 온전한 공간의 모습을 재현해줄 순 없었다. 사진술의 도입과 함께 개인의 공간 경험은 획기적으로 변화했다. 사람들은 사진이 물리적 현상을 정확하게 재현해준다고 생각하게 되었다. 각종 기록 사진 속에 담겨진 아프리카, 아시아, 남태평양, 아마존의 모습은 멀리 떨어진 공간을 사람들의 눈앞에서 재현할 수 있게 해주었다. 다른 공간에 대한 직관적인 경험과 인식이 가능해진 것이다.

주변부의 공간은 미개와 야만의 코드로 사진 속에서 재현되었다. 중심부 사람들은 사진을 통해 주변부의 공간을 탐험의 공간, 정복의 공간, 대상으로서의 공간으로 바라보았다. 반면 사진 속에서 중심부 공간은 추구해야 될 모범으로서 재현되었다. 중심부의 사진은 주변부 사람들에게 동경의 대상을 제시해주었다. 넓게 정비된 도로와 웅장한 건축물, 도로를 가득 채운 사람들과 마차, 거대한 철도역, 들판을 가로지르는 철도의 모습, 증기선으로 가득 찬 항구의 모습 등 발전된 서구의 경관은 사진 속에서 재현되며 주변부 사람들의 공간적 열등감을 부추겼다. 여행 서적, 엽서, 신문 기사 속에 정렬된 서구의 경관은 우월한 서구 문명의 힘을 보여주는 매개물이 되었으며 동질적 공간 창출을 위한 모델을 제시했다.

영화의 등장과 함께 공간 경험은 좀 더 생생해진다. 공간은 더 이상 변화 없는 정지된 공간으로 재현되지 않았다. 또한 타인의 공간 경험을 직접적으로 볼 수 있게 되었다. 공간을 이용하며 그 안에서 살아가는 사람들의 모습이 영상 속에서 생생하게 재현된 것이다. 서로 다른 공간 속에 살고 있는 사람들의 공간 경험이 좀 더 밀접하고 복잡하게 얽혔다. 서로 다른 공간들이 중층적으로 개인들의 삶에 영향을 미쳤으며 전 지구적 차원의 다양한 공간이 개인의 삶으로 깊숙이 들어왔다.

① 사진과 공간

문자 텍스트와 삽화에 의존하던 공간의 재현은 사진의 도입과 함께 변화를 맞이했다. 멀리 떨어진 공간을 현실 속의 공간으로서 더욱 가까이 인식할 수 있게 된 것이다. 사람들은 사진이 실제를 그대로 전사할 수 있다는 생각을 갖게 되었으며 사진을 이용해서 현실의 세계를 사실 그대로 기록할 수 있다고 생각했다. 제국주의 국가의 시민들은 사진 장비를 들고 세계 곳곳으로 퍼져나갔다. 사적인 여행, 학술적 탐사, 제국주의적 침략을 위한 사전 조사, 경제적 입지를 위한 사전 조사 등 다양한 표면적·이면적 목적 아래에서 사진을 찍었다. 제국의 영토 안에 존재하는 공간을 기록했으며 아프리카, 아시아, 아메리카의 식민지 공간 곳곳을 렌즈에 담아냈다. 인간이 쉽게 다가가지 못했던 남북의 극지, 고산의 봉우리, 사람의 손길이 닿지 못했던 오지의 모습이 사진 속에서 재현되고 전시되었다. 전문적인 사진작가와 학술 단체, 기업들이 각자의 목적을 위해 다양한 지역의 사진을 찍었고 그 결과물들을 매체를 통해 다수의 대중에게 전달했다. 자신들이 역사를 기록하는 새로운 수단을 갖게 되었다는 것을 깨닫자 여행자들은 세계의 먼 지역까지 무거운 카메라와 암실 장비를 끌고 가는 것을 기다릴 여유가 없었다. 1865년에 고대 이집트 기념물들을 수록한 사진집이 발간되면서 사람들은 처음으로 그런 이미지들을 소유할 수 있게 되었으며 인쇄물과 서적에 게재되었을 때 이것들은 실제를 보여주는 사진이 되었다(Fang, 1997: 72). 신문과 잡지의 기사 사진, 사진집의 사진을 사람들이 사적으로 소유할 수 있었으며 사진에 덧붙여진 캡션과 설명을 통해서 공간을 좀 더 생생하게 인식할 수 있었다. 사진을 통해 멀리 떨어진 공간이 개인의 내밀한 공간으로 옮겨지게 된다. 거실과 침실에서 구독했던 신문과 잡지, 서적의 사진을 통해서 다른 공간이 개인의 사적인 영역 안으로 깊숙이 침투하게 된다.

사진은 우선적으로 제국주의적 침략의 도구로 사용되었다. 식민지의 공간이 제국주의자들의 구도 속에서 채집되고 사진 속에서 재현되었다. 20세기 초 아프리카에서 사진의 보급과 사진 스튜디오의 설치는 유럽의 식민주의적 팽창과 함께 이루어졌다. 또한 사진엽서는 유럽 출신의 방문객들을 대상으로 하는 시장을 위해 생산된 것들이었다. 이들 방문객들은 행정 관료, 선교사, 여행객 등이었으며 이들의 출현 자체는 식민지 팽창의 과정이 낳은 산물이기도 했다(Vokes, 2010: 380). 제국주의적 목적 속에서 아프리카 등의 식민지 지역이 세밀하게 촬영되었다. 식민지의 경관, 풍습, 사람들이 촬영되었으며 사진엽서로 제작되어 식민지에 관심이 있거나 식민지로 이동할 제국주의 국가 시민들에게 제공되었다. 사진으로 재현된 식민지 공간은 제국주의 침략의 당위성을 설파하는 근거로 작용했다. 포장되지 않은 도로, 엉성하게 지어진 주거지, 주요 부위만 가리거나 전라(全裸)로 살아가는 원주민들의 모습을 통해 야만이 재현되었다. 야만적으로 재현된 식민지의 사진을 보면서 서구는 식민지의 공간을 제국주의적 시각으로 바라보았다. 야만의 공간을 문명의 공간으로 변화시켜야 할 사명감과 당위성을 인식하게 된다.

제국주의 국가의 사진사들은 식민의 시대에 멀리 떨어진 전장을 누볐으며 해외에서 일어난 국가적 모험에 대한 모국 내의 호기심을 채우려 했다 (Fang, 1997: 73). 때로는 전쟁에 참여한 군인들이 직접 사진을 찍어서 자신들이 참여한 식민지 전장의 역사적 순간을 담아내고 이를 시각적 유산으로 만들려했다. 또한 이들은 특별한 문구를 남겨서 전장 사진에 특정한 의미를 덧붙이려 했다(Niedermeier, 2014: 32). 식민지 공간의 재현과 함께 사진사들은 전장의 상황을 사진으로 기록하려 노력했다. 전장 사진은 경관을 재현하는 것과 마찬가지로 민족국가의 정체성을 환기시키는 주요한 도구였다. 전장 사진을 통해서 '우리'를 대신해서 '우리나라와 민족'의 이익을 위해 목숨을 걸고 야만인들, 혹은 경쟁 제국주의 국가의 적들과 싸우는 형제와도 같은 사람들이 있다는 것을 인식하게 된다. 정렬된 숙영지의 사진과 제복을 입은 연출된 사진들을 이용해서 용맹한 '우리' 군대의 모습이 재현되었으며 황량한 전장의 사진은 '우리 형제'들의 역경과 고난을 상징적으로 재현했다. 우리 군대 앞에 나열된 야만인들의 시신은 해당 전쟁의 전리품이 무엇이며 목표가 무엇인지를 보여준다. 이 사진은 야만의 경관 사진과 함께 피식민지인들의 운명을 당연시하는 도구로 활용된다. 열등한 인종의 최후가 어떠할 것인지 보여주며, 그들의 시신 위에 당당히 서 있는 제국 군대의 모습은 서구 문명제국의 위엄을 과시하는 재현의 도구였다.

전장의 사진은 제국의 영광을 전시하고 과시하는 도구이기도 했지만 동시에 전장의 참혹함을 생생하게 드러내주는 역할을 맡기도 했다. 전장이 사진으로 기록되면서 사상 최초로 사람들은 안락한 집안에서 전쟁의 다양한 모습을 볼 수 있었다. 격전지와 숙영지, 생존 병사와 전사자, 장교와 부하들, 무기, 장비의 사진은 전쟁에 대한 영광스러운 이미지를 벗겨내고 전쟁의 잔혹함과 비참함을 보여주었다(Fang, 1997: 73). 특히나, 전장에 널브러진 아군 전사자들의 시신 사진은 전쟁이 결코 몇몇 영웅들의 전설적 행위의 무대가 아님을 증명했다. 전사 순간의 고통으로 입을 벌린 채 죽은 전사자의 사진은 전장의 공포와 참혹함을 생생하게 전달했다. 말과 글로만 전달되던 전장이 사진을 통해 생생하게 개인들 앞에 펼쳐지게 된다.

사진은 사실을 기록하는 도구로서 자리 잡았으며 급격하게 변화하는 시대의 모습을 포착해서 역사의 기록으로 남겼다. 시간 속에서 변화하는 공간이 사진 속에 담겨 고정되었다. 남북 전쟁 후 수많은 사진가들이 서부로 향했으며 다큐멘터리의 전통을 만들어냈다. 이들은 미국 원주민, 인간 거주의 흔적이 없는 거대한 자연 경관들, 철도 건설 과정, 광부들과 정착민들, 카우보이들의 이주 과정에 대한 영구적 기록을 남기게 된다(Fang, 1997: 73). 변화하는 공간의 시간적 순간이 고정되어 과거의 모습으로 재현되고 기록된다. 건설 중인 마천루, 들판을 가로질러 가설되는 철도, 확장되고 다듬어진 대로와 그 위를 오고가는 사람과 자동차, 거대한 공장과 건축물, 집단적 주거 지구와 그 속에서 살아가는 사람들의 모습이 고정되어 사진 속에 담겼다. 커뮤니케이션 미디어를 통해 공간이 공간적으로 확장했다면, 사진을 통해서 공간은 시간적으로 확장했다. 과거의 공간과 현재의 공간이 중첩되며 공간의 모습을 재현해주었다. 지금의 공간 사진은 미래의 세대에게 과거의 공간으로 재현될 것이었다. 사진의 도움으로 사람들의 공간 인식은 시공간적으로 확장된다.

사진은 급격하게 변화하는 근대의 모습을 고정해서 담아냈다. 근대의 공간적 변화를 극적으로 보여주는 공간은 도시였다. 도시는 건축물로 구성된 거대한 스펙터클이 전시되는 공간이었으며 자본주의적으로 상품화된 공간을 전시하는 장이었다. 사진은 그 도시의 순간을 잡아내서 전시함으로써 도시의 역동성을 보여주고 도시의 의미를 새롭게 구축하는 데 기여했다. 사진이 거리를 찍게 되면서 도시 공간은 재구성되었다. 도시 공간의 복잡한 분할은 새로운 방식의 탐구를 불러일으켰다. 언론인들은 여행 작가들의 언어를 빌려 도시 슬럼가를 묘사하는 대중적인 논픽션의 양식을 만들어냈다(McQuire, 2008: 33). 사진기자와 논픽션 사진작가들은 미로와도 같이 펼쳐진 도시의 곳곳으로 스며들어가 미시적 공간의 모습을 포착했다. 사람들의 삶이 구체적으로 이루어지는 생생한 장소의 모습을 담아냈던 것이다. 일상적 공간의 모습이 포착되고 인쇄되어 개별적 사람들에게 전달되었고 다른 공간의 삶은 사진을 통해서 나의 삶과 밀접하게 연결되었다. 나의 삶과 다를 바 없는 다른 공간의 미시적 삶이 나의 삶으로 들어오게 된 것이다. 공간의 연결은 더욱 미시적인, 일상적인 차원으로 확장되었다.

사진은 근대의 모습을 포착해서 특정한 의미를 부여하고 해석할 수 있게 하는 도구였다. 엽서에 담긴 근대성과 근대적 상품의 이미지는 시각적 스펙터클로서의 근대 도시의 이미지를 전파하는 데 결정적인 역할을 했다(McQuire, 2008: 45). 사진엽서에는 근대적 도시의 경관이 주로 사용되었다. 도시의 거리와 마천루가 주요 소재로 활용되었다. 제국주의 국가의 거대 도시뿐만 아니라 식민지 도시의 모습도 사용되었다. 서구 국가의 도시 사진은 서구 문명의 우월함을 드러냈고 식민지 도시 사진은 식민지 근대화에 기여한 서구의 힘을 과시하는 역할을 담당했다. 또한 엽서 속에서 도시는 상품화된 공간으로서 그려진다. 관광객을 유혹하는 마케팅의 도구로 이용되었으며 도시의 공간은 관광 상품으로 제시되었다. 엽서는 도시에 대해 새롭게 떠오르는 이해를 제공했는데 기념엽서는 근대성에 대한 최초의 거대한 아이콘이었다(McQuire, 2008: 45). 엽서 속에 담긴 도시는 근대를 상징적으로 보여주는 도구였다. 거대한 마천루와 야경, 철도역, 넓은 대로, 휘황찬란한 상업지구의 모습, 대규모 위락시설, 에펠탑 같은 랜드마크는 그 자체가 해당 도시를 상징하는 아이콘이었다. 이들 구조물들이 엽서를 포함한 사진에 실려 유통되었을 때 그 상징성은 시간을 초월한 상징으로서 고정되었다. 엽서 속에 재현된 공간 구조물을 통해 사람들은 해당 도시를 지각하고 인식했다.

엽서에는 도시의 상징적 구조물뿐만 아니라 일상적인 모습도 담겼다. 도시의 사람들, 그들의 의복, 생활 습관, 삶의 양식 등도 엽서를 통해 전시되었다. 일상생활의 모습들이 규격화된 이미지로 엽서에 담겼으며 이러한 이미지들의 시각적 동일성과 규격화된 레퍼토리는 사회적 기능을 수행했다. 엽서는 근대적 이미지가 점차적으로, 그리고 불가역적으로 독특한 의미를 상실하는 상징적 과정이었다(McQuire, 2008: 45). 서구의 근대적 공간은 그 자체가 해당 국가와 도시의 독특성을 보여주는 상징물이었다. 서구의 제국들은 자신들의 근대적 공간을 특징적으로 보여줄 수 있는 랜드마크 건설에 몰두했으며 새로운 계획하에 도시 공간을 계획하고 창조해냈다. 하지만 자본주의를 중심으로 세계경제가 통합되고 모든 영역에 걸쳐 상업화가 진행되면서 공간 역시 독특성을 상실한 채 규격화된 상품으로서의 공간으로 변모하게 된다. 도시 공간의 배치는 유사해졌으며 모듈화된 건축 구조물들이 도시를 채우면서 도시 공간 역시 대량생산되는 모습을 보였다. 거대한 쇼핑몰과 아케이드는 규격화된 소비의 공간적 전도사 역할을 충실히 수행하며 도시 공간을 동질적 공간으로 만들어버렸다.

엽서, 신문, 사진 잡지들이 광범위하게 유통되면서 이미지들은 새로운 독자성을 얻게 되었다. 이것들은 근대 도시의 복잡한 현실을 쉽게 조작하고 소비할 수 있는 일련의 명확한 시각적 상품으로 축소시켰다. 엽서는 근대 도시를 파편적이고 불연속적으로 이해하게 만들었다(McQuire, 2008: 46). 사진 속의 도시는 실제의 도시와 분리된 이미지로 남았다. 사진으로 재현된 도시의 건축물들은 하나의 상징으로 고정되면서 단일한 의미를 부여했다. 사람들은 사진이 제안하는 공간의 의미를 무비판적으로 수용했고 그 의미 자체를 소비했다. 에펠탑과 개선문, 샹젤리제 거리의 카페는 사람들이 실제로 숨쉬며 살아가는 삶의 공간으로서의 파리를 사람들의 인식에서 멀어지게 만들었다. 관광지로서의 파리만이 랜드마크에 고정되어 사람들에게 인식될 뿐이었다. 도시는 사람들의 삶의 과정으로 충만한 곳이지만 도시와 도시의 이미지는 철저하게 분리되어 고립된다. 사람들은 도시의 실제를 바라보기보다는 도시의 이미지만을 소비하고 추구하게 된 것이다.

사진은 멀리 떨어진 공간을 개인적 삶 속으로 가져올 수 있게 만들었고 공간에 대한 인식을 확장시켰다. 사진의 도움으로 공간에 대한 인식은 광범위하게 공간적으로 확장되었으며 기록된 사진을 통해 시간적으로 확장할 수 있었다. 공간에 대한 중층적이고 복합적인 인식을 사진이 가능하도록 만들었다. 하지만 사진이 현실을 생생하게 재현해줄 수 있다는 가정은 사진이 현실의 이미지라는 사실을 잊게 만들었으며 사진이 제시하는 이미지에만 집중하게 만들어서 인간과 공간 자체의 풍부한 연결을 약화시키거나 사라지게 했다. 사진은 공간에 대한 파편적이고 상업적인 인식을 조장했으며 그러한 공간 이미지가 실제의 공간이라고 착각하도록 만들었다.

② 방송과 공간

방송은 기존의 커뮤니케이션 미디어와 비교했을 때 압도적인 속도감과 공간 장악력으로 사회와 공간에 대한 지각과 인식을 바꿔놓았다. 전파를 이용한다는 점에서 텔레커뮤니케이션 미디어가 갖고 있었던 정보 전달에서의 속도감을 이어받았으며 기술의 발전과 함께 그 속도감을 좀 더 향상시킬 수 있었다. 물리적 한계로 인해 도달하지 못하는 난청 혹은 난시청 지역이 발생하기는 했지만 전파는 광범위한 지역을 순간적으로 커버할 수 있는 공간 장악력을 보여주었다. 이러한 측면에서 방송은 근대 민족국가의 경계와 정체성을 확정하는 데 강력한 영향력을 발휘했다. 특히, 모든 국가에서 방송은 구심력과 원심력 모두를 갖고 시민들을 밀고 당기는 역할을 수행했으며 공통 언어와 민족어를 사용함으로써 사람들을 하나로 묶어나갔다. 다른 한편으로 라디오는 다양한 방송국을 제공하고 직접 커뮤니케이션을 매개된 커뮤니케이션으로 대체하면서 사람들을 끌어당겼다(Fang, 1997: 89). 방송의 도달 범위와 민족국가의 경계선을 일치시키려는 노력이 이루어졌으며 중앙정부는 방송을 이용해서 중앙의 결정을 각 지역으로 신속하게 전달할 수 있었다. 표준어와 민족의 문화는 방송을 통해 전국적으로 전파되면서 공식적 지위를 확인받을 수 있었다. 특정한 집단, 지역, 계급, 인종의 문화는 방송에 의해 표준적인 민족국가의 문화로서 정의되고 전파되었다. 방송을 통해 국가의 구성원들은 보편적인 문화를 일상적으로 습득할 수 있었던 것이다.

방송은 또한 전국을 동일한 시간적 리듬 속에 묶는 역할을 수행했다. 사람들의 일상적인 생활 리듬이 방송 시간에 맞추어졌던 것이다. 방송은 정확한 시간표에 따라 편성되었으며 24시간을 촘촘하게 시간적으로 분할하고 사람들의 삶을 동기화했다. 기상, 출근, 점심시간, 퇴근 혹은 하교, 저녁 휴식시간, 취침 등의 일상적인 삶의 순서와 리듬은 방송에 맞춰졌다. 방송 프로그램의 편성과 삶의 리듬이 동일한 흐름을 따르게 되었던 것이다. 이러한 삶의 방식과 리듬은 도시와 시골을 구분하지 않고 보편적 삶의 리듬으로서 정착했다. 근대사회의 문화적 보편성은 방송을 통해 더욱 공고해졌다.

방송은 대중이 접하는 가장 보편적이며 강력한 정보원이 될 수 있었다. 근대사회에서 사람들이 접할 수 있는 일상적 정보의 대부분은 미디어를 통해서 흘러나왔으며 방송이 핵심적 미디어로 부상하면서 근대사회에서 개인들은 정보의 대부분을 방송으로부터 얻을 수 있게 되었다. 방송에 대한 근대인들의 의존도가 높을수록 방송은 강력한 영향력을 발휘할 수 있었다. 정보원으로서 라디오는 강력한 영향력을 가졌으며, 많은 국가의 정부는 방송을 시민과의 의사소통을 목적으로 사용했고, 몇몇 다른 나라에서 방송은 국경을 넘어 선전을 위해서 사용되었다(Fang, 1997: 90). 국가의 구성원들을 국민과 민족으로 만들어야 했던 근대국가는 그 목적을 달성하기 위한 수단이 필요했으며 커뮤니케이션 미디어는 가장 강력한 도구가 될 수 있었다. 방송이 지녔던 정보 전달의 속도성과 전달 범위의 광범위성이라는 특성 때문에 근대 민족국가의 중앙정부는 강력한 이데올로기적 도구로서 방송을 활용하게 된다. 상상력이 필요했던 문자 텍스트 위주의 인쇄미디어와 달리 소리와 영상을 활용할 수 있었던 방송은 상대적으로 높은 현실성을 구현할 수 있었다. 영상을 통해 전달되는 근대국가의 이념과 가치관, 규범 등은 다양한 콘텐츠에 담겨서 자연스럽게 사람들에게 스며들 수 있었다. 현장을 생생하게 눈앞에 보여준다는 특성 때문에 방송은 사실성에 있어서 높은 상대적 우위를 점할 수 있었으며 이에 따라 사람들의 사고와 판단, 행동에 강력한 작용을 할 수 있었다. 이런 점 때문에 근대 민족국가는 이데올로기적 도구로서 방송을 적극 활용했다. 국내와 국외를 가리지 않는 선전의 매체로서 방송은 적극적으로 활용되었다. 독일 제3제국의 나치는 라디오 방송과 영화를 이용해 독일 국민을 대상으로 한 선전 활동을 벌여나갔으며 텔레비전 방송을 도입했고 올림픽이라는 거대한 근대적인 국가 이벤트를 만들어가면서 독일 국민을 국가적으로 통일하려 했다. 제2차 세계대전을 비롯한 근대의 전쟁에서 라디오는 자국민과 자국 병사뿐만 아니라 적국의 시민과 병사들을 상대로 한 고도의 심리적 도구로 활용되었다. 국경을 넘어 전달된 방송 프로그램은 서로 다른 민족국가의 구성원들로 하여금 문화적 친연성을 높일 수 있게 만들었으며 때에 따라서는 문화적 종속성으로 이어졌다.

방송이 지닌 원심력과 구심력은 중앙정부와 중심부 국가를 정점으로 하는 중앙 집중 현상을 강화했으며 국경을 넘어서 다양한 문화와 이념, 가치관, 규범 등이 전달되고 공유될 수 있도록 만들어서 국제적인 유대감과 연대감을 확장할 수 있게 했다. 사람들이 국민과 민족으로서의 정체성을 갖도록 만드는 데 방송은 중요한 역할을 수행했으며 근대 민족국가를 완성하는 이념적 도구로서 큰 역할을 맡았다. 동시에 방송은 국경을 초월해 공간과 공간을 연결하고 다른 공간의 모습을 생생하게 전달함으로써 사람들로 하여금 지구촌에 대한 감각을 갖도록 만들었다. 자신들만의 공간이 아니라 타인과 다른 국가의 공간 역시 자신의 공간으로 인식할 수 있게 된 것이다. 즉, 공간을 좀 더 지구적 차원에서 경험할 수 있었다. 사람들은 이전과 비교해서 더 자주 다른 공간을 꿈꾸게 되었고 이는 거대한 디아스포라(diaspora)를 촉진하게 되었다. 민족국가의 공간적 원심력과 구심력은 방송의 흐름과 함께 진행되었다.

방송은 사람들을 공간으로부터 해방시키는 데 일정한 역할을 담당했다. 신문·저널·라디오·텔레비전은 대면 접촉의 필요성을 줄였으며, 지리적 제약으로부터 공동체를 해방시켰다. 문제를 국지적이고 특수한 것보다는 광범위하고 일반적인 문제로 다룰 수 있게 되었으며, 현대 사회과학과 계획이 장소에 얽매이지 않게 됨에 따라 일반적인 해결책을 제안할 수 있었다(렐프, 2005: 199). 전근대인들은 자신들이 평생 살아가는 지역적 공간 속에서만 존재할 수 있었으며 한정된 공간만을 공간의 전부로 인식했다. 방송은 다른 공간을 자신의 공간으로 가져오는 데 탁월한 효과를 발휘했다. 음성과 영상을 통해 전달되는 다른 공간의 이미지는 개인의 삶 깊숙이 자리 잡으면서 내면화되었고 다른 공간과 자신의 공간이 연결되어 있다는 생각을 갖도록 만들었다. 뉴스와 드라마, 광고 속에 묘사된 공간은 개인들이 추구하는 이상적 공간의 기준이 되었다. 방송 프로그램은 표준적이고 보편적인 것으로서 사람들에게 제시되었고 대중들은 그 내용을 당연한 것으로 자연스럽게 받아들였다. 자신이 살고 있는 공간의 문제뿐만 아니라 다른 공간의 문제 역시 인식할 수 있었고 서로 다른 공간의 문제가 밀접하게 연관되어 있다는 관념 역시 생겨났다. 사람들은 더 이상 자신이 속한 공간의 문제에만 집중하지 않고 다른 공간(그 대부분은 중앙의 공간이었지만)의 문제 역시 자신들의 문제로 인식하게 된 것이다.

방송을 통해서 특정 공간에만 묶여 있던 개인의 사고를 다른 공간으로 확장하는 것이 좀 더 용이해졌으며 그 범위 역시 더욱 확장했다. 개인이 경험하는 공간이 다양해졌다. 이전에는 경험할 수 없었던 공간을 간접적으로나마 인식하고 경험할 수 있게 된 것이다. 국경 안에 존재하는 모든 공간이 방송을 통해 전달될 수 있었고 사람들은 그곳이 '우리'의 영토임을 분명하게 확인할 수 있었다. 영상을 통해 전달되는 공간의 문화를 '우리'의 문화로 인식하면서 사람들은 '민족국가의 문화'의 실체를 어렴풋이나마 상상할 수 있었다. 지방의 문화와 공간이 보편적 민족문화와 공간으로 확인되는 데 방송은 커다란 기여를 하게 된다.

방송은 공간 인식의 다양성을 가져왔지만 동시에 획일적 공간이 공간적으로 확산되는 데도 일정한 역할을 했으며 경관의 획일성을 증가시키고, 일반적이고 표준화된 취향과 패션을 조장하고 전달함으로써 결과적으로 장소의 다양성을 감소시킨 것으로 보인다(렐프, 2005: 202). 사진과 문자 텍스트가 고정된 공간의 이미지를 전달했다면 방송은 연속적인 흐름의 공간을 전달해주었다. 살아 움직이는 사람과 조합된 공간의 모습은 사람들로 하여금 방송에서 묘사되는 공간을 실제적 공간으로 인식할 수 있게 만들었다. 방송을 통해 전달되는 중앙 공간의 모습은 표준적 공간으로 사람들에게 다가갔다. 풍족하고 여유로운 삶의 공간으로서 도시 공간의 모습은 모든 이의 공간적 이상으로 자리 잡았고 사람들은 그 공간 이미지를 소비하며 자신의 공간에 현실화시킬 것을 열망했다. 농어촌의 공간 역시 도시적 공간의 형태를 지향하며 변화했다. 비록 축소된 형태지만 도시적 다운타운의 형태와 주거 공간을 모방한 공간 경관이 펼쳐졌다. 공간 자체가 상품화되면서 거대한 경제적 이윤을 보장해줄 것이라고 가정된 획일적인 공간이 창출되었다. 국제적으로 인정된 도시들은 도시를 상징하는 대표적 랜드마크와 상업 시설을 중심으로 관광객들을 유인하는 공간으로 변질되었다. 지방 공간은 표준적인 관광 공간의 형태를 갖추거나 도시민을 위한 대규모 주거 공간으로 혹은 부동산 수익을 목적으로 하는 공간으로 계획되었다. 획일적인 상품과 장소는 획일적인 욕구와 취향을 가지고 있다고 생각되는 사람들을 위해서 창조된 것이며, 역으로 사람들이 획일적인 욕구와 취향을 가지게 된 것은 이러한 획일적인 상품과 장소에 의한 것이다(렐프, 2005: 202). 방송과 대중 사이의 상호작용을 통해서 보편적 공간이 사회적으로 승인받으며 사람들에게 강력한 영향력을 발휘했던 것이다.

　방송은 이전의 매체와 비교해서 상대적으로 강력한 보편성을 획득할 수 있었다. 특히 텔레비전은 네트워크라는 거대한 사회적 그물망을 만들어낼 수 있었으며 텔레비전의 단일한 그물망(web)은 새로운 "공유 지대(shared arena)"를 만들어냈다. 텔레비전은 시청자들에게 바깥세상과 방송을 보고 있는 다른 사람들과 연결되어 있다는 감각을 제공했다(Meyrowitz, 1985: 89). 지금 이 순간 나와 동일한 내용의 영상을 보고 있는 수백만, 수천만의 사람이 있다는 인식은 느슨한 심리적 동질감과 유대감을 만들 수 있었다. 이들은 모두 동일한 이벤트를 공유하면서 집합적 기억을 만들어내는 사람들이었다. 텔레비전은 인간이 지금까지 경험하지 못했던 거대한 규모의 동시적 메시지 지각을 제공했으며 텔레비전에 의해 공유된 포럼은 사건의 '실제'에 대해 선언하고 확인해주는 영역이었다(Meyrowitz, 1985: 90). 텔레비전을 통해 전달되는 공간은 현실 속에 존재하는 공간으로서 인식되고 확인되었다. 공간을 이용하는 방식, 공간 속에서 펼쳐지는 문화적 행위, 공간 소비 등 이 모든 것이 텔레비전을 통해 사람들에게 전파되고 표준적인 공간의 규범으로 사람들에게 내면화된다. 공간에 대한 가치와 판단 역시 텔레비전이 제공하는 가치와 판단에 맞춰진다. 중앙과 지방의 공간적 위계, 상업적 공간을 중심에 두는 가치 판단 등이 방송을 통해 전달되고 공유된다. 공간은 방송을 통해 서로 다른 가치와 우월성 속에서 경험되며 우월한 공간에 대한 열망을 사회적으로 확장시켰다.

방송은 물리적 공간과 사회적 공간을 분리시켰다. 전자적 미디어는 물리적 장소를 사회적 "장소"와 완전하게 분리한다(Meyrowitz, 1985: 115). 사회적 공간은 사람들 사이의 관계망에 의해 형성되는 공간이다. 사람들의 실제적인 사회적 행위들이 이루어지는 장이 사회적 공간이라고 할 수 있다. 물리적 공간은 사회적 공간의 토대가 되는 공간이었다. 사회적 공간은 물리적 공간에 의존했다. 특히, 공간적 이동 가능성이 낮았던 과거에는 두 공간이 강력하게 묶여 있었다. 하지만 커뮤니케이션 미디어의 발전과 함께 두 공간의 분리가 서서히 진행되었다. 커뮤니케이션 미디어에 의해 사람들 사이의 인간적 연결이 확장되었기 때문이다. 방송은 그러한 연결을 더욱 확대시켰으며 사람들은 공간적 공존성이 없어도 사회적 연결을 달성할 수 있었다. 사회적 공간은 물리적 공간의 한계를 넘어 확장된다. 사람들은 물리적으로 같은 공간에 없다하더라도 커뮤니케이션할 수 있었다. 인간은 물리적 공간뿐만 아니라 네트워크화된 사회적 공간 그 어딘가에 위치할 수 있게 된다. 물론 이러한 경향성은 뉴미디어를 기반으로 하는 네트워크 사회에서 더욱 강력한 모습을 갖게 되지만 텔레비전을 중심으로 하는 대중매체적 상황에서도 사람들은 물리적 공간 이외의 또 다른 공간 속에 존재할 수 있게 된 것이다.

물리적 공간의 한계 속에서 사람들에게 파고들었던 기존 미디어와 달리 새롭게 등장한 전자적 미디어는 물리적 위치에 의해 결정된 상황으로 침투했으며 전신은 정보 이동과 물리적 이동 사이의 관계를 처음으로 깨뜨렸다. 모든 전자적 미디어와 같이 전신은 거리의 한계를 거슬렀으며 물리적·사회적으로 한 "위치(position)"에서 다른 위치로 이동하는 행위인 사회적 "통과" 의식을 짧게 만들었다(Meyrowitz, 1985: 116). 이동은 더 이상 물리적 이동만을 의미하지 않았다. 메시지는 공간의 장벽을 뛰어넘어 개개인에게 직접적으로 전달되었으며 물리적 장벽뿐만 아니라 사회적 장벽도 거스르며 이동했다. 동일한 메시지가 사회적 지위에 상관없이 도달하게 되었다. 메시지 생산에 전문적 지식을 가진 사람들과 조직들에 의해서 만들어진 보편적 정보와 콘텐츠가 수신기가 존재하는 어떠한 장소라도 도달할 수 있게 되었던 것이다. 공간적 한계 못지않게 사회적 장벽 역시 정보 전달의 범위를 강력하게 한정했다. 신분과 사회적 지위, 계급에 따라 사람들은 강력하게 분리되어 있었으며 이들에게 전달되는 정보와 콘텐츠 역시 사회적 차이를 반영했다. 공간적 분리는 곧 사회적 분리를 의미했으며 이용 가능한 자원과 자본, 정보의 차이도 이러한 경계를 따라 명확하게 구분되었다. 하지만 전자적 미디어에 의해 만들어진 보편적 정보는 물리적·사회적 한계를 뛰어넘어 전달되었다. 귀족, 성직자, 부르주아, 노동자, 농민 등 어떠한 사회적 신분이나 계급에 속해 있더라도 수신기를 갖고 있다면 보편적 정보에 접근할 수 있었으며 수신기와 수신기 사이에 존재하는 전파의 네트워크를 따라 사회적 네트워크 역시 형성되었다. 새롭게 생성된 네트워크를 따라서 사회적 공간이 새롭게 구성되었으며 이제 사람들은 좀 더 강력하고 밀접하게 커뮤니케이션 네트워크와 묶이게 되었다.

전자적 미디어는 커뮤니케이션과 밀접하게 연관되었던 물리적 공존성의 문제를 완벽하게 제거하면서 커뮤니케이션을 새롭게 정의했다. 근대적 인쇄미디어의 보급과 함께 공존성이 커뮤니케이션에 미치는 영향력은 크게 감소했지만 전자적 미디어는 그 한계를 완벽하게 제거한다. 이제 사람들은 물리적 공간 속에 존재할 뿐만 아니라 커뮤니케이션이 이루어지는 곳에도 존재하게 되었다. 전자적 미디어를 통한 커뮤니케이션은 더 이상 장소에서 장소로 여행하고 실시간으로 사람들을 만나 상호작용하는 것과 동등하지 않았으며 전자적 미디어를 통해 정보를 전달하는 것은 면대면 상호작용과 더욱더 유사해지게 되었다(Meyrowitz, 1985: 118). 방송을 포함한 새로운 미디어 환경은 사람들을 이전과 비교했을 때 더욱 강력하게 커뮤니케이션 네트워크에 연결시켰다. 전화를 통해 개인이 참여할 수 있는 사적, 공적 커뮤니케이션 네트워크가 확장되었으며 방송미디어를 통해서는 국경을 뛰어넘는 커뮤니케이션 네트워크 속에 개인이 위치할 수 있게 되었다.

전자적 미디어를 통해 타인과 맺는 "관계"는 물리적 위치(location)와 사회적 "위치(position)"와 관련 없이 가상적으로 모든 사람과 형성될 수 있었고 전자적 미디어를 이용한 커뮤니케이션으로 사회적 행위자들은 그들이 가지 않을 장소, 여행할 수 없는 장소로 지금 "가며", 수용자들은 멀리 떨어진 곳에서 일어나는 사건에 지금 "존재하게 되었다(present)"(Meyrowitz, 1985: 118). 물리적 공존성과 별개의 커뮤니케이션 공존성이 등장하게 된 것이다. 생방송으로 전달되는 음성과 영상은 현장감과 사실성을 사람들에게 부여했으며 시청자들은 자신들의 물리적 공간에 상관없이 다른 공간의 사건을 현재의 사건으로 경험할 수 있게 되었다. 사람들은 방송으로 전달되는 이벤트와 사건을 동시적으로, 또한 공통적으로 경험했고 이러한 경험을 집합적으로 공유할 수 있었다. 방송미디어는 거대한 감정적·심정적 집합체가 형성되도록 만들었다. 이러한 집합체에 속한 개인들은 동일한 경험과 유사한 반응을 공유한다는 점에서 느슨하게 연결되었으며 이전의 사회적 집단에 비해 사회적·이념적 동질성을 쉽게 형성할 수 있었다. 이들은 좀 더 쉽게 근대 민족국가의 구성원이 될 수 있었다.

방송미디어를 통해 공간은 더욱더 균질적 공간으로 변모했다. 방송은 시각적 영상을 통해 다른 공간의 모습을 눈앞에서 재현해주었다. 상상 속에서만 그려지던 유토피아적 공간의 모습이 정제된 영상을 통해 사람들에게 제시됨으로써 시청자들은 방송이 제시하는 환상적 공간에 점점 더 이끌리게 되었다. 서구의 발전된 근대적 공간의 모습은 뉴스와 드라마, 뮤직비디오, 영화 속에서 구현되었으며 방송 전파를 타고 개개인의 사적 공간까지 깊숙하게 침투했다. 화면 속에 펼쳐지는 서구적인 근대적 공간은 한 사회의 모든 사회구성원들뿐만 아니라 전 세계의 모든 구성원들이 추구해야 할 공간적 모범으로 다가왔다. 사람들은 방송을 통해 균질화된 공간을 동시적으로 경험했으며 유사한 공간 경험을 공유했다.

사람들은 특정한 공간 이미지를 공유하는 동시에 공간 이미지를 만들고 유지하는 과정에 참여하게 된다. 사람들은 방송 속에 재현되는 공간 이미지를 해당 공간과 연결해 떠올리고 사고한다. 방송에서 제시되는 공간 이미지는 오랜 시간에 걸쳐 사람들에게 각인되며 기억된다. 그것은 때로는 추억의 이름으로 사람들의 감성 속에 녹아들기도 한다. 방송은 다양한 장르의 프로그램을 통해 공간과 장소를 재현하고 이미지를 형성한다. 사람들은 프로그램을 시청하는 과정에서 물리적으로 가지 못하는 공간과 장소에 대한 개인적 기억을 갖게 되며 이를 유지하게 된다. 때로는 특정한 계기가 발생했을 때 기억 속의 공간과 장소 이미지는 추억의 이름으로 개인에게 떠오르게 되며 정서적인 영향력을 발휘하게 된다.

서구의 근대적 공간은 다양한 매체를 통해 전 세계 사람들에게 전달되었으며 전 세계인들의 공간 인식에 영향을 미쳤다. 전 세계인들은 매체를 통해 전달되는 공간에 대한 이미지를 공유하면서 특정한 공간 인식을 공유했다. 이처럼 근대사회에서 공유된 기억을 담고 있는 공간을 방문하는 사람들은 기억을 담고 있는 영화, 텔레비전 프로그램, 소설, 그 외 다른 텍스트물에 참여하게 되었다(Adams, 2009: 145). 사람들이 특정한 장소를 방문하려 계획하거나 결정할 때, 영향을 미치는 주요 요인을 매체가 제공한다. 매체에서 묘사된 장소는 사람들의 방문 욕구를 높여주며 강력한 유인 요인으로 작용하게 된다. 또한 사람들은 특정 장소에 들어서면 이전에 봤던 매체로부터 획득했던 공간과 장소 이미지를 연관해 떠올리게 된다. 방송 영상에서 재현된 공간 이미지는 기억과 추억의 강력한 도구가 되며 사람들은 장소 방문을 통해 기존에 가지고 있었던 공간과 장소 이미지를 강화하거나 변경시키면서 공간 이미지의 생산 과정에 참여하는 것이다.

방송은 상업적 공간 이미지를 통해 장소적 특징을 사라지게 만드는 '무장소성' 형성에 기여한다. 도시적 공간은 거대한 랜드마크 구조물들로 채워지며 쇼핑몰을 중심으로 한 상업지구는 장소 마케팅을 통해 사람들을 강력하게 유인한다. 서구적 도시의 오래된 건축물들과 공간들은 관광객을 유인하는 상품의 이미지를 획득하게 된다. 텔레비전 드라마와 광고, 다큐멘터리 프로그램을 통해 전달되는 도시 공간은 환상적인 장소 이미지를 형성하고 사람들을 끌어들인다. 다양한 미디어를 이용한 장소 마케팅은 "무장소성"으로 이끌어 경제적 이해관계를 중심으로 장소를 재형성하며 외부인에 의해 스테레오타입화된 장소 이미지에 맞추게 된다. 경관은 과거를 특정한 방식으로 바라보게 만들 뿐만 아니라 사람들의 눈을 멀게도 만든다(Adams, 2009: 145). 시청자들은 영상으로 재현되는 공간과 장소의 이미지를 실제적인 것으로 받아들인다. 물리적 공간이동이 갖고 있는 현실적인 제약 때문에 사람들의 실제적 공간 경험은 제한적일 수밖에 없으며 현대사회에서 사람들의 공간 경험은 대부분 매체를 통해 이루어지게 된다. 매체의 공간 이미지는 사람들의 공간 경험의 틀을 형성하게 되며 매체가 제시하는 방향으로 공간을 경험하고 기억하게 만든다. 매체에 의한 공통된 공간 경험은 공간과 장소의 스테레오타입화를 가속화시킨다. 개별적 공간 경험의 공유를 통한 공간 경험의 조정은 뉴미디어의 등장 이후에나 가능해진다. 매스미디어 중심의 매체 환경에서 공간 경험은 매체에 의존할 수밖에 없으며 공간은 강력하게 스테레오타입화된 방식으로 경험된다. 방송은 공간 경험을 스테레오타입화하는 가장 강력한 매체였다. 방송은 개인의 일상생활 속에 깊숙이 자리 잡는다. 매일 일상적으로 시청하는 드라마와 뉴스는 특정한 공간 이미지를 선택적으로 재현했고 균질적 공간 이미지를 일방적으로 개인들에게 주입했다. 개별적 시청자들이 미디어의 공간 재현에 관여할 수 있는 방법은 거의 없었다. 매체에 의해 만들어진 공간 이미지를 개별적으로 소비할 수밖에 없었으며, 매체에 의해 제시된 공간 이미지를 직접적 공간 경험으로 수정할 수 있는 기회는 간간히 개별적 차원에서 이루어질 뿐이었다. 이렇게 개별적으로 이루어진 공간 이미지의 수정을 타인과 공유하는 것은 제한적일 수밖에 없었다. 이 공유 작업은 네트워크화된 미디어 환경이 구축된 후에야 가능했다.

방송미디어의 발전과 함께 공간 경험의 범위는 확장되었으며 이론적으로는 전 세계 모든 공간이 개인의 공간 경험 안으로 들어올 수 있었다. 개인의 공간 경험의 범위가 확장된 만큼 다양한 공간을 간접적으로나마 경험할 수 있었다. 방송은 개인이 현재 존재하고 있는 물리적 공간에 더 이상 묶여 있지 않도록 만들었으며 공간으로부터 개인을 자유롭게 만드는 긍정적인 역할을 맡기도 했다. 하지만 다른 한편으로 방송은 획일적인 공간 이미지를 전파하고 공유하는 데 크게 일조했다. 개인의 공간 경험은 미디어의 공간 이미지에 크게 의존할 수밖에 없었으며 미디어가 제시하는 상업화되고 균질적인 공간 이미지를 실제적 공간 이미지로 받아들이는 경향이 나타났다. 개별적 공간 경험의 창출과 공유, 공간 이미지의 변경은 네트워크화된 뉴미디어 환경의 도래와 함께 나타났다.

③ 미디어와 도시 공간의 재현

도시는 근대적 공간의 집약체이다. 거대한 마천루, 상업지구, 아파트와 같은 대규모 주택단지, 자동차로 가득 찬 거대한 아스팔트 대로, 바둑판처럼 연결된 도로망 등 근대적 공간을 상징적으로 보여주는 대표적 이미지는 도시 속에서 나타나고 재현되었다. 근대인은 도시 속에서의 삶을 통해 근대적 규범을 체득할 수밖에 없었다. 대량생산되고 규격화된 상품을 규격화된 주거 단지에서 소비한다. 정기성이 완벽하게 구현된 교통수단을 이용해 정해진 시간표에 따라 이동한다. 대규모 공장과 사무용 빌딩은 사람들의 공간 이용 패턴을 규율하게 된다. 도시 공간은 경제적·사회적으로 분절되며 사람들을 분리한다. 근대인들은 도시를 통해 근대적 공간 규율을 익히고 내면화했다. 매체는 개인의 공간 경험을 규정하고 조율하며 규율하는 중요한 도구였다. 개인의 도시 공간 경험은 다양한 매체와 텍스트 속에서 그려졌으며 텍스트 속에서 구현된 도시 경험의 이미지는 개인의 도시 경험을 형성하고 이끌어주는 역할을 맡기도 했다.

도시는 공간에 대한 사람들의 접근 가능성을 제한하면서 계층적·계급적으로 사람들을 분리했지만 동시에 다양한 계층, 계급의 삶이 섞일 수 있는 공간적 환경을 마련해주기도 했다. 백화점에서부터 카페, 공원, 대로에 이르기까지 새롭게 건설된 공적 공간은 도시 속에서 서로 다른 특성을 가진 인간들이 섞이도록 만들었다(McQuire, 2008: 39). 도시인들의 거주 공간은 계급에 따라 분할되었지만 도시의 중심 공간은 상업적·경제적 공간으로 만들어졌으며 거대한 도로망으로 연결되었다. 사방으로 연결된 도로망을 따라 다양한 계층과 계급의 사람들이 도시의 중심으로 몰려들었다. 사람들은 각자가 가진 화폐의 수준에 따라 도시 공간을 경험했다. 일부는 적극적으로 도시 공간을 소비하기도 했으며 일부는 도시를 스쳐지나가며 공간을 시각적으로만 경험했다. 근대적 도시는 사람들의 삶의 터전이기도 하지만 개인을 일상으로부터 분리시키는 공간이기도 하다. 도시 공간은 이동하면서 스쳐지나가는 배경이 되거나 단지 소비되는 공간이 된다. 주거지역과 일터를 제외한 대부분의 도시 공간은 도시민의 이동을 위한 공간이거나 도시 이미지를 소비하는 공간이다. 도시의 대로는 명확한 시각적 실체, 경험을 제공했지만 이 경험은 거주자의 일상생활로부터 단절된 것이다(McQuire, 2008: 40). 근대 이전의 공간은 개인의 삶과 밀접하게 연결되어 있었다. 도시든 장원이든 개인이 점유하고 있는 공간은 일상적 삶의 공간이었다. 근대적 도시는 경제적·사회적으로 분할되었으며 일상적 삶의 공간과 일터가 분리되었고 도시의 공간 대부분은 이동과 소비를 위한 경관이 되었다. 19세기 파리는 끊임없이 변화하는 도시 경관을 만들었다. 이 도시 경관은 자본주의적 시장, 시각적 쾌락, 인공적 도시 조명이 만들어내는 인공적인 유혹물들이 되었고 거대 도시들을 잇는 공공 운송망의 발전과 철도 여행의 도래는 움직임과 속도를 근대적 삶의 핵심으로 만들면서 유동적인 시각적 지각의 흐름에 접근하도록 만들었다(O'bryne, 2014: 72). 개인들은 도시의 경관으로부터 분리되었으며 경관을 단순하게 바라보거나 시각적으로 소비하는 차원에만 머물렀다. 도시를 거닐며 시각적으로 소비하는 존재는 만보객이라는 이름으로 불렸으며 만보객은 오래된 계급 관계를 해체할 잠재적 가능성을 갖고 있었지만 점점 더 커졌던 상품 문화에 의해 그 급진적 날이 무뎌졌다(McQuire, 2008: 40). 만보객이라는 이름 그대로 거리를 여유롭게 걸으며 사고했던 존재는 상품이 진열된 거리에 압도당하며 쇼윈도와 네온사인, 랜드마크가 제시하는 시각적 경관에 종속되었다. 사회적 변화를 열망하던 근대인은 도시 공간의 안락함과 상업적 유혹에 굴복하면서 사회변화의 목표를 상실하고 도시와 미디어가 제시하는 이미지 속에 묶이게 되었다.

도시의 거리는 수많은 이미지가 중첩되는 공간이 된다. 다채로운 입간판과 네온사인으로 빛나는 야경은 시각적 판타지를 제공했으며 랜드마크 구조물들은 도시 공간의 위상을 압도적으로 과시하게 된다. 미디어 역시 도시 속에서 공간을 점유한다. 다양한 영상 장치들이 도시 공간 속에 자리 잡는다. 철도역의 대합실을 차지하는 텔레비전에서부터 건물의 외벽을 차지하는 거대 영상 장치, 쇼윈도 안에 진열된 텔레비전에서 재현되는 영상까지 다양한 영상 이미지가 도시 경관의 한 축을 담당하게 되었다. 다양한 층위로 중첩되는 근대 도시의 이미지는 상업적 이미지로 채워졌다. 기능적으로 분할된 공간들로 채워진 근대적 도시는 겉으로 보기에는 일관성이 없는 것처럼 조합되고 구성되었다. 일정한 도시 계획에 의해 도시를 구획하고 정비하면서 만들어진 도시도 있지만 대부분의 도시는 시간적 흐름에 따라 필요에 의해 재정비되고 덧붙여지며 만들어졌다. 그 위에 다양한 이미지가 중첩되어 덧씌워지며 다양한 인종, 계급, 성별, 연령의 사람들이 그 공간에서 무정형적인 모습으로 삶을 이어나간다. 이러한 도시 공간의 모습 때문에 근대적 도시를 한눈에 파악하기가 쉽지 않았다. 다양하게 분절된 이미지와 삶의 편린만을 일시적으로 파악할 수밖에 없었던 것이다.

또한 도시는 유동적 공간이다. 끊임없는 파괴와 재건이 이루어지면서 도시 경관은 급격한 변화를 겪는다. 초기 사진은 도시라는 유동적 실체를 일시적으로나마 포착해서 사람들에게 제시할 수 있었다. 하지만 도시가 갖고 있는 역동성은 사진이 갖고 있는 고정성과 모순되었다(McQuire, 2008: 43). 사진은 현상의 특징을 순간적으로 잡아내서 고정시킨다는 장점을 갖고 있다. 끊임없이 변화하는 흐름의 한 지점을 포착해서 영구적 이미지를 만들기 때문에 사진 이미지가 재현하는 대상의 특성을 포착해내는 장점은 있지만 유동적인 변화의 흐름을 놓치는 한계를 갖는다. 사진은 순간의 아름다움을 영원히 포착해낼 수 있다는 장점을 갖고 있기 때문에 도시적 경관이 갖고 있는 아름다움과 위대함을 잡아내서 과시할 때 탁월한 효과를 발휘했다. 작은 인화지 속에 아름답게 담긴 도시 공간의 이미지는 엽서와 서적, 잡지, 신문의 형태로 개인의 손에 전달되었고 개인은 사진을 통해서 도시 공간의 고정된 이미지를 확인할 수 있었다.

영화는 사진이 전달해주지 못하는 유동적 변화의 흐름을 전달해줄 수 있었다. 영화는 근대 도시의 명확한 특성을 잡아낼 수 있는 능력을 지닌 것으로 인식되었으며 유동적이고(fleeting) 일시적인 사회적 만남들이 수많은 초기 영화에서 나타났다. 영화는 시각적 현상들을 선택하고 병렬하면서 근대적 도시 생활을 결정했던 리듬과 패턴을 드러냈다(McQuire, 2008: 59). 극영화 이전, 초기의 영화 내용은 자연 경관과 도시 경관 등 실제 공간과 그 속에서 살아가는 사람들의 삶으로 구성되었다. 전원 풍경이나 일상적 삶의 모습, 도시의 거리와 마천루의 모습들이 기록영화로 구성되었다. 텔레비전 방송이 정착되기 이전에는 극장에서 상영되는 뉴스가 공간의 이미지를 시각적으로 재현해주는 주요 수단이었다. 극영화 속에 등장하는 도시 공간 역시 근대적 공간의 이미지를 전달해주는 주요 통로였다. 특히 기록 영화에서 보여주는 도시의 모습은 배경음악과 함께 재현되었는데 도로 위를 오가는 사람들의 발걸음과 교통의 흐름, 사람들의 움직임 등은 배경 음악과 유사한 리듬 속에 정렬되었다. 규칙적인 리듬은 도시 생활의 시간적 흐름의 균질성을 암시했다. 도시의 시민들은 동일한 근대적 시간의 흐름 속에 놓여 있었다. 추상적으로 분할된 시간관념 속에서 개인들은 정확한 일과표에 따르는 삶에 자신들을 맞춰나갔다.

다양한 텍스트 속에서 재현되는 도시는 인간의 정처 없는 이동에 의해 제시되었고 혼란스럽고 불안정하며 불확실한 인간을 통해서 제시되었다. 또한 도시는 사람들에게 부과되는 의지로서 사람들에게 작용하는 힘이었으며 특정한 결정이나 반응을 유도하는 공간이었다. 그리고 '실제적 삶'이 이루어지는 공간이었다(Augustine, 1991: 74). 도시민들은 공간 속을 끊임없이 이동했으며 사회적으로도 이동했다. 근대로 이전하는 과정에서 개인들은 다양한 계층과 계급으로 이동했다. 근대인의 사회적 신분과 직업은 끊임없이 변화할 수 있었으며 개인들은 다양한 정체성 속에 놓이게 되었다. 근대적 도시의 혼란은 개인들의 삶 속에 스며들었고 도시라는 공간은 개인들의 삶을 일정한 방향으로 유도하고 이끌어갔다.

도시적 공간은 때로는 개인들의 불안감을 가중시키는 공간이었다. 근대 도시는 촘촘하게 연결된 도로망을 구축했는데 도시의 도로는 거대한 미로가 되었다. 근대 도시의 거주자들은 미로로 묘사되는 도시 안에 갇히게 되었으며 근대 도시의 복잡함은 도시와 사람들을 보호하기보다는 위협했다(Faris, 1991: 39). 전근대적 공동체의 보호망으로부터 추방당한 근대인들은 도시로 몰려들 수밖에 없었는데, 도시 속에서 이들은 새로운 공동체를 형성할 새도 없이 불안정한 지위와 환경 속에 처했고 도시의 유동적 상황에서 결코 벗어날 수 없었다. 끊임없이 변화하는 근대적 도시는 진보의 상징이 되었지만 동시에 근대의 불안정성을 체현하는 공간이었다. 도시민들은 도시의 거리를 따라 계속해서 이동하게 되었다. 도시의 도로는 원하는 목적지까지 안정적으로 도달할 수 있도록 만들어주었지만 한편으로는 미로처럼 얽힌 도시의 거리 속에서 근대인들은 갈 곳을 몰라 헤매는 모습 또한 보여주었다. 아무 곳으로나 사람들을 인도하는 거리와 그 안에서 목적 없이 걷는 작품 속 인물들이 19세기 프랑스의 새로운 산문시 안에 등장하는데(Winspur, 1991: 60) 이들은 한편으로는 여유로운 만보객이었지만 다른 한편으로는 갈 곳 없이 떠돌 수밖에 없는 근대 도시인들이었다.

거대한 근대적 도시는 근대인들에 의해 만들어졌지만 대다수 도시인들은 도시에 대한 통제력을 상실하고 반대로 도시가 가하는 영향력 속에 놓이게 된다. 20세기 중반이 되면 도시 거주자들은 자신들의 삶을 스스로 지배하는데 어려움을 겪었으며, 도시가 인간의 마음속에 침입하고 내면화되었다. 이에 따라 개인들을 지배하는 도시의 힘은 증대했다. 도시의 무생물성이 살아 있는 실체가 되며 반짝거리는 도시적 현상들에 압도당한 인간들은 살아 있는 열정들을 상실하게 된다(Augustine, 1991: 79~81). 도시가 제공하는 상업적 이미지들이 개인들을 압도했다. 상업성 광고와 거대한 스펙터클이 제공하는 강렬한 이미지는 환상적 쾌락을 제공했고 도달할 수 없는 목적지를 제시했다. 하지만 그 목적지의 끝은 허무와 절망으로 귀결되는 경우가 많았다. 또한 상품의 소비만이 광고가 제시하는 상업적 유토피아에 도달할 유일한 수단이 될 수밖에 없었다. 결과적으로 도시가 제공하는 상업적 과정의 끝은 빈곤, 고통, 죽음이었으며 죽음의 도시적 형태는 상업적 과정에 침입하게 된다(Lehan, 1998: 41).

상업적으로 재단된 도시는 사적으로 소유되는 배타적 공간이 되었다. 과거에는 공간에 대한 접근권이 사회적 신분에 의해 좌우되었다면 근대적 공간에 대한 접근권은 개인이 지닌 화폐적 가치에 의해 결정될 가능성이 커졌다. 도시의 도로를 이동하고 경험하기 위해서는 일정한 화폐를 지불해야 한다. 도시의 상업 공간은 환상적 유토피아의 이미지로 지불 능력이 있는 사람들을 끊임없이 유혹한다. 쇼핑몰은 쇼핑하는 사람들의 천국으로 그려졌고 소비자 유토피아를 재현한다. 쇼핑몰은 쇼핑하는 사람들을 일상과 진부함으로부터 벗어나게 만들었으며 보통 사람들을 자신들이 원하는 것은 무엇이든 할 수 있다고 믿도록 만들었다(Winchester, Kong and Dunn, 2003: 80). 드라마와 영화, 광고는 근대적 도시의 상업적 유토피아 이미지를 개인의 내밀한 사적 공간에서 개별적으로 체험할 수 있게 해주었다. 매체에 의해 재현된 상업적 도시 이미지는 근대적 개인에게 내면화되어 개인의 공간 이용 패턴과 관습에 영향을 주었다. 근대의 개인들은 미디어가 제시하는 도시의 공간 이미지 속에 갇혔으며 자신들이 만들었던 도시와 도시의 이미지를 통제하지 못하고 반대로 그것들에 의해 통제되는 모습을 보여주었다.

제3장

가상현실과 공간의 변화

1. 가상공간과 가상현실

1) 가상현실 기술과 서비스

가상현실은 대부분 컴퓨터를 통해 3차원의 그래픽이나 영상으로 구현되는 가상의 공간으로, 가상현실(Virtual Reality: VR)이라는 단어를 풀이해보면 '실제가 아닌 결과로 존재하는 것(virtual)', '거짓으로 생각되는 것[假想]'이라는 의미를 내포한다(최성, 2011). 즉, 컴퓨터를 통해 인공적인 가상세계를 구현한 가상현실은, 사용자가 미디어 속 세상을 마치 현실처럼 경험하는 것을 의미한다. 우리는 가상현실이 제공하는 가상의 공간 속에서 직접 걸어 다니거나 사물을 들고 이동시키는 등 미디어와 상호작용이 가능한데, 이러한 경험은 사용자가 실제로 그 공간에 있는 것과 같은 착각을 하도록 유도한다. 하지만 우리가 실제로 존재하는 곳은 컴퓨터 속 세상이 아닌 컴퓨터 앞에 앉아 있는 현실이며, 이로써 가상현실은 기술과 인간의 오감으로 만들어진 비현실의 세계라 정의내릴 수 있다.

가상현실은 인공적인 컴퓨팅 기술을 사용해 현실세계에서 경험하기 어려운 환경을 제공하고 이는 인간의 오감인 시각, 청각, 후각, 미각, 촉각을 자극함으로써 현실과 같은 체험을 가능하게 한다(정부연, 2016b). 나아가 인간의 오감이 이미 현실에서 학습된 정보라고 한다면, 이 학습된 오감이 가상의 공간에서 얼마나 유사하게 구현되느냐의 문제는 말 그대로 현실과 가상의 경계를 모호하게 만드는 하나의 요인으로 작용할 수 있다. 예를 들어, 컴퓨터 그래픽, 디스플레이 장치를 활용한 실제에 가까운 시각화와 3차원 음향을 통한 입체 청각 자극, 햅틱 기술을 이용한 피부의 접촉이나 물체의 이동 감지 등은 우리로 하여금 가상환경과 자연스럽게 교류할 수 있도록 하는 대표적인 가상현실 기술이다.

이처럼 가상현실이 무엇을 의미하는가에 대해서는 기술적·사회적 측면의 여러 정의가 있을 수 있겠으나 가상현실을 정의하는 가장 핵심적인 요소는 '사용자가 얻는 경험(human experience)'이다. 또한 가상현실이 가져다주는 경험이 얼마나 실재적인가를 규명하기 위한 기준은 대체로 두 가지 요소에 의해 판단되는데, 바로 몰입(immersion)과 실재감(presence)이다(Peddie, 2013). 몰입은 가상현실을 경험하는 우리가 얼마만큼 가상의 공간 속에 깊이 빠져들 수 있는가를 뜻하며 주로 가상현실이 제공하는 환경 자체의 사실성을 말한다. 반면 실재감은 가상현실을 체험할 때 우리가 얼마나 실제적으로 가상의 환경과 상호작용(interaction)할 수 있는가를 의미한다. 이러한 두 가지 개념은 가상현실에 대한 인간의 경험을 정의내리기 위한 핵심적인 기준으로 명시되고 있으며 학계의 연구도 꾸준히 이루어져왔다(Gibson, 1979; Sheridan, 1992b; Lombard and Ditton, 1997).

한편, 가상현실이 과거 다수의 과학 공상(SF) 영화에서 종종 등장했듯이 가상공간의 구현은 1950~1960년대부터 다양한 연구와 관련 업계의 적용으로 지속적으로 시도되어왔으나, 기술의 한계와 높은 개발 비용으로 인해 제대로 대중화되지 못했다(류한석, 2014). 가상현실의 초기 개척시대라고 보는 1960년대는 세 명의 연구자 및 기술자에 의해 가상현실의 개념과 기술이 자리 잡게 되었다(한국산업기술진흥원, 2016). 먼저 첫 번째 선구자인 아이반 서덜랜드(Ivan Sutherland)는 컴퓨터 그래픽과 휴먼 인터페이스에 대한 연구를 진행하며 가상현실 개념에 접근했다. 두 번째 선구자인 모트 하일링(Mort Heiling)은 영화감독으로 활동하며 한층 더 현실감 있는 영화 체험(cinematic experience)에 많은 관심을 가졌고, 영화 속 가상 공간을 좀 더 사실적으로 청중에게 전달하고자 노력했다. 마지막으로 톰 퍼니스(Tom Furness)는 전투기 조종석 시야 정보의 집약과 관련된 개발을 진행하다가 정보 통합(integration) 기술에 꾸준한 관심을 가졌고 마침내 1981년에는 미 공군을 위해 넓은 시야를 제공하는 몰입형 VR 시스템을 개발했다.

가상현실 기술은 1990년대 초에 들어와서 본격적으로 황금시대를 맞았다. 많은 연구자들과 기업들이 가상현실 기술의 가능성을 적극적으로 타진하기 시작했으며, 우리가 현재 접하는 대부분의 가상현실 서비스와 제품들은 사실상 이 시기에 개발된 것들이 많다(한국산업기술진흥원, 2016). 1990년대는 제조업, 통신업, 경제, 우주 산업, 게임 등 각 산업 분야에서도 가상현실 기술을 활용한 서비스 제공이 활발히 이루어졌다. 대표적으로 미국의 반도체 및 통신 기기를 제조하고 생산하는 모토로라(MOTOROLA)는 1994년 생산직 신입사원들을 훈련시키기 위해 가상현실 시뮬레이터를 사용하여 99%의 교육 비용 절감을 가져온 바 있다. 또 우주 산업 분야에서도 허블 망원경을 수리하기 위해 우주비행사들을 훈련시키는 데 가상현실을 최초로 이용해 200시간 이상 반복적인 훈련이 가능했다. 1995년 일본의 통신 전문업체인 NTT(Nippon Telephone & Telegraph)는 이용자들이 서로 대화하면서 쇼핑할 수 있는 가상현실 공간을 만들어 가상공간의 상호작용 정도를 높였다. 하지만 1990년도에 가상현실 기술을 이용하고자 하는 다양한 시도와 그에 따른 개발이 있었음에도 불구하고 가상현실의 황금기가 지속되지 못했던 이유는 고가의 장비와 속도가 느린 정보처리 능력으로 상용화 반열에 오르지 못했다는 점에 있다. 고가의 장비는 가상현실 관련 제품들이 대중화되는 데 큰 걸림돌이 되었고 느린 정보처리 역시 사용자들의 수요를 만족시키는 데 한계를 가졌다. 이로 인해 가상현실과 관련된 모든 기술 개발과 서비스들은 2000년도에 잠정적인 휴면 기간을 맞았다.

2012년은 가상현실 게이밍 기기인 오큘러스 리프트 개발자 키트 1(Oculus Rift Development kit 1)을 시작으로 다시 가상현실 기술들이 주목받기 시작했다(김인욱, 2016). 오큘러스 리프트는 2012년 크라우드 펀딩 프로젝트에서 출발한 가상현실 게임 기기로, 헤드마운트 디스플레이(HMD)와 입체 서라운드 스피커, 트레킹 센서 등으로 이루어져 있으며 이 기기의 발전은 수십여 종의 게임을 지원하면서 가능해졌다. 이후 오큘러스 리프트는 개발자 키트 2 버전이 출시되어 게임 외에 일반 미디어 콘텐츠를 시청할 때에도 이를 활용하고 있는 것으로 나타났다. 이 외에 소니(SONY)와 구글(Google) 역시 가상현실 기술 개발에 박차를 가했다. 소니는 2014년 모피어스(Morpheus)라는 가상현실 헤드셋을 출시해 플레이스테이션 4(PlayStation 4) 게임 플랫폼의 가상현실 액세서리를 개발하였고(안희권, 2015), 구글은 초저가 가상현실 기기인 카드보드(Cardboard)를 개발해 누구나 쉽고 저렴하게 가상현실 콘텐츠에 접근할 수 있도록 하였다(강일용, 2015). 국내 기업인 삼성(SAMSUNG) 역시 오큘러스 사와 협력해 기어 VR(Gear VR)이라는 가상현실 헤드셋을 개발했다. 기어 VR은 구글의 카드보드처럼 스마트폰 화면을 디스플레이로 활용하지만 오큘러스 리프트의 헤드 트래킹 시스템을 기반으로 하여 사용자의 머리 위치를 실시간으로 인식해 사용자의 시선에 따른 가상 콘텐츠가 출력된다(강형석, 2015). 이처럼 2010년도 이후에는 사용자들이 가상현실 경험에 만족할 수 있는 실용적이고 저렴한 제품들이 대거 등장했으며 이들의 가격대와 형태는 매우 다양하다.

최근 가상현실 기술과 서비스가 급속하게 확산된 원인은 무엇보다도 ICT 기술의 발전과 콘텐츠 제작 환경의 변화 그리고 관련 업계의 적극적인 투자와 지원이다. 가상현실 기술의 확산 배경과 요인을 정리하면 다음과 같다(정부연, 2016a). 첫째, 고화질 디스플레이와 광학 시스템의 등장이다. 좀 더 자연스러운 가상환경을 구현하기 위해서는 선명한 디스플레이와 넓은 시야를 구성하는 기술을 필요로 한다. 4K, 8K로 언급되는 UHD급 고해상도 디스플레이와 고속 전환 속도(refresh rate), 최소 100도 이상의 시야(Field of View: FOV)를 제공하는 것은 현실적인 디스플레이 표현에 적합한 기술로 평가된다. 현재 스마트폰 디스플레이 시스템으로 인치당 400픽셀(400 ppi)을 구현할 수 있다. 이는 고해상도 디스플레이 기술이 가상현실을 좀 더 사실적으로 구현하도록 만든다는 것을 의미한다.

둘째, 모션 및 위치정보 서비스 기술의 적용이다. 사용자의 위치와 방향, 움직임까지 정확하게 측정할 수 있는 기술은 사용자가 가상현실에 몰입하게 하는 필수 요소라 할 수 있다. 방향 측정에 쓰이는 자이로 센서(gyroscope)나 기울기를 측정하는 가속도 센서(accelerometer)는 이미 많은 웨어러블 디바이스(wearable devices)들에 사용되고 있으며 이와 더불어 모션 인식과 처리 기술 등이 우리가 항상 휴대하고 다니는 스마트폰에도 적용되면서 가상현실 서비스의 대중화와 몰입도가 높은 가상세계의 구현이 가능해졌다.

셋째, 컴퓨팅 기술 및 네트워크 속도의 발전이다. 가상현실 플랫폼에 현실과 같은 자연스러운 가상공간을 구현해내기 위해서는 초당 60~120 프레임을 재생해야 하는데 이를 안정적으로 재생하기 위해서는 처리 속도가 빠른 CPU와 그래픽 표현 기술이 필요하다. 그래픽 표현 기술(rendering)의 핵심은 빠른 그래픽 재생에 있고, 이는 곧 숫자 형태의 그래픽 데이터를 이미지나 영상과 같은 시각적 데이터로 얼마나 빠르게 형상화할 수 있는가에 대한 문제이다. 그래픽 표현 시간을 최소화하는 것이야말로 사용자의 만족스러운 가상현실 경험을 가능하게 하는 중요한 요소 중 하나이다. 그 외에 기가급 이상의 인터넷 속도 또는 5G 이상의 모바일 네트워크가 필수적이다. 빠른 네트워크 속도는 가상현실 콘텐츠를 좀 더 빠르게 불러옴으로써 사용자에게 가상현실의 지속적인 경험을 가능하게 한다. 이처럼 높은 수준의 컴퓨팅 및 네트워크 기술은 가상현실 기술의 발전에도 큰 영향을 미친다.

넷째, 3D 콘텐츠 제작 기회의 확대이다. 1인 미디어 시대가 도래하면서 삼성의 기어 360과 같은 보급형 360도 카메라의 출시는 가상현실 콘텐츠의 확대를 가져왔다. 과거 가상현실 서비스의 확산과 대중화가 실패한 가장 큰 원인 중 하나는 관련 콘텐츠의 부족이었다. 1인 미디어 시대에 360도로 촬영이 가능한 카메라는 다양한 콘텐츠가 개발·제공될 수 있는 토대로 작용해 가상현실 기술 시장 확대에 긍정적인 영향을 미칠 것으로 예상된다. 또한 이렇게 개발된 가상현실 콘텐츠는 여러 미디어 플랫폼을 통해 일반 소비자들에게 널리 전파될 수 있고, 가상현실 콘텐츠에 쉽게 접근할 수 있는 시장구조는 가상현실 기술 및 서비스 시장의 확대를 가져올 것으로 기대된다.

다섯째, 가상현실 기술과 관련된 주요 기업들이 가상현실 기술 및 시장 확대를 위해 막대한 자금을 이용한 아낌없는 투자를 이어나가고 있다. 2014년 3월 페이스북이 오큘러스 VR(Oculus VR)을 20억 달러(약 2조억 원)에 인수했는데 이는 가상현실에 대한 시장과 기업들의 관심이 크게 증대하는 직접적인 계기가 되었다(이학준, 2016). 이후 소니, 엡손, 삼성전자 등의 IT 대기업들이 하나둘씩 VR 플랫폼 개발에 참여하기 시작했고 뷰직스(Vuzix), 버추익스(Virtuix) 등의 가상현실 벤처 기업들이 크게 주목을 받으면서 해당 기업들에 투자 유치가 적극적으로 이루어지고 있다. 기업의 입장에서 가상현실은 엄청난 경제적 기회를 제공한다. 이들은 단순히 VR 기기나 관련 제품에 대한 매출에서 나오는 수익보다는 사용자들이 앞으로 가상공간 안에서 소비하게 될 시간과 비용을 중요하게 생각하는 것이다(류한석, 2014). 특히 게임, 쇼핑 등의 콘텐츠를 바탕으로 사람들이 가상현실을 경험하게 된다면, 이는 다양한 비즈니스의 형태를 불러올 뿐만 아니라 관련 시장이 커질 가능성을 내포하고 있기 때문이다.

앞으로 가상현실은 차세대 미디어 플랫폼으로서 거대한 애플리케이션 및 콘텐츠 시장을 형성할 것이고 그것들이 하나의 구조를 보이며 가상현실 미디어만의 생태계를 구축해나갈 것이다. 현실과 유사한 가상의 공간을 만들기 위해서는 앞서 말했듯이 고해상도 디스플레이와 강력한 컴퓨팅 기술과 같은 하드웨어 측면의 요소도 중요하지만 향후에는 가상현실의 콘텐츠를 담당할 소프트웨어 측면의 개발도 지속되어야 할 것이다. 또한 가상현실의 몰입, 실재감, 상호작용의 극대화를 위해서 현재 개발된 가상현실 하드웨어 역시 사용자 경험 중심, 소비자 중심의 발전 방향을 모색해야 한다. 가상현실 기술과 서비스에 대한 경쟁력을 갖춘 기업이 결국 가상현실 시장 전반을 지배하게 될 것이다.

2) 가상현실과 사회적 가치

가상현실 기술은 1960년대부터 여러 시뮬레이터 개발에 활용되기 시작하면서 발전했고 최근에는 관련 기술의 발전과 시스템 구현 비용 절감 등의 영향으로 상용화 수준에 도달했다(Meshulam et al., 2016). 가상현실은 인공현실, 사이버 공간, 가상세계, 인공환경 등으로 불리며 시각과 청각 기술을 중심으로 발전해왔으나, 최근에는 오감을 활용하는 몰입 테크놀로지가 되기 위한 시도가 다양하게 이루어지고 있다.

가상현실 구현을 위한 디바이스로는 헤드마운트 디스플레이(HMD) 제품에 대한 출시가 증가하는 추세이며 스마트폰을 디스플레이로 하는 형태의 저렴한 헤드마운트 제품 또한 계속해서 개발되고 있어 HMD의 확산은 더욱 가속화될 것으로 보인다. 현재 가상현실 기술은 차세대 디스플레이로서 게임 영역에서 주로 활용되고 있으나 향후에는 의료, 교육, 여행, 쇼핑 등 다양한 영역으로 확대될 것으로 보인다. 실제로 사용자가 가상의 우주 공간을 여행할 수 있는 '타이탄즈 오브 스페이스(Titans of Space)', 뉴욕 내 1000여 개의 대학 캠퍼스를 둘러볼 수 있는 '유비짓(YouVisit) 오브 뉴욕' 등과 같은 가상 공간을 활용한 여행 애플리케이션이 개발되었다(임대근, 2016). 또 일본의 부동산 정보 제공 사업자인 홈즈도 오큘러스 리프트를 이용해 해당 장소에 직접 가지 않고도 부동산 정보를 확인할 수 있는 애플리케이션 '룸 VR'을 출시해 사용자들에게 편의를 제공하고 있다. 그러므로 가상현실 기술은 이제 단순히 디스플레이와 인터페이스의 역할만 수행하는 것이 아니라 미디어 콘텐츠를 유통시키는 차세대 플랫폼으로써 인정받고 있다.

2016년 ICT 업계의 가장 큰 화두 역시 가상현실(VR)이었다. 모바일 기기와 통신 기술 및 제품이 가장 각광받아야 할 '2016 소비자 가전 박람회(Consumer Electronics Show: CES)'와 '세계 통신 박람회(Mobile World Congress)'에서 가상현실이 큰 주목을 받았다(이우근, 2016). 많은 관람객들은 마치 신세계를 경험한 듯 잇따른 탄성을 자아냈고 ICT 관련 기업들 역시 가상현실 기술에 주목하며 전문 인력 영입, 기술 기업 투자 및 인수 등 적극적인 행보를 고려하고 있다. 이처럼 가상현실 기술은 사회 전반에 걸쳐 관심을 받고 있으며, 산업 영역에 있어서도 많은 변화가 나타나고 있다. 또한 다양한 IT 기술의 융합을 통해 구현되는 가상현실은 사용자의 경험 영역을 확대하고 물리적 비용을 경감함으로써 미디어 엔터테인먼트, 제조업, 서비스 산업, 국방, 의료 등 광범위한 분야에 적용할 수 있을 것으로 기대된다. 이뿐만 아니라 이미 가상현실 기술은 우리 주변에 문화체험, 관광, 공연, 스포츠, 재해 및 재난 훈련,

체감형 교육 등의 형태로 자리 잡고 있으며, 이는 각 산업의 효율성 측면에서 파급효과를 기대할 수 있는 충분한 가치를 지녔다.

시간적·공간적 제약 및 신체적·환경적 제약을 극복할 수 있는 VR 경험은 가상현실 그 자체가 주는 경험적 가치(experience value)를 지닌다(문형철, 2016). 어떠한 경험으로 인해 사용자가 물리적인 것 이상의 이익 가치를 체험하게 되는 것을 '경험 가치'라 부른다. 여기서 이익 가치를 체험한다는 것은, 기술적인 가능성은 물론 비즈니스 구조가 유지될 수 있다는 생태계의 지속성을 기반으로 사람들의 욕구를 충족시킬 수 있는 특징과 매력을 지녔을 때 가능하다. 그런 측면에서 가상현실은 기술과 비즈니스 구조, 사람들의 욕구와 기대를 충족시킬 수 있다고 평가되기 때문에 경험 가치 역시 높게 평가되고 있다. 가상현실의 경험 가치는 크게 세 가지, 제약 극복 가치와 경험 증강 가치 그리고 신경험 창조 가치로 구분될 수 있다.

첫째, 제약 극복 가치는 사람들이 현실적으로 하지 못했던 경험들을 가능하게 하는 경험 가치를 말한다. 언제 어디서든 원하는 곳을 가상으로 여행하거나 볼 수 있게 만드는 가상현실 기술은 분명 우리에게 큰 경험 가치를 제공해줄 것이다. 먼저 가상현실 기술을 활용해 제약 극복 가치를 제공하는 대표적인 콘텐츠 및 서비스 산업으로는 VR 여행, 전시 서비스, 타인 경험 공유, 쇼핑몰 등이 있을 것이다. VR 기기를 통해 세계 어느 곳이든 여행할 수 있으며, 비싼 관람료를 지불하지 않고도 세계의 박물관이나 미술관을 구경할 수 있다. 또 스카이다이빙이나 서핑과 같이 일반인에게 위험 요소가 많은 스포츠에 대한 경험도 가상공간 속에서라면 얼마든지 가능하다. 제약 극복 가치는 플랫폼과 네트워크 산업 분야에도 사회적인 영향을 미칠 것이다. 시공간 제약이 사라지는 가상현실에서 VR 콘텐츠나 서비스 제품 등은 단 한 번의 클릭으로 세계시장에 유통될 수 있다. 또 VR 서비스는 PC에서처럼 키보드를 쉽게 사용할 수 있는 환경이 아니다. 이 때문에 검색과 내비게이션의 불편함과 같은 제약을 극복하기 위해 디자이너들은 그동안 현실적으로 호환이 어려웠던 음성이나 제스처를 사용한 새로운 인터페이스 개발에 주력하게 될 것이다.

둘째, 경험 증강 가치는 현실보다 가상현실 속에서 더 풍부한 경험을 할수 있음을 뜻한다. VR 기기와 센서의 발달로 인간의 특정 경험을 더 선명하게 만들어 사용자의 감정 경험을 극대화한다는 것이다. 경험 증강 가치는 교육, 건강, 엔터테인먼트 등의 산업 분야에 접목시킬 수 있는데, 책과 강의만으로는 이해가 제한적일 수밖에 없는 교육 분야에서 놀라운 효과를 볼 수 있을 것이다. 과학이나 의학 분야처럼 실제 관찰하지 않으면 학습하기 어려운 분야에서 VR을 통해 인간의 장기나 눈에 보이지 않는 물리 현상들을 직접보고 느낄 수 있다면 VR의 교육적 효과는 높이 평가될 수 있다. 또 가상현실속에서는 날씨의 영향을 받지 않고 언제든지 야외에서 운동을 할 수 있다. 가상현실에서 하는 운동은 사용자의 흥미를 유발하는 요소로 가득하기 때문에 오히려 현실에서의 운동보다 더 재미있게 운동할 수 있다. 지나가는 이웃과 인사를 나누고 저 멀리 바다의 파도소리를 들을 수도 있다. 가상현실이쉴 새 없이 제공하는 콘텐츠 덕분에 아마도 평상시 운동량보다 더 많이 운동하게 될 수도 있다.

마지막으로 신경험 창조 가치는 사용자가 직접 가상세계에 개입하고 조작함으로써 이전에 경험하지 못했던 전혀 새로운 경험들을 생성해내는 경험 가치이다. 지금은 대부분 헤드마운트 디스플레이를 기반으로 가상현실을 경험하게 되는 경우가 많기 때문에 VR의 경험은 시청과 감상에 그칠 수있다. 그러나 앞으로 사용자의 동작과 음성을 좀 더 정확히 인식하고 사용자가 가상현실 내에서 컨트롤할 수 있는 기기들이 많아지게 되면 가상현실이만들어낼 새로운 사회적 경험들은 무궁무진할 것이다. 게임은 물론이고 영화와 채팅 등의 콘텐츠도 가상현실 속에서 다시 태어날 것이다. 모니터를 통해 즐겼던 게임 사용자가 직접 들어가서 하는 게임은 지금까지의 게임 경험과는 차원이 다를 것이며, 가상의 공간에서 서로 만나 이야기하는 것은 화상 채팅이라는 형태에서 한 단계 더 발전된 커뮤니케이션 경험을 가능하게 할 것이다.

실제로 2016년 3월, 흥미로운 VR 콘텐츠가 소개되었는데 바로 브이타임(vTime)이다. 브이타임은 VR에 특화된 소셜네트워크서비스(SNS)로, 현재 기어 VR, 구글 카드보드, 오큘러스 리프트를 지원하는 소셜 콘텐츠이다. 사용자는 다른 사용자와 함께 열두 곳의 가상공간 중 하나에 들어갈 수 있다(최순옥, 2016). 현재 브이타임에 구축되어 있는 가상공간은 사용자들이 편안한 대화를 나눌 수 있는 장소들로 고려되었다. 잔잔한 호숫가나 숲속, 모닥불 주변, 시원한 바다와 강렬한 태양, 백사장이 어우러진 휴양지 등을 배경으로 하고 있다. 이러한 배경들 중 자신이 선택한 가상공간에 들어가면 다른 사용자의 아바타를 볼 수 있고, 내 아바타는 상대 아바타와 오랜 시간 대화를 하며 친밀한 감정을 쌓을 수 있다. SNS는 기본적으로 타인에게 나의 경험과 감정을 공유하는 성격이 강한 플랫폼이다. 브이타임이 아직까지 엄청나게 다양한 기능을 제공하고 있지는 않지만 브이타임 속 내 아바타가 실시간으로 나의 표정을 트래킹하여 가상공간 속에서도 똑같은 표정을 짓고 상대 아바타에게 내 감정을 있는 그대로 표현할 줄 안다면 브이타임과 같은 새로운 SNS는 VR의 새로운 파워 콘텐츠로 자리매김할 것이다. 사람들은 SNS를 통해 종종 서로의 경험을 공유하지만 이는 '함께' 경험하는 것이 아닐뿐더러 사용자가 감정을 표현할 수 있는 방법도 텍스트, 사진, 동영상 정도로 지극히 국한되어 있다. 사용자들이 각자 자신의 아바타를 가지고 게임이나 소셜 서비스에서 타인과 대화할 때, 실제 사용자의 표정까지 아바타에 그대로 구현될 수 있는 기술이 적용된다면 이는 더 이상 가상이 아닌 사실적인 공간을 의미할 것이며, 현실과의 경계가 모호해지는 결정적인 계기가 될 것이다.

가상현실 기술이 여러 산업 분야에 응용되면서 해당 산업의 서비스 구조에도 크고 작은 변화가 발생했으며, 사회의 경제적 가치에도 영향을 미치고 있다. 가상현실 기술은 다양한 산업 분야에서 고객을 시장으로 유도하는 홍보 수단으로 활용되고 있다(손상영·김사혁·석봉기, 2010). 가상현실 기술은 그 자체의 프로그램이나 서비스로도 상품의 가치를 지니지만 기존에 경험하기 어려웠던 최신 기술이라는 특성으로 인해 기타 제품이나 서비스에 대한 소비자의 관심을 불러일으키고 시장의 흐름을 촉진시키는 역할을 한다. 특히 영화, TV, 테마파크 등 미디어 엔터테인먼트 산업 분야에서는 가상현실 기술을 활용한 콘텐츠 체험 욕구가 높아졌으며 더불어 입체 영화 및 TV에 대한 제품 판매량도 꾸준히 증가하고 있는 추세이다. 또 최근에 가상현실 기술과 관련된 마케팅 방법 가운데 비약적인 속도로 확산되고 있는 것이 바로 증강현실을 이용한 비즈니스 마케팅이다. 많은 기업들이 증강현실을 이용해 브랜드 이미지를 새롭게 하고 그들의 가치를 소비자에게 신선한 방법으로 전달하는 것이다. 소비자가 제품을 구입해서 실제로 사용해보지 않고도 가상으로 제품을 미리 테스트해볼 수 있는 등 가상현실의 특성을 적극 활용하고 있다.

가상현실 기술은 자원과 에너지 사용을 절약할 수 있는 대표적인 녹색 기술(green technology) 가운데 하나이다(손상영·김사혁·석봉기, 2010). 가상현실은 현실에서 불가능한 경험을 사용자에게 제공하기도 하지만 현실에서 충분히 가능한 체험도 적은 자원과 비용으로 구현해낼 수 있다는 점에서 녹색 기술로서 그 가치를 인정받고 있다. 가상현실 기술은 물리적 비용과 시간적 비용 모두를 절감해주기 때문에 다양한 산업 분야에 효율적으로 적용할 수 있다. 향후 가상현실 기술이 사회적으로 확산되고 미디어 플랫폼으로서 가치를 지니는 서비스로 거듭나기 위해서는 무엇보다도 일반 사용자들의 생활 속에 자연스럽게 접근하기 위해 노력해야 한다. 또 가상현실에 대한 낙관적인 입장만을 고수하기보다는 개념에 대한 성찰과 더불어 가상현실의 진정한 가치를 창출하는 가능성이 무엇인지에 대해 앞으로 큰 관심을 두고 바라봐야 할 것이다.

2. 증강현실과 공간

과거 사람들은 2차원의 디지털 멀티미디어인 그림, 사진, 영상에서 느끼는 한계를 극복하기 위해 3차원의 가상현실에 주목했다. 하지만 3차원인 가상현실을 구현하기 위해서는 많은 시간, 비용, 인력 등의 자원이 요구되고 그 과정이 복잡해 널리 유행되지 못했다. 가상현실은 컴퓨터 시스템에서 생성된 가상공간과 상호작용하는 것을 핵심으로 여기는 개념으로, 이때의 가상공간은 현실세계를 바탕으로 구성된다(강창구 외, 2011).

증강현실(Augmented Reality: AR) 역시 현실세계(real world) 위에 가상의 세계(virtual world)를 결합하는 기술로서, 가상현실 분야에서 파생된 또 다른 기술이다. 즉, 실제 환경에 가상의 환경 또는 사물을 합성해 마치 원래 환경에 존재했던 사물처럼 보이도록 하는 컴퓨터 그래픽 기법이다(방준성 외, 2010). 가상현실(VR)이 가상의 공간과 사물만을 대상으로 했다면, 증강현실(AR)은 사용자의 눈으로 보는 현실세계에 가상 물체를 겹쳐 보여줌으로써 현실세계가 드러내는 정보만으로는 얻기 어려운 부가적인 정보를 제공할 수 있다는 특징이 있다. 증강현실은 컴퓨터 그래픽으로 만들어진 가상환경을 사용하지만 증강현실의 주된 대상은 현실의 환경이다. 가상의 컴퓨터 그래픽은 현실세계에 필요한 정보를 추가적으로 제공하는 역할을 한다. 따라서 증강현실이란 가상세계와 현실세계를 유기적으로 연결해 3차원으로 결합된 확장된 현실이라고 할 수 있다(방준성 외, 2010). 관심이 가는 장소나 물

그림 3-1 │ 밀그램(Milgram)의 현실-가상 연속체

체를 스마트폰 카메라로 비추거나 스마트 안경을 쓰고 바라보기만 해도 필요한 정보를 불러올 수 있으며 그와 연관된 정보를 현장에서 직접 보고 듣는 등의 상호작용이 가능하다.

증강현실은 초기에 가상현실을 보완할 수 있는 대안으로 등장했으나 증강현실이라는 용어는 보잉(The Boeing Company)의 연구원인 톰 코델(Tom Caudell)이 1992년부터 사용한 것으로 알려진다(한국방송통신전파진흥원, 2013). 당시 비행기 케이블 연결 작업을 위한 시스템을 개발하면서 생긴 개념으로, 이후에는 가상현실 분야의 응용 학문으로 자리 잡았다. 1994년엔 폴 밀그램(Paul Milgram) 교수가 실제 환경(Real Environment)과 가상환경(Virtual Environment)의 개념을 설명하면서 두 개념 사이에 증강현실(Augmented Reality)과 증강가상(Augmented Virtuality)이 존재한다고 설명했다.

밀그램(Milgram)이 제시한 현실-가상 연속체는 〈그림 3-1〉과 같이 1차원의 연속체로, 맨 왼쪽과 오른쪽에는 각각 실제 환경과 가상환경이 있다. 그리고 이 두 개 사이는 혼합현실이라고 분류했으며, 혼합현실은 다시 증강현실과 증강가상으로 나누었다. 증강현실이 현실환경에 가상의 물체를 삽입하는 형태를 의미하는 것이라면 증강가상은 가상환경에 현실의 물체를 삽입하는 것으로 이해할 수 있다(이영호·신춘성, 2016).

증강현실 플랫폼은 초기 데스크톱 컴퓨터에서 출발해 스마트폰으로 진화했다(우운택, 2015). 과거 데스크톱 컴퓨터를 중심으로 이루어진 증강현실은 2000년대에 들어서면서 PDA, 태플릿, 스마트폰 등의 보급으로 증강현실 플랫폼의 발전이 본격화되기 시작했고, 스마트폰 보급이 활발해진 2009년 이후 모바일 증강현실의 응용 가능성은 더욱 커졌다. 최근 스마트폰이 증강현실 플랫폼으로서 주목받게 된 가장 큰 이유는 고화질의 카메라 외에도 가볍고 작은 GPS, 나침반, 가속도 센서, 터치 센서, 근접 센서, 네트워크 환경 등 다양한 기술들이 소형화되고 경량화되어 집약되어 있기 때문이다. 이와 같이 사용자의 정보뿐만 아니라 명령이나 의도를 실시간으로 파악할 수 있는 정보들을 동시다발적으로 제공할 수 있는 스마트폰은 증강현실을 구현하는 데 적합한 플랫폼으로 고려된다.

증강현실은 가상현실과 마찬가지로 의료, 기술 산업, 교육, 관광, 게임 등 여러 분야에서 활용되고 있다(이영호·신춘성, 2016). 의료계에서는 개복수술의 부작용과 단점을 최소화하고자 증강현실을 활용한 치료법을 사용하고 있다. 환자의 MRI나 CT 영상을 환자의 현재 모습에 합성해 보여주는 것이다. 기술 산업 분야에서도 이와 유사하게 비행기나 자동차와 같은 복잡한 구조물의 설계나 제작 시 수많은 정보를 직관적으로 알아보기 위해 증강현실 기술을 이용해왔다. 이러한 방식은 작업 과정에 좀 더 직관적인 정보를 제공해 설계와 조립의 오류를 줄이고 한층 빠른 작업이 가능하도록 한다.

교육 분야에서도 증강현실 기술을 활용한 매직 북(Magic Book)을 제작해 어린이들의 학습 집중력을 높이는 데 활용하고 있다. 증강현실 기기를 통해 책을 보면 책 속의 2차원 자료를 3차원으로 복원해 보여주는 것이다. 이때의 입체 정보는 마치 책이 살아 움직이는 듯한 느낌을 주고 교육효과를 높인다.

증강현실 기술은 관광에도 활용될 수 있다. 예를 들어 사용자가 HMD 장비를 착용한 채 관광지를 돌아다닐 때 과거에 존재했던 상황을 현실에 재현해서 볼 수 있다. 실제로 제네바 대학에서는 폼페이 시대의 캐릭터를 구현하여 실제 폼페이 유적 곳곳에 캐릭터들이 살아 움직이는 것처럼 재현했다. 이러한 증강현실 기술의 장점은 향후 박물관이나 관광 유적지에 널리 활용될 수 있다. 스마트폰으로 관심 있는 관광 장소나 유적을 보았을 때 그에 대한 정보가 즉각적인 피드백으로 제공된다면 이는 관광객들에게 필수적인 가이드 기기 이상의 효과를 제공할 것이다.

또 2016년 7월, 닌텐도의 '포켓몬 고' 게임 열풍은 증강현실 기술에 대한 관심을 한껏 고조시켰다(강나흠, 2016). 증강현실은 가상현실에 밀려 한동안 우리의 관심을 벗어나는 듯했지만 한순간에 우리의 일상을 파고든 '포켓몬 고'의 등장은 증강현실이라는 기술 용어를 단번에 친숙하게 만드는 데 성공했다. '포켓몬 고'는 1990년대 중후반 국내에서도 인기리에 방영되었던 〈포켓몬스터〉라는 일본 애니메이션을 위치정보시스템과 증강현실로 구현한 게임이다. 한때 국내에 정식으로 출시되지 않았지만 구글맵의 지도 분류 방식에 따라 속초와 울릉도가 서비스 지역에 포함되었다. 게임을 직접 체험하기 위해 많은 국내 게임 유저들이 속초로 몰려들면서 당시 관광 상품까지 나오는 등 일시적 열풍이 일기도 했다. '포켓몬 고' 게임과 함께 증강현실에 대한 사회적 관심과 논의도 증폭되는 계기를 마련되었다. 현재는 정식서비스가 게시되어 많은 사람들이 증강현실을 이용한 게임을 체험하고 있다.

스마트폰의 보급과 함께 모바일을 중심으로 하는 증강현실 기술은 이제 단순히 새로운 세계를 경험하게 하는 기술을 뛰어넘어, 우리가 실생활에서 직접 사용할 수 있는 유익한 콘텐츠로 변해가고 있다. 이러한 변화 속에 더욱 많은 증강현실 기술 기반의 모바일 응용 기술들이 개발되고 있고 관련 콘텐츠의 확산도 빨라질 것이라 전망한다. 특히 스마트폰 단말기 시장의 장악력이 높은 국내에서는 모바일에 장착된 기술과 각종 센서에 맞춤화된 증강현실 서비스의 발전 가능성은 높다고 할 수 있다.

3. 미디어와 공간실재감

1) 실재감의 구성

현대에서 실재의 문제는 어느 분야에서나 핵심적인 부분이다. 특히 디지털 미디어를 통한 컴퓨터 환경 안에서의 가상세계나 TV 드라마 등이 이에 해당되는데 이러한 가상환경 안에서 물리적 세계의 사실적 형태의 재현, 혹은 그 변형에 의한 초현실적인 인공적 세계가 현실과 흡사하거나 그 이상일수록 그 영상의 실재는 또 하나의 현실을 낳을 수 있다. 즉, 텔레비전 드라마를 보면서 웃거나 울기도 하고, 월드컵 축구를 보면서 자신도 모르게 큰소리로 응원하거나 박수를 치며, 게임을 하면서 놀라서 소리를 지르거나 안타까워하는 경험을 누구나 했을 것이다. 일반적으로 사람들은 이와 같이 미디어를 이용하면서 자신이 미디어를 사용하고 있다는 것을 알고 있지만 이러한 수준이 어느 정도에 도달하면 그 미디어의 존재를 순간적으로 놓치게 되는 심리적인 상태에 빠진다. 이러한 현상을 겪을 때 나타나는 인간의 감정상태를 실재감(presence)이라 한다.

이러한 실재감이 적용된 가상의 환경 속에서 우리는 점점 더 실재적인 자기지각을 느끼게 된다. 이는 가상환경에서의 자기지각과 물리적 공간에서의 자기지각 차이가 정보기술의 발전으로 인해 그 간격이 좁혀지고 좀 더 많은 감각기관의 시뮬레이션이 가능해졌기 때문이다. 여기서 말하는 가상이란 물리적인 형태로 구체화되지 않았지만 잠재적 힘의 상태로 존재하는 '실체'를 말한다. 따라서 흔히 말하는 가상환경은 인간이 현실세계에서만 경험할 수 있다고 생각한 것들이 기술로써 구현된 가상의 실제 공간을 의미한다. 그러므로 가상환경을 경험한 우리는 물리적으로는 한 공간에 있으면서도 마치 다른 공간에 있다고 착각한다. 또 미디어를 사용하고 있으면서 해당 미디어의 기술적·내용적 측면으로 인해 마치 미디어와의 거리가 사라지는 듯한 몰입을 경험하게 된다.

다시 말해 실재감은 사용자가 물리적 환경과 유리된 채 매체 안에 구현된 세계 혹은 콘텐츠에 선택적으로 주의를 집중하고 몰입함으로써 마음속 가상환경의 심성 모형(mental-model)이 형성되는 인지적 과정의 산물이며, 사용자의 주관적인 경험이다(Witmer and Singer, 1998). 즉, 사용자는 가상의 공간에서 정보를 공유하는 동안 매개된 환경의 실재 경험을 하는 듯한 환상을 느낀다. 정리하자면 실재감은 특정 매개체를 통해 제시되는 환경에서 그 매개체의 존재에 대한 인식을 하지 못하는 상태에 이르는 주관적인 경험 또는 심리적 상태를 뜻한다. 특히 몇 년 전부터 가상현실이 본격적인 미디어 이슈로 자리매김하면서 실재감에 대한 연구가 여러 측면에서 이루어지고 있다.

실재감의 개념은 다양한 방법으로 측정되고 정의될 만큼 복잡한 개념이다. 실재감은 MIT의 인공 지능학자인 민스키(Marvin Lee Minsky)를 시작으로 학문적 관심을 받게 되었다. 민스키(1979)는 같은 장소가 아닌 다른 장소에서 실제로 그곳에 있다는 느낌을 원격 조정을 통해 느낄 때 실재감이라는 용어를 사용했다. 이와 더불어 그는 실재감을 제공하는 원격조작 기술을 가리켜 원격 실재감이라는 용어를 사용했다. 즉, 실재감은 수용자 자신이 직접 느끼는 주관적인 경험이라 할지라도 결국엔 원격 기술과 상호작용을 통해 얻는 주관적인 느낌이라 할 수 있다. 히터(Carrie Heeter)는 민스키와 비슷한 맥락으로 실재감에 대해서 그곳에 존재한다는 느낌으로 정의하고 있으며, 이 둘은 현실의 장소에서 가상으로의 장소 이동의 개념으로 접근하고 있다(Heeter, 1992). 그렇지만 그는 민스키보다 실재감을 좀 더 세분화한다. 그는 개인이 가상세계에 존재하는 느낌의 정도와 원인, 혹은 다른 존재가 그 세계에 있고 상대에게 반응하는 상태로 다른 사람과 대화하거나 움직이는 캐릭터와 상호작용할 경우 그리고 환경 자체가 존재를 알고 반응하는 상태를 일컬어 실재감이라고 정의하고 있다. 히터는 민스키가 주장한 실재감을 세분화하면서 실재감이 단순히 원격제어기술과의 상호작용을 통해 느껴지는 주관적인 경험이라는 개념을 좀 더 확장한다. 민스키는 원격제어기술이 적용된 기계와 상호작용하면서 느끼는 주관적인 느낌을 실재감이라 했지만, 히터는 실재감이 기계뿐만 아니라 가상세계에 존재하고 있는 다른 상대 혹은 다른 사람과의 상호작용을 통해서도 느낄 수 있다는 점을 주장하며 사회적인 맥락으로 실재감을 확장했다. 또한 개인적인 측면, 환경적인 측면으로 실재감을 세분화시켜 실재감의 개념을 넓혔다. 이렇게 그는 민스키가 제안한 실재감을 개인적인 측면, 사회적인 측면, 환경적인 측면으로 세분화시키며 실재감을 하나의 개념이 아닌 여러 개념으로 해석하고 있다. 그렇지만 그도 민스키와 같이 실재감을 느끼기 위해선 기계든 다른 대상이든 그것들과의 상호작용이 있어야 한다는 점을 강조한다. 그만큼 개인의 감정, 느낌도 중요하지만 실재감은 분명 어떤 대상, 존재와의 상호작용을 통해 경험되는 감각이기 때문에 그러한 감각을 느끼게 하는 기술적인 요인들도 중요하다고 볼 수 있다. 이처럼 민스키와 히터는 실재감을 경험하는 데 상호작용을 중요하게 여긴다. 물론 히터는 민스키보다 실재감의 상호작용적인 측면을 좀 더 세분화해 확장시키긴 했어도 실재감을 결정하는 상호작용 요인의 구체적인 요소를 파악하지는 못하고 있다.

이에 스튜어(Steuer, 1992)는 상호작용 요인을 좀 더 구체적으로 설명한다. 그는 실재감을 결정하는 요인 중 상호작용은 크게 속도, 범위, 매핑 세 가지 기술적 요소들의 영향을 받는다고 설명한다. 첫째로, 속도는 쉽게 말해 사용자와 기술 혹은 매체 사이에 일어나는 반응 시간으로 사용자의 입력이 매체에 전달되는 반응속도를 말한다. 여기서 실시간으로 이루어지는 피드백을 통해 그 반응 시간이 짧을수록 상호작용이 있다고 판단한다. 이와 관련해 프리먼 외(Freeman et al., 1999)는 영상의 빠르기에 따라 2D영상과 3D입체영상에서 수용자들이 느끼는 실재감 수준을 비교하는 실험을 진행했다. 이들 연구 결과에 따르면 공통적으로 3D입체영상을 시청할 때 2D영상을 시청할 때보다 실재감이 높게 나타났으며, 영상이 빠를수록 높은 실재감을 경험하는 것으로 나타났다. 영상의 빠르기 변화에 따른 실재감 수준의 변화에서도 2D영상보다 3D입체영상을 시청한 피험자 그룹의 실재감이 높게 나타났다.

둘째로 범위는 매개된 환경에서 변화 가능한 요소의 양을 의미하는데, 대표적으로 이미지의 크기라든지 이미지의 밝기, 소리 및 냄새의 강렬함과 같은 차원의 반응을 좀 더 강하게 혹은 약하게 제어할 수 있는 차원들을 뜻한다. 즉, 사용자가 조작, 변형할 수 있는 경우의 수를 나타낸다. 이와 관련한 연구들은 주로 화면의 크기에 대한 것들이다. 먼저 실재감과 관련된 반응에 대한 연구로 리브스, 디텐버, 스튜어(Reeves, Detenber and Steuer, 1993)는 피험자에게 소형 화면과 대형 화면을 통해 영상을 시청하게 하였는데, 그 결과 대형 화면을 시청한 피험자들에게서 실재감 수준이 더 높게 측정이 되었다. 이 연구가 단순히 화면 크기만을 조작하였다면 뉴먼과 노블(Newman and Noble, 1990)은 화면 크기와 해상도, 시청 거리를 조작해 앞선 연구보다 사용자 경험의 반응을 더 이끌어내기 위해 해상도와 시청 거리라는 변수를 추가한 실험연구를 진행했다. 연구결과, 화면 크기와 해상도가 증가하면 할수록 실재감의 수준 역시 높아지는 것을 발견했다. 하지만 시청 거리의 경우 피험자들이 실재감의 경험이 크게 느껴지는 거리로 직접 조절하는 경향이 보여 어느 정도의 시청 거리가 실재감을 높게 하는지는 발견하지 못했다. 에이설스테인 외(IJsselsteijn et al., 2001)도 영상의 빠르기와 화면 크기가 실재감에 어떠한 영향을 미치는지에 대한 연구를 진행하면서 화면의 크기가 클수록 높은 실재감을 경험했으며, 빠른 영상을 시청한 피험자 그룹이 느린 화면을 시청한 그룹보다 높은 실재감을 경험하는 것을 확인했다.

마지막으로 상호작용을 결정짓는 매핑은 현실에서의 인간 행동과 매개된 환경에서의 행동이 일치되는 정도로 인식의 지도를 만드는 일, 즉 사용자의 추측과 행동이 매개 환경에서 얼마나 편안하게 연결되어 조작되는가를 의미한다. 그리고 적절한 매핑은 가상환경 속에서도 가장 자연스러운 행동을 가져오며 이는 현실에서의 행동과 많이 다르지 않기 때문에 매개된 환경에서의 자연스러움을 증가시켜 실재감의 수준을 높여준다. 예를 들면 음성 명령, 자연어, 환경 소음 등을 이용해 메뉴를 검색하지 않아도 음성으로 기기 조작을 할 수 있도록 도와주거나 3차원 영상 등과 같이 실제 사람이 보는 장면을 제공해 사용자의 촉각과 시각 등 오감과의 피드백을 이끌어내는 것들이라 설명할 수 있다.

2) 실재감과 공간

한편 스튜어(1992)는 실재감을 느낄 수 있게 만들어주는 기술적인 요인들로 민스키나 히터가 주장한 대로 상호작용을 설명하지만 생동감(vividness)이라는 요인도 추가해 설명하고 있다. 생동감은 실재감을 유도하는 미디어 기술 속성 중 하나로 가상환경을 재현하는 데 있어 재현의 풍부함 정도를 의미하며, 상호작용은 사용자들이 가상환경의 형식이나 콘텐츠를 실시간으로 제공받고 그에 따른 피드백을 하는 정도라 할 수 있다. 생동감은 감각 정보 범위(sensory breadth)나 깊이(sensory depth)와 같이 감각 정보의 수준에 따라 실재감에 미치는 효과가 달라진다. 감각의 범위라는 차원에서 보면 TV나 라디오 같은 전통적인 미디어의 경우 시각과 청각이라는 두 종류의 감각에 의해 전송된다. 그러나 시각과 청각뿐만 아니라 후각을 자극할 수 있는 향기 전달 메커니즘이나 촉각을 자극하는 시스템이 더해진 미디어는 사용자들의 감각의 범위를 확장시켜 생동감을 준다. 감각의 깊이는 이러한 감각의 채널에서 제공되는 정보의 밀도를 의미한다. 이는 매체가 제공하는 경험이 얼마나 사실적인가와 같은 것으로 같은 내용을 찍은 영상이라 하더라도 저화질과 고화질로 제공되는 영상은 감각의 깊이가 서로 다르다고 할 수 있다. 또 청각만을 자극하는 미디어라 할지라도 모노 사운드(mono-sound)보다는 서라운드 사운드(surround-sound)와 같은 입체음향이 감각의 깊이가 더욱 깊은 미디어라고 할 수 있다. 이러한 감각 정보의 양은 실재감을 형성하는 데 가장 핵심적인 요소로 평가되기도 한다. 이에 셰리든(Sheridan, 1992a)도 실재감을 결정하는 요인을 세 가지로 제안하고 있다. 그는 감각 정보의 양과 시야를 변경하거나 머리의 위치를 바꾸어 음향을 듣는 것과 같이 환경과 감각기관 사이의 관계를 조절하는 것 그리고 사물의 위치를 바꾸거나 사물 간의 관계를 바꾸어 물리적인 환경을 변화시키는 것을 통해 실재감을 경험할 수 있다고 했다. 그는 이 세 가지 요인들이 독립적으로 작용되는 것이 아니고 실재감을 느낄 수 있는 작업 환경의 난이도와 자동화 정도에 따라서 달라질 수 있다고 설명한다. 그리고 감각 정보의 양은 가끔 유일한 핵심 요소로 평가되기도 하고 감각 정보의 제어나 환경 변화 능력보다 큰 정보를 나타내기도 한다고 전한다.

깁슨(Gibson, 1979)은 이러한 감각 정보를 청각, 촉각, 미각, 후각, 시각으로 구분하고 이것들이 동시적으로 활성화되고 강화될 때 가상환경과 같은 특정한 환경에 대한 경험이 강화된다고 밝혔다. 다시 말하자면 가상환경에서 사용자가 경험하는 감각 정보(청각, 촉각, 미각, 후각, 시각)의 양이 많으면 많을수록 그곳에 존재하고 있다는 느낌 즉, 실재감을 더 느끼게 된다는 것이다. 예를 들어 헨드릭스와 바필드(Hendrix and Barfield, 1996)는 시각적인 정보의 양이 차이가 나는 2D영상과 3D입체영상을 시청한 후 실재감의 수준을 비교하는 실험을 실시했다. 실험 결과 피험자에게 2D영상보다 3D영상을 보여주었을 때 15%이상 높은 실재감 수준을 경험하는 것으로 나타났다. 특히 3D영상에서 시각정보에 대해 혼선이 발생하지 않았을 때 더욱 높은 실재감을 경험하는 것으로 나타났다(김홍규·윤용필, 2010). 다음으로 그들은 동일한 3D영상을 모노 사운드와 스테레오 사운드로 들려주었을 때의 차이를 비교하는 실험을 실시했다. 피험자들은 3D이미지에 스테레오 사운드를 들었을 경우에 더 높은 실재감을 경험하는 것으로 나타났다. 이와 같은 실험 결과는 동일한 영상이라 하더라도 2D의 평면적으로 매개된 현상을 경험할 때보다 3D입체영상 및 스테레오 사운드로 감상하는 것이 수용자의 시각과 청각의 감각적 깊이(depth of sense)를 확장시켜 좀 더 높은 수준의 실재감을 경험하게 할 것이라는 스튜어(1992)의 주장과 일치한다.

한편 비오카와 딜레이니(Biocca and Delaney, 1995)는 민스키나 히터의 실재감 개념을 한 단계 확장시켜 설명한다. 비오카는 실재감에 대해, 미디어를 이용해 다른 공간으로 이동함으로써 존재하고 있는 공간을 넘어 물리적 초월을 경험하거나 다른 사람의 경험을 실질적으로 재현하는 것이며 사람들이 거기에 있다는 환영 또는 착각이라고 정의한다. 그리고 실재감을 물리적 실재감, 사회적 실재감, 자아 실재감 이렇게 세 가지 유형으로 나누어 설명한다. 비오카가 주장하는 물리적 실재감은 미디어 사용자가 겪는 경험이 직접적인 것이 아니고 매개된 것임을 알아채지 못하거나 경험한 물체가 가공물이라는 것을 알아채지 못하는 것으로, 이동으로써의 실재감이 지니는 한계를 극복했다. 사회적 실재감은 사용자가 가상환경에서 만나는 사람이나 물체를 현실세계에서 만나는 것과 동일하게 받아들임으로써 일어나는 심리적 반응이라 설명하며 히터가 주장하는 어떤 대상 혹은 존재와의 상호작용이라는 점에서 맥락을 같이한다. 마지막으로 자아 실재감은 가상환경에서 겪는 자신에 대한 경험이 가상적이라는 것을 알아채지 못하는 심리적 상태를 설명하며, 특히 이는 사용자가 가상세계에 재현된 자신의 존재와 실제 자신을 동일화하는 것 또는 가상세계에 인공적으로 만들어진 자신의 아바타와 자신을 동일화할 때 일어난다고 보고 있다. 이는 물리적 실재감에서 설명하는 경험의 대상을 자신으로 심화시킨 것으로 볼 수 있다.

이렇게 학자들마다 실재감에 대해서 논의하는 바가 다르지만 모두가 공통적으로 주장하는 부분이 있다. 바로 대상과 상호작용을 하여 자신이 이동되는 것을 느끼는 공간적인 부분에 대한 개념이다. 여기서 대상은 미디어가 될 수도 있고 가상공간 속에 있는 다른 존재가 될 수도 있다. 민스키(1980)나 히터(1992), 세리든(1992), 비오카(1995) 등이 주장하는 실재감은 주로 현실 세계가 아닌 가상공간으로의 이동 혹은 다른 곳에 있다는 느낌 등을 강조한다. 그리고 일부 학자들의 경우 그러한 실재감을 개인적 측면, 사회적 측면, 환경적 측면으로 좀 더 세분화해 주관적인 느낌의 실재감의 한계를 부분적으로 극복하고는 있다. 하지만 엄밀히 표현하자면 실재감이라는 개념을 사람의 심리 상태나 사용자 경험을 바탕으로 접근하는 방식이 아닌 주로 대상과의 기술적으로 상호작용하는 방식으로 실재감에 대해 접근하고 있다. 물론 실시간 상호작용은 매개된 환경에 대해 지각하는 상태를 변경할 수 있다. 이는 앞선 연구들에서도 많이 검증되고 확인된 사실이다. 그러나 심리적인 측면에서 볼 때 실재감에 영향을 미칠 수 있는 요인은 매우 다양한 요인이 영향을 미칠 수 있다. 그렇기 때문에 개인의 경험이 실재감을 증가시키게 하는 중요한 변인이 될 수 있다.

이에 롬바드와 디턴(Lombard and Ditton, 1997)은 기존의 실재감 개념에 대한 연구들을 종합해 분석한 후 실재감을 여섯 가지 속성으로 제시했다. 그들은 실재감을 사회적 풍요로서의 실재감, 현실감 차원의 실재감, 이동감으로서의 실재감, 몰입감으로서의 실재감, 미디어 내 사회적 행위자로서 실재감, 사회적 행위자로서 미디어의 속성을 가진 실재감 이렇게 여섯 가지로 나누어 설명한다. 이 중에서 몰입감으로서의 실재감에 주목할 필요가 있다. 그간 다른 학자들에 의해 정립된 실재감은 주로 자신이 현실 세계가 아닌 가상 세계에서 누군가와 함께 관여하고 있다고 느끼는 주관적인 느낌 혹은 자신이 그곳에 있다는 착각으로서 실재감에 대해 논하고 있다. 그렇지만 롬바드와 디턴(Lombard and Ditton, 1997)은 인지적·심리적으로 미디어에 완전히 몰입한 상태, 즉 지각적이고 심리적인 몰입의 속성으로 실재감을 설명한다. 지각적 몰입이란 가상 환경이 사용자의 지각체계에 잠기는 수준으로(Biocca and Delaney, 1995), 외부의 정보가 차단된 상태이며 개인의 심리적인 측면을 설명하는 개념이다. 몰입은 수용자가 단순히 창문을 통해 그것을 관찰하는 것이 아닌 내면에서부터 대체 세계를 경험하고 있다고 느끼는 것이다. 몰입은 칙센트미하이(Csikszentmihalyi, 1975)에 의해 처음으로 제시되었으며, 그는 몰입이란 사람들이 특정한 상태에서 행동할 때 느끼는 정신적·신체적 흥분이라고 정의한다. 즉, 몰입은 인지적인 경험이 고조되는 순간 물 흐르듯 행동이 자연스럽게 이루어지는 느낌을 표현하는 말이다.

웹스터, 린다, 리사(Webster, Linda and Lisa, 1993)는 이러한 몰입의 특징을 네 가지 차원으로 설명하였는데 각각 통제, 주의 집중, 호기심, 흥미 유발로 구분해 설명하고 있다. 호프먼과 노백(Hoffman and Novak, 1996)도 몰입을 경험적 측면, 행동적 특성, 선행 요건으로 분석해 기존의 연구보다 한층 더 정교한 몰입의 구조 모형을 구성했다. 이처럼 실재감을 경험하는 데 몰입이 중요한 이유는 미디어가 구현하는 가상세계가 현실세계보다 우위에 있을 때 수용자는 높은 실재감을 경험하게 되는데, 그러기 위해선 현실세계를 잊고 가상세계에 완전히 몰입해 현실세계의 존재를 완전히 또는 부분적으로 억제해야 한다는 것에 있다. 어두운 극장에서 상영되는 영화가 집에서 시청하는 텔레비전보다 실재감을 유도할 가능성이 높은 것이 이러한 이유 때문이다. 영화가 시작되고 영화관 내에 불이 꺼지면 관람객은 오직 상영되는 화면에만 집중하고 현실세계를 잊으며 영화의 내용에 완전히 몰입해 가상의 세계로 깊이 빠져든다. 반대로 환하게 불이 켜진 거실에서 텔레비전을 보는 것은 화면뿐만 아니라 텔레비전이 놓인 주변의 환경까지 시야에 들어와서

주의가 분산된다. 또한 핸드폰을 확인하거나 타인과 대화를 하는 등 미디어의 내용에 완전히 집중하지 못하게 된다. 가상세계에 몰입해 있다가도 빈번하게 현실세계로 돌아와야 하는 감각적 몰입도가 낮은 상황은 사용자가 경험하는 실재감에 부정적인 영향을 미친다.

이에 김태용(2000)은 매체를 통해 전달되는 정보가 수용자의 시각과 청각을 완전히 지배했더라도 나머지 감각인 후각, 미각, 촉각-균형감각을 지배하지 못하면 완전한 의미의 몰입을 이룰 수 없어 실재감의 수준이 낮아진다고 전한다. 이것은 스튜어(1992)가 주장한 감각의 너비와도 같은 내용이다. 즉, 실재감을 유발하려면 인간의 감각을 모두 지배하는 몰입이 필요한 것이다. 이러한 몰입 상태에 들어가기 위해서는 첫 번째, 비교적 명확한 목표와 빠르고 정확한 피드백이 필요하다. 이는 스튜어가 제안한 실재감을 결정하는 요인 중 상호작용 측면에서의 속도의 개념과 일치한다(Steuer, 1992). 속도는 앞에서 설명했듯이 사용자와 기술 혹은 매체 사이에 일어나는 반응 시간으로 사용자의 입력이 매체에 전달되는 반응 속도를 뜻하는데, 그 피드백이 정확하고 빠르게 이루어지면 몰입 경험이 증가한다는 것이다. 이러한 측면은 활동의 특성을 강조한다. 두 번째로 몰입 상태로 들어가기 위해 사용자와 기술 간의 상호작용을 통해 균형을 형성하는 단계가 필요하게 된다. 또한 몰입 상태로 들어가기 시작할 때 집중과 활동과 인식의 통합이 일어나게 된다. 그러면서 시간의 왜곡, 자의식 상실이 일어나 몰입 상태에 이르고 최종적으로 실재감을 강하게 경험하게 된다.

한 연구로 계보경(2007)은 증강현실 기반 학습에서 매체 특성, 실재감, 몰입 경험의 학습 효과에 대한 연구를 진행했는데 증강현실의 매체 특성을 감각적 몰두, 탐색 가능성, 조작 가능성 세 가지로 선정했다. 이러한 매체 특성이 학습자의 증강현실을 적용한 학습 간 실재감과 몰입 경험에 유의한 영향을 미쳐 교육의 만족도, 지식의 이해에 영향을 미친다는 결과가 나왔다. 특히 이 연구에서는 감각적 몰두라는 변인에 주안점을 두었는데 실제로 감각적 몰두가 증가함에 따라 실재감과 학습 몰입을 매개로 학습 효과에 유의한 영향을 미치는 것을 확인했다. 이는 감각적인 몰입이 학습 자체에 대한 몰입과 실재감에도 의미 있게 작용함을 보여주는 결과로 실재감을 유발하는 데 있어 몰입 경험이 상당히 중요한 변인임을 시사하고 있다.

이상의 논의를 통해 살펴봤듯이 롬바드와 디턴(Lombard and Ditton, 1997)은 실재감을 상호작용 측면뿐만 아니라 개인의 인지적인 측면인 몰입 상태까지도 고려해 실재감에 대한 개념을 더 발전시키고 확장시키고 있다. 그리고 그들은 스튜어가 주장하는 것처럼 생동감, 상호작용성이 실재감을 결정하게 하는 요인으로 단정 짓지 않고 좀 더 포괄적으로 실재감을 결정하는 요인들을 제시하고 있다. 롬바드와 디턴의 연구에서 실재감에 영향을 주는 요인을 살펴보면 다음과 같다. 첫째, 미디어 형태(media-form)에 의해 실재감이 결정되는데, 미디어 형태에 해당하는 하위 항목으로는 감각 출력의 수와 전달되는 감각기관의 조화, 이미지의 질, 이미지의 크기와 시청 거리, 움직임과 색상, 이미지의 다차원성, 카메라 워크, 후각적 자극, 신체의 움직임, 촉각적 자극, 강제적 피드백, 상호작용성 매체의 비가시성, 사건의 현재성, 사람의 수 등을 설명한다. 이는 스튜어(1992)가 실재감을 결정하는 요인으로 강조했던 생동감과 상호작용의 두 요인을 미디어 형태라는 포괄적 개념으로 통합한 것이라 할 수 있다. 여기에 미디어 콘텐츠 요인, 미디어 사용자 요인을 추가함으로써 스튜어의 설명을 확장시키고 있다. 미디어 콘텐츠 요인은 사회적 현실성, 미디어 관습의 사용, 작업의 난이도로 구분되고, 미디어 사용자 요인은 불신중지의 의지, 매체에 대한 지식이나 사전 경험 등의 인구통계학적 변인들로 구성되어 있다(김홍규·윤용필, 2010).

이렇게 실재감을 결정하는 다양한 요인들을 연구하고 제언하기도 했지만 학자들의 관심은 최초 스튜어가 주장한 미디어 형태의 특성에 집중되어 있다. 이는 실재감 연구가 주로 뉴테크놀로지를 중심으로 이루어졌기 때문이다. 다시 말해 새로운 형태를 가진 뉴미디어가 등장하면서 미디어 형태의 어떤 요인들이 사용자들이 느끼는 실재감에 영향을 미치는가에 대한 관심이 높았으며, 이에 대한 연구가 활발히 이루어진 것으로 볼 수 있다.

4. 실재감과 가상공간

1) 원격 실재감과 가상공간

원격 실재감이라는 용어는 민스키가 사용한 용어이다. 이는 물리적 대상을 원격 조정하기 위한 원격 작동 시스템과 관련한 것인데, 다른 장소의 일을 보고 느낄 수 있는 피드백 시스템을 통해 사용자에게 다른 곳에서의 실재감을 제공하는 원격조작 기술을 가리켜 원격 실재감이라고 한다(Minsky, 1979). 민스키는 원격 실재감을 텔레 로보틱스(Tele-Robotics)와 인간이 형성하는 교감이라고 정의하면서, 기계나 장비를 효과적으로 원격 조정하려면 높은 수준의 감각적 피드백이 필요하고 이를 성취하기 위해서는 기계나 장비의 조작자가 그곳에 있다는 느낌을 체험하는 것이 가장 중요하다고 주장한다. 스튜어(1992)는 원격 실재감에 대해 사람이 직접적인 물리적 환경보다는 매개된 환경에 있다는 것을 느끼는 정도라 설명한다. 다시 말해, 원격 실재감은 매개된 환경을 지각하는 것이다. 이 환경은 시간적 또는 공간적으로 멀리 떨어진 실재 환경이나 컴퓨터로 합성한 실재하지는 않는 가상공간이 될 수 있다. 이러한 패러다임은 컴퓨터를 이용해 구축한 가상공간 속에서 신체의 오감과 모든 기관이 그 속에 있지 않으면서도 마치 있는 것처럼 느낄 수 있는 것을 의미한다. 공간적·물리적 제약으로 현실세계에서는 직접 경험하지 못하는 상황들을 인간감각계와의 상호작용을 통해 간접 체험할 수 있도록 만든 정보 활동 분야의 새로운 패러다임 중 하나로 인식되고 있다(이혜자, 2001).

일찍이 슬레이터와 어스는(Slater and Usoh, 1993)는 원격 실재감에 대해 가상공간을 경험하는 사용자가 가상공간이 제공하는 자극 또는 효과를 경험하며 물리적으로 자신이 있는 장소가 아닌 다른 공간에 있다고 확신하는 정도라 생각했다. 즉, 원격 실재감을 자신이 존재하는 물리적인 공간이 아닌 다른 곳에 존재하는 믿음을 가지는 정도로 해석한 것이다. 그리고 김태영(Kim, 1996)은 게리(Gerrig, 1993)가 처음 사용했던 도착, 출발의 용어에 대해 이동이라는 개념으로 상용해, 자신이 가상공간으로 이동했거나 또는 그 가상공간이 자신이 있는 곳에 도착해 있다고 느끼는 것으로 원격 실재감을 설명하고 있다.

이와 마찬가지로 비오카(1997)도 원격 실재감을 게리(1993)가 제시한 'Being there'이라는 개념을 인용해 원격 실재감은, 미디어를 이용하는 수용자가 현재의 공간과 다른 공간에 존재하고 있는 물리적 초월이나 다른 사람의 경험을 체험함으로써 수용자들이 미디어가 제시하는 장소에 존재한다는 느낌을 가지는 환영 현상이라고 말한다. 즉, TV나 컴퓨터 등의 미디어를 통해 제시되는 환경을 의식하지 못하고 실제로 체험하는 것처럼 느끼는 현상을 두고 원격 실재감이라 설명한다. 또한 비오카는 원격 실재감의 과정을 시청각 정보를 통해 인식의 주체가 매개된 환경이나 공간을 인식하는 과정이라고 보며 이는 출발, 도착, 회귀의 순서를 가진다고 표현했다. 이러한 순환적 개념은 원격 실재감 현상의 지속성에 관해 매우 중요한 단서가 된다. 순환 과정을 거친다는 것은 한 단계가 지속적으로 이어지는 것이 아니라 계속해서 단계를 거치기 때문에 순간적인 경험이라 할 수 있다는 것이다. 비오카는 이를 물리적인 공간, 가상공간, 상상적 공간이라는 단어로 치환해 설명할 수 있다고 하였다. 물리적인 공간이 출발을 하는 단계이며, 가상의 공간과 상상적 공간이 도착한 곳이고, 물리적인 공간으로 돌아오는 단계가 회귀의 단계라 할 수 있다. 비슷한 맥락으로 휘트머와 싱어(Witmer and Singer, 1998)도 원격 실재감을 물리적으로 다른 곳에 있지만 자신이 그 장소가 있다는 느낌의 정도로 주장한다. 그렇지만 휘트머와 싱어는 가상공간을 경험하는 과정에서 지각적이거나 심리적인 인식이 외부 세계와 차단된 형태의 몰입 상태에 이를 때 실재감 경험을 얻게 되지만 실재감의 강도는 바로 몰입의 정도에 따라 달라진다고 보았다. 이러한 몰입의 정도는 가상공간에 대한 물리적 환경의 변화에 따라 원격 실재감을 느끼는 효과에 반영된다는 것이다.

이렇듯 원격 실재감은 가상공간에서 느끼는 단순한 느낌이 아니라 몰입이나 여러 가지 다른 심리적인 경험들이 복합되어져 나타나는 경험으로 볼 수 있다. 이에 롬바드와 디턴(Lombard and Ditton, 1997)은 좀 더 심도 있는 분석을 위해 기존의 여러 연구를 바탕으로 원격 실재감을 하나의 통념적인 개념이 아닌 사회적 풍부성, 리얼리즘, 이동, 몰입, 매체 내 사회적 행위자, 매체 자체가 사회적 행위자로서의 실재감 이렇게 여섯 가지의 개념으로 유형화해 설명한다. 이를 좀 더 자세히 살펴보면, 첫 번째는 매체 풍요 이론에 바탕을 둔 사회적 풍부성으로서의 실재감이다. 이는 매체 이용자들의 매체에 대한 주관적인 경험을 말한다. 둘째, 리얼리즘으로서의 실재감이다. 리얼리즘이란 미디어가 얼마나 실제 삶과 같이 사건이나 대상, 사람 등을 사실적으로 그럴듯하게 표현하는가를 말한다. 리얼리즘은 다시 사회적 리얼리즘과 지각적 리얼리즘으로 나누어진다. 셋째, 이동으로서의 실재감이다. 여기서 이동이란 육체적 이동이 아닌 매체를 이용하면서 매체 이용자들이 경험하는 정신적인 이동을 말한다. 이러한 이동의 경험은 그곳에 있다, 이곳에 있다, 우리가 함께 있다의 세 가지 형태로 설명할 수 있다. 이동으로서의 실재감은 미디어 또는 테크놀로지가 만들어낸 공간으로 이동되는 느낌의 원격 실재감의 원래 의미를 가장 잘 반영한다고 볼 수 있다. 넷째, 몰입으로서의 실재감이다. 이는 매체가 만들어낸 가상현실 속으로 빠져드는 느낌을 받는 것을 말하는데 지각적 몰입과 심리적 몰입의 두 종류가 있다. 현재 수용자들이 경험하는 미디어 환경은 가상현실 같은 지각적 몰입의 환경이 아닌 심리적 몰입이 강한 일상적인 미디어 환경이라고 할 수 있다. 다섯째, 매체 내 사회적 행위자로서의 실재감이다. 이는 매체 속의 인물이나 대상과 상호작용을 하는 것처럼 느끼는 것을 말한다. 여섯째, 매체 자체가 사회적 행위자가 되는 경우이다. 즉, 매체 내의 사회적 행위자에게 반응하는 것이 아니라 사람들이 매체나 테크놀로지 자체를 하나의 사회적 행위자로 느끼면서 상호작용을 하는 것을 뜻한다. 특히 롬바드와 디턴(1997)은 이런 실재감을 비매개에 대한 지각적 착각이라고 정의한다. 여기서 지각적이라는 용어는 물체와 실체들에 대한 인간의 지각적·인식적·정서적 처리 시스템에 실시간으로 지속적인 반응이 수반된다는 것을 뜻하고 비매개의 착각은 커뮤니케이션 환경 속에서 미디어의 존재를 인지하지 못하고 미디어가 거기 없는 것처럼 반응할 때 나타난다고 말한다. 다시 말해, 비매개에 대한 지각적 착각은 사람이 매개된 경험 동안에 매체의 존재를 지각하지 못하거나 인식하지 못하는 정도를 뜻한다.

이렇듯 원격 실재감에 대해 연구자들마다 각각의 정의가 다르지만 한 가지 공통된 사실이 있다. 원격 실재감은 우리가 살고 있는 물리적인 공간이 아닌 컴퓨터나 미디어가 만들어낸 가상의 공간과 함께 나타나는 경험이라는 점이다. 그렇기 때문에 원격 실재감을 느낄 수 있는 근거는 공간에 대한 지각이라 설명할 수 있다. 인간은 신체의 오감, 즉 다섯 가지 감각기관을 이용해 주변의 공간 정보를 받아들이고 이를 통합해 자신이 어느 장소에 위치해 있는지 지각하고 판단할 수 있기 때문이다. 이 외에도 원격 실재감에 대한 여러 연구자의 다양한 정의는 다음의 〈표 3-1〉과 같다.

표 3-1 | 원격 실재감의 개념

연구자	정의		
Minsky(1980)	인간이 감지할 수 있는 신호나 자극을 제공하는 원거리 장치에 의한 실재감		
	멀리 떨어진 곳에서도 실제로 직접 보고 느끼는 것처럼 느끼는 경험		
Sheridan(1992a)	멀리 떨어진 작업 장소에 실제로 존재하는 것처럼 느끼는 것		
	컴퓨터가 생성해낸 환경에서 그들이 물리적으로 존재하고 있다고 지각하는 정도		
Heeter(1992)	그곳에 있다는 느낌 (being there)	개인이 가상세계에 존재하는 느낌의 정도와 원인	
		다른 존재가 그 세계에 있고 상대에게 반응하는 상태로 다른 사람과 대화하거나 움직이는 캐릭터와 상호작용	
		환경 자체가 존재를 알고 반응하는 상태	
Steuer (1992, 1995)	직접 접하는 물리적인 환경이 아니라 매개한 환경에 존재한다고 느끼는 정도		
	사용자가 자신을 둘러싸고 있는 물리적 환경보다는 스크린을 통해서 전달되는 매개 환경 속에 자신이 있는 것처럼 느끼는 정도		
Schloerb(1995)	멀리 떨어져 있는 환경 속에 실제로 존재한다고 사용자가 인지하는 것		
	원격 조정자가 원격 환경을 성공적으로 통제할 수 있는 능력		
McLellan(1996)	실제로 존재하는 곳에서보다는 다른 곳에 위치하면서 느끼는 실재감		
김태용 (1996, 2000)	도달(arrival), 이탈(departure)		
	매체 사용자가 매체가 제공하는 가상세계의 사물과 사건을 현실의 것으로 받아들여 그에 대해 직접적인 심리적, 신체적 반응을 보이는 현상		
Lombard and Ditton(1997)	직접경험과 유사한 가상경험을 얻기 위해 매체를 통해 매개된 경험을 마치 매체를 통하지 않고 실제 경험한 것처럼 인식하는 '지각적 착각(perceptual illusion)' 현상		
Biocca(1997)	가상세계에 자신이 물리적으로 들어가 있는 듯한 주관적 느낌		
	가상공간에서 다른 지능적인 존재와 공존하고 있는 느낌(2001)		
	서로 다른 사회적 역할과 자아인식		
Zahorik and Jenison(1998)	사용자의 행동에 대한 환경의 반응이 사용자가 기대한 것과 일치		
Witmer and Singer(1998)	사용자가 물리적 환경과 유리된 채 매체 안에 구현된 세계 혹은 콘텐츠에 선택적으로 주의를 집중하고 몰입함으로써 마음속 가상세계의 심성모형(mental model)을 형성하는 과정에서 경험하는 인지적 과정의 산물이며, 사용자의 주관적인 경험		
Lee(2004)	경험의 가상성이 부각되지 않는 심리적 상태		
탁진영, 박정향(2005)	물리적으로 멀리 떨어져 있어도 그곳에 있는 거처럼 느끼는 지각적 착각		

한편 앞선 논의에서도 살펴봤듯이 스튜어(1992)는 원격 실재감 결정 요인을 인간의 경험과 테크놀로지와의 관계에서 생동감과 상호작용성이라고 주

장한다. 생동감은 폭과 깊이, 상호작용성은 속도, 범위, 매핑으로 구분한다. 이때 폭은 감각 차원들의 수를 의미하고 깊이는 각 지각 채널 내에 있는 해상도를 의미한다. 속도는 입력된 환경으로 흡수할 수 있는 정도를 의미하며, 범위는 매개된 환경의 수와 각 속성 내에서 가능한 변화의 양을 나타낸다. 주로 원격 실재감을 결정짓는 요인들은 사용자 경험이 아닌 외부적인 영향에 의해 결정된다고 주장한다. 이러한 현상은 화면의 크기가 증가함에 따라 영상의 크기가 증가하여 원격 실재감의 수준에 영향을 미치는 것을 예로 들 수 있겠다.

리브스, 디텐버, 스튜어(1993)도 이와 비슷한 맥락으로 텔레비전 화면 크기의 증가가 수용자들이 경험하는 원격 실재감에 영향을 미친다는 연구를 제시했다. 이 연구에서는 텔레비전의 시각적 충실도, 청각적 충실도, 화면의 크기, 오디오 공감감과 같은 외부적인 요인들이 커지면 커질수록 사용자의 주의와 기억에 영향을 미쳐 원격 실재감의 효과도 증가한다는 결과를 제시하고 있다. 후속 연구에서도 텔레비전의 화면 크기를 56인치, 13인치, 2인치로 구분한 후 피험자들의 심장 박동률 수준과 피부 전도성을 이용해 각성을 측정하였는데 그 결과 화면의 크기가 가장 큰 경우, 주의와 각성이 모두 증가하는 것으로 나타났다. 브래컨(Bracken, 2005)은 고화질(HD)급과 표준화질(SD)급으로 이미지의 질을 조작해 실험자가 느끼는 실재감을 비교 분석했다. 그의 실험 결과는 화질이 뛰어날수록 원격 실재감이 증가됨을 입증했다. 그는 뉴스 콘텐츠 다룬 후속 연구에서도 고화질과 표준화질 사이에서 원격 실재감의 수준의 차이를 발견했다.

헨드릭스와 배필드(1996)는 2D 이미지와 3D 입체이미지를 시청한 후 원격 실재감의 수준을 비교하는 실험을 실시했다. 첫 번째 실험에서는 2D 이미지보다 3D 이미지를 보여주었을 때 실험 대상자들의 15%가 원격 실재감 수준이 높게 나타나는 결과를 보였다. 또 다른 실험에서는 3D 입체이미지에 모노 사운드와 스테레오 사운드를 들려주었을 때의 차이를 비교했다. 이 경우에도 실험 대상자들은 3D 입체이미지에 스테레오 사운드를 들었을 경우 가장 높은 원격 실재감을 경험하는 것으로 나타났다. 이러한 연구 결과는 3D 입체의 매개된 현상을 경험하는 것이 2D의 평면적인 매개된 현상을 경험할 때보다 시각적인 정보의 깊이가 확장되어 이를 받아들이는 수용자가 높은 수준의 원격 실재감을 경험할 것이라는 스튜어(1992)의 모델을 지지하는 것으로 판단된다. 하지만 이 연구는 3D 입체영상을 보여주지 않고 단지 이미지를 변인으로 사용한 점이 한계로 지적된다.

에이설스테인 외(2001)는 2D 영상과 3D 입체영상을 시청할 때 시청하는 영상의 빠르기와 화면 크기의 변화가 원격 실재감을 경험하는 수준에 미치는 영향에 대한 연구했다. 연구 결과에 따르면 3D 입체영상에서 더 높은 원격 실재감을 경험했으며, 빠른 영상을 시청한 그룹이 정지 화면을 시청한 그룹보다 높은 원격 실재감을 경험하는 것으로 나타났다. 그러나 이 연구에서는 화면의 크기가 증가한다고 해서 원격 실재감의 수준이 반드시 증가하지는 않는다는 결과가 나타났다. 다시 말해 20인치 2D 텔레비전으로 동영상을 시청할 때와 20인치의 3D TV에서 동영상을 시청할 때의 원격 실재감은 차이가 발생했으나, 50인치의 2D 텔레비전에서 정지 화면을 시청했을 때와 50인치의 3D TV에서 정지 화면을 시청했을 때의 원격 실재감은 차이가 없었다.

이렇듯 원격 실재감과 관련한 기존 연구들은 주로 미디어를 통해 영상을 시청하거나 이미지를 비교하는 등의 내용이 주를 이뤘다. 최근에는 새로운 디지털 기술이 도입되고 발전된 만큼 원격 실재감을 비교하는 다양한 연구들이 진행되고 있다. 이명희·김정현(2009)은 VR 환경과 컴퓨터 환경의 자동차 운전 시뮬레이터에서 피험자가 설계된 두 개의 시나리오를 수행하는 동안 이들의 생리 신호를 측정하고, 실험 후 각 환경에 대한 주관적인 원격 실재감을 측정해 두 실험 환경 사이에서 피험자의 원격 실재감이 유의한 차이가 있는지 알아보는 실험을 진행했다. 결과는 두 실험 환경 사이의 피험자의 원격 실재감은 차이가 있었고 VR 환경에서 더 높게 나타났다. VR 환경은 사용자가 느끼기에 실제와 같거나 일반인이 얻기 힘든 시각, 청각, 촉각, 힘의 감각, 전정 감각 등의 경험을 제공하는 다양한 컴퓨터 인터페이스를 통해 인공적으로 만든 현실이라고 많은 사람들이 이해하고 있다. 그리고 이러한 인공적인 경험을 제공하는 시스템을 VR이라고 한다. 이러한 환경을 이용한 다른 연구를 살펴보면 노기영·박동진·장한진(2014)이 연구한 3D 입체영상 게임의 사용자 경험에 관한 실험 연구와 마찬가지로 3D 입체영상 게임이 2D 영상 게임에 비해 높은 원격 실재감을 나타내고 있음이 증명되었다. 브로니(Brogni, 2007)는 CAVE 시스템에서 가상환경을 구성하는 아바타의 모습과 건물들의 텍스처에 변화를 주어 피험자의 원격 실재감을 측정하고 그 관계를 살펴보았다. 마찬가지로 건물들의 모습이나 아바타의 모습이 사실적으로 표현되었을 때 원격 실재감을 더 느끼는 결과를 보였다. 그런데 이러한 연구들은 피험자가 주관적으로 원격 실재감의 차이를 느낄 수 있는 두 가지의 가상현실 환경을 구성하고, 두 가상환경의 비교 실험을 통해 실제로 피험자가 느끼는 원격 실재감의 차이를 알아본다. 이는 일반적인 상황이 아닌 높은 긴장도를 유발할 수 있는 상황을 설계해 실험한다는 문제점을 가지고 있는데, 이러한 문제점들은 피험자가 느끼는 원격 실재감의 차이에 따라 유사한 반응을 보이는 것인지, 아니면 자극이 다른 실험 태스크에 따라 원격 실재감의 차이가 생겨나는지 의문을 갖게 만든다.

한편, 원격 실재감을 결정하는 요인으로 사용자 특성을 들 수 있다. 그러나 사용자 특성은 테크놀로지나 사용 시스템의 목적 또는 이용 상황에 따라 실재감에 미치는 영향이 달라진다. 즉, 동일한 미디어 형태와 내용이 어떤 미디어 사용자에게는 원격 실재감의 감각을 유발하고 다른 사용자에게는 그렇지 않을 수 있으며, 같은 사용자에게도 어떤 경우에는 원격 실재감을 유발하고 다른 경우에는 유발하지 않을 수 있다. 이는 사용자의 욕구, 인지적인 특성, 행동 양식 및 현재의 상황을 고려한 미디어 선행 경험이나 성격 유형, 연령, 성별 등을 통해 나타난다.

김세영(2014)은 디지털 공간에서의 원격 실재감을 사용자의 특성 요인, 미디어의 특성 요인, 경험적인 특성 요인으로 분석했다. 그중에서도 원격 실재감을 결정짓는 요인 중 사용자의 특성 요인인 스트레스나, 성별, 몰입을 중심으로 결과를 제시했는데, 이러한 요인들의 변화는 원격 실재감을 경험하는 데 영향을 주고 있음이 확인되었다. 이는 롬바드와 디턴(1997)이 원격 실재감을 결정짓는 이용자 특성으로 주장한 내용과 일치하는 연구 결과이다. 이렇듯 원격 실재감의 원인을 규명하고 결과를 측정하려는 인과론적인 연구는 다양한 방법으로 측정되고 정의되어 있으며, 현재도 진행 중이다.

2) 사회적 실재감과 가상공간

실재감의 또 다른 유형인 사회적 실재감은 최근 들어 매체 이용과 관련해 주목받고 있는 개념 중 하나로 매체의 기술적 특성뿐만 아니라 매체의 환경적인 특성, 사용자의 성향 등을 종합적으로 고려하는 유용한 개념이다(김은주·김민규·김주환, 2007). 이러한 사회적 실재감은 자신과 상대방의 의사소통 과정에서 실제 면대면으로 참여하고 있는 느낌, 즉 미디어를 이용하며 마치 미디어 속 대상과 서로 직접 만나서 대화하는 것처럼 느끼는 정도를 의미한다. 또 다른 연구에서는 정보 시스템과 CMC(Computer Mediated Computer)의 상호작용 안에서 상대방과 함께 있다는 느낌이라 정의한 바 있다(황하성, 2007). 사회적 실재감을 공동체 및 구성원 측면에서 살펴보면, 사회적 실재감이 높은 경우 공동체 안에서 구성원들이 공동 참여의식을 느끼지만, 사회적 실재감이 낮은 경우 공동체 안에서 구성원들은 낮은 결속력과 단절감, 소외감을 경험한다고 나타났다. 따라서 사회적 실재감은 그룹에 소속감을 느끼고 신뢰를 바탕으로 한 환경에서 의사소통하며, 점차적으로 자신을 투영하는 방식으로 정서적인 관계도 함께 발전시켜나가는 경험이다(Garrison, 2009). 이를 미디어 측면에 적용해본다면 사회적 실재감이 높은 매체에서는 이용자 자신이 미디어와의 지속적인 커뮤니케이션을 통해 참여의식을 좀더 높게 느끼고 미디어에 대한 이해도와 친근감을 증가시킬 수 있다. 즉, 오프라인에서 어떤 사람을 실제로 만나고 있다는 감정을 미디어를 이용해 자신과 상대방의 감정을 공유할 수 있다고 느끼는 것이다. 즉, 사회적 실재감이라는 용어는 물리적 환경보다는 가상의 매개된 환경하에서 사람들이 존재하는 느낌에 대한 정도를 지칭하기 위해 사용되었다. 이러한 용어는 이후에 물리적·매개적 환경에 상관없이 어떤 장소 혹은 공간에 있다는 것에 대한 주관적 느낌과 경험으로서의 실재감 개념으로 정의되었다. 사회적 실재감을 주장하는 학자들은 컴퓨터, 쌍방향 TV, 오디오 테이프, 전화, SNS 등과 같이 다양한 비대면적 매체에 의해 체감이 가능하고, 실재감의 정도에 따라 미디어 사용 의향이 달라지며, 더 많이 사용하고 싶은 미디어이거나 그렇지 못한 미디어가 존재한다고 주장한다.

특히 사회적 실재감을 가상공간에서 어떻게 만들어내고 강화할 수 있는지에 관심이 집중되고 있는데, 그 이유는 사회적 실재감이 온라인 학습과 교육, 전자 상거래 서비스 등 커뮤니케이션 인터페이스에서 중요한 매개 역할을 하고 있다는 점에 있다(Aragon, 2003; Biocca et al., 2003). 매개된 사회적 활동의 핵심은 물리적 공간에 존재하는 대상이 아니라, 매개된 타자의 생각이 담긴 구현물(embodiments)과의 상호작용이다(Biocca and Harms, 2002). 매개 커뮤니케이션 참여자가 누군가와 같은 공간에 있고 상대 참여자와 사회적으로 연계되면 타자의 존재를 경험하게 된다. 사실 사람들은 일상생활에서 거의 매일 매개된 사회적 상호작용을 통해 사회적 실재감을 경험하고 있다고 본다. 예를 들면 옆 동네부터 먼 타국에 있는 친인척과의 전화 통화나 메신저 대화, 인터넷상에서 전혀 모르는 익명의 이용자와 채팅 그리고 TV 드라마에 등장하는 주인공과의 상호작용(Horton and Wohl, 1956)을 통해서도 일정 부분 사회적 실재감을 경험하며, 지능형 웹 인터페이스에 대해서도 사회적 실재감을 경험하곤 한다(Kumar and Benbasat, 2002).

사회적 실재감의 개념은 쇼트와 윌리엄스, 크리스티(Short, Williams and Christie, 1976)에 의해서 1976년에 처음으로 소개되었는데 이들은 사회적 실재감을 커뮤니케이션 상호작용에 있어 상대방에 대한 현저성이라고 정의한다. 이들은 매체가 얼굴 표정, 어조, 자세 등과 같은 언어적·비언어적 단서들을 얼마나 전달할 수 있느냐가 사회적 실재감의 수준을 결정하며, 그 결과 커뮤니케이션 매체들은 각기 다른 수준의 사회적 실재감을 갖는다고 보았다. 예를 들면 편지보다는 전화가, 전화보다는 면대면 커뮤니케이션이 더 높은 사회적 실재감을 제공한다는 것이다. 또한 매체의 사회적 실재감이 사람들의 상호작용 방식을 결정하는 중요 요인이라고 보고, 높은 수준의 사회적 실재감을 요하는 상호작용은 낮은 수준의 사회적 실재감을 갖는 매체를 사용하는 것을 피하게 만든다고 하였다. 하지만 그 당시 이 학자들에 의한 사회적 실재감 정의는 그에 따른 측정도구의 불일치로 인해 문제점들이 많이 제기 되었다. 이에 대해 비오카(2003)는 사회적 실재감의 올바른 측정을 위해서는 매개된 상호작용에서 상대방을 어떻게 느끼고 지각하는지 상대방과의 심리적 연결성을 측정하는 것이 중요하다고 지적하고 있다. 즉, 사회적 실재감은 매체의 특성이라기보다는 매체를 사용하는 사용자들의 심리적 경험으로 보아야 한다는 것이며 인지적인 요소뿐 아니라 심리적인 측면도 포함하는 개념이라는 것이다.

다시 말해 대화의 상대방과 얼마나 심리적·정서적으로 가깝다고 느끼는

지, 얼마나 연결되어 있다는 느낌, 인식, 반응이 있는지의 정도로 사회적 실재감을 보아야 한다는 것이다. 이렇듯 사회적 실재감은 자신이 상대를 지각하는 것처럼 상대방도 자신을 지각하고 반응하는 것을 포함한 상호적인 개념인 동시에 공간 감각이 부여된 개념이다. 메이슨(Mason, 1994)은 가상의 공간에 대한 중요성을 제기하며, 대화의 상대방과 같은 공간에 있는 느낌을 사회적 실재감으로 정의했다. 그리고 사회적 실재감은 타인 혹은 다른 대상과 함께 존재한다는 공존감으로 정의하기도 했다(Durlach and Slater, 2000).

몇몇의 연구에서는 이러한 공존의 개념을 상호인식으로 확장해 사회적 실재감의 정의를 제시하기도 한다. 예를 들어 히터(1992)는 사회적 실재감에 대해, 미디어 이용자가 가상세계의 다른 존재들이 존재하는 것처럼 보이는 범위와 반응하는 것처럼 보이는 범위라고 정의한다. 두 미디어 이용자가 가상공간에서 상호작용을 하더라도 커뮤니케이션의 상대방이 있다는 것을 감지할 때와 상대방으로부터의 반응을 인지하였을 때 사회적 실재감을 경험할 수 있다는 것이다. 이와 비슷하게 비오카와 노왁(Biocca and Nowak, 2001)은 또 다른 인공지능과 공존함에 대한 인식의 정도로서 사회적 실재감을 정의하기도 한다. 이러한 상호 인식으로서의 사회적 실재감은 미디어 이용자들이 타인의 존재, 즉, '그들이 거기 있다'라는 점을 서로가 인식한다는 것을 강조한다. 이러한 상호 인식은 매개된 환경 속에서 미디어 이용자들에게 가상적으로 함께함을 느끼게 해준다.

〈표 3-2〉에서 정리한 바와 같이 사회적 실재감은 미디어를 통해 가상공간에서 다른 사람과 함께 있음을 경험하는 개념으로 파악할 수 있다. 원격 실재감과는 조금 다른 맥락으로 사회적 실재감은 일종의 지각된 상태를 말하는데 이는 미디어 환경이 매개된 상황이라는 것을 인식하지 못하는 상태에서 느끼는 상대방에 대한 심리적 관여로 이해된다. 이 사회적 실재감은 다른 존재가 있다는 것을 지각하고 있을 뿐 아니라 그 존재와의 커뮤니케이션에

표 3-2 | 사회적 실재감의 개념

개념 분류	연구자	정의
타인의 현저성	Short, Williams and Christie(1976)	상호작용에서 타인의 현저성 정도 그리고 대인 관계의 결과적 현저성 의사소통 매개체의 주관적 특질
다른 지적존재에 대한 접근성	Biocca(1997)	사회적 실재감의 정도는 사용자가 타인의 지능, 의도, 감각적 인상에 대해 감지할 수 있는 접근 정도
공동공간감	Mason(1994)	자신과 협력하는 사람들이 같은 방안에 있다는 느낌
타인과의 상호작용성	Heeter(1992)	다른 존재들이 미디어 이용자에게 존재하는 것처럼 그리고 반응하는 것처럼 보이는 강도
	Gunawardena(1995)	매개 커뮤니케이션에 참여하고 있는 대상이 실제 사람(real person)으로 지각되는 정도
함께 있다는 느낌	Durlach and Slater (2000)	가상공간에서 함께 있다고 느끼는 정도
	Sallnäs, Rassmus-Gröhn and Sjöström(2000)	사회적으로 존재함을 느끼는 정도
인지된 공존감	Nowak(2001)	상대방이 상호작용에 관여하고 있다고 느끼는 정도
	Gofman(1959)	있는 그대로의 감각으로 다른 사람을 경험할 수 있는 물리적 거리, 그것으로 타인이 사정거리 안에 있다는 것을 느끼는 정도
	Biocca and Nowak(2001)	또 다른 사람 혹은 지능과 공존하고 있다고 인식되는 정도

참여하고 있다는 사실을 상호적으로 인식해 미디어에 심리적으로 관여하고 있을 때 높아질 수 있다. 다시 말해 원격 실재감과 사회적 실재감은 내가 그곳에 있다는 느낌으로, 맥락이 같은 사용자 경험이라 말할 수 있다. 그러나 원격 실재감의 경우 가상현실 프로그램의 이용자가 얼마나 현재의 물리적 세계가 아닌 가상현실세계에 존재한다고 느끼는가에 초점을 두는 반면, 사회적 실재감은 원격으로 가능한 미디어 채널에서 서로 상호작용하는 과정을 타인과 얼마나 함께한다고 느끼는가에 초점을 둔다고 할 수 있다.

특히 가상공간에서 사회적 실재감이 높고 낮음은 언어적·비언어적 단서를 포함한 사회적 단서들을 얼마나 제공하고 즉각적인 피드백이 어느 정도 전달되는지에 달려 있다. 사회적 실재감은 비면대면적 매체가 가져야 할 중요한 요인인 것이다. 사회적 실재감의 수준은 사회적 실재감에 기여하는 요소, 즉 신체적 존재, 비언어적·사회적 단서의 자극 전달의 제한성에 따라 달라질 수 있다. 따라서 사회적 실재감은 미디어가 지닌 신체적 존재, 비언어적·사회적 단서들에 따라 달라진다는 것이다(Short, Williams and Christie, 1976). 예를 들어 업무용 서신과 같이 텍스트에 기반을 둔 미디어의 경우 화자의 얼굴 표정, 손의 움직임, 끄덕임 등 비언어적 단서를 전달할 수 없기 때문에 사회적 실재감이 매우 낮게 측정되었고, 미디어에서 제공하는 가상공간의 상대방에 대한 관심이 낮아지며, 비언어적 단서의 부재로 커뮤니케이션 내용은 과업 중심의 경향을 더 많이 띠게 된다(Rice and Love, 1987).

이와 다르게 면대면 커뮤니케이션은 메시지가 오고 가는 과정에서 각각의 참여자가 같은 공간에 존재함으로써 서로의 눈을 바라보고, 대화의 맥락과 메시지가 전달되는 목소리의 톤 등 비언어적·사회적 단서의 활발한 교환을 통해 매우 높은 사회적 실재감이 측정되었고 가장 이상적인 커뮤니케이션 방식으로 여겨져왔다. 이는 메시지가 오고 가는 과정에서 커뮤니케이션 참여자들이 물리적으로 함께 공존하고 있을 때 완벽하고 성공적인 커뮤니케이션이 이루어질 수 있다는 것이다. 그 이유는 커뮤니케이션 참여자들이 같은 공간에 존재하면서 화자의 눈을 바라보고, 대화의 맥락과 메시지가 전달되는 톤 등을 통해 내용이 올바르게 전달되고 있는지, 커뮤니케이션 내용이 진실 혹은 허위인지의 여부를 확인할 수 있기 때문이다.

하지만 텍스트를 기반으로 하는 미디어 가상공간에서도 사람들이 관계를 형성하고 발전시키며 또한 유지한다는 경험적 증거들이 제시되고 있다. 월터(Walther, 1992)에 따르면 사람들은 비디오나 오디오 단서들이 면대면에 비해 적은 컴퓨터 미디어 가상공간에서는 텍스트 단서들을 적극 활용한다. 미디어의 가상공간과 면대면 공간을 비교 관찰한 결과, 사람들 사이의 관계 형성에서 미디어의 가상공간이 면대면 공간에 비해 뒤처졌지만, 시간이 지날수록 점차 면대면의 공간과 같은 수준으로 발전해가는 것이 확인되었다.

이와 같은 맥락으로 사회적 실재감은 UCC 서비스, e-Learning, 온라인 사회 상호작용과 같은 분야에서 꾸준히 연구되어왔고, 실제로 UCC 서비스 사용자의 참여 수준 결정 요인에 대한 연구(김연정 외, 2007)에서는 사회적 실재감이 온라인 커뮤니티의 몰입, 인터넷 효과성에 긍정적인 영향을 주는 것으로 나타났다. 그리고 온라인 커뮤니티 몰입 형성 영향 요인 연구(문영주·이종호, 2007)에서는 사회적 실재감과 기술수용모형을 바탕으로 몰입에 영향을 미치는 요인을 파악하고자 했다. 그리고 커뮤니티 몰입 형성과 만족에 커뮤니티 신뢰가 주는 요인도 함께 검증하고자 했다. 연구 결과에 따르면 사회적 실재감, 지각된 유용성, 지각된 사용 용이성, 만족, 커뮤니티 신뢰가 몰입에 유의미한 영향을 주었음을 검증했다. 그리고 사회적 실재감은 즐거움에 유의미한 영향을 미친다는 것을 설명하고 있다.

버군과 헤일(Burgoon and Hale, 1987)의 연구와 황하성(2007)의 연구에 따르면 사회적 실재감은 커뮤니케이션 참여자들이 느끼는 심리적인 상태로, 비언어적 단서를 통해 경험되는 경우가 많다. 일반적으로 언어가 사실에 대한 정보를 전달하는 데 효과적인 반면, 비언어(몸짓과 표정, 목소리의 톤 등)는 감정이나 느낌을 전달하는 데 더 효과적인 것으로 인식된다(오미영·정인숙, 2005). 이러한 이유는 같은 내용의 메시지를 전달하더라도 언어적 메시지와 함께 어떠한 비언어적 요소가 수반되느냐에 따라 그 의미의 정도가 달라질 수 있기 때문이다. 하지만 컴퓨터를 매개하는 커뮤니케이션에서는 눈빛, 표정, 손짓, 억양, 말투 등 다양한 비언어적 단서의 특징들이 부재하기 때문에 여러 가지 제약이 따를 수밖에 없다. 이러한 단점을 보완하기 위해 컴퓨터를 이용해 커뮤니케이션하는 이용자들은 특수한 기호를 조합하거나 이미지를 사용하는 등의 비언어적 단서를 표현하기 시작했는데 그 대표적인 예가 이모티콘이나 사회적 언어 및 아바타의 이용이다. 이모티콘은 컴퓨터 매개 커뮤니케이션 환경에서 부족한 사회적·정서적 단서 및 비언어적 단서를 제공하며 좀 더 풍부한 대인관계에서의 친밀감과 상호작용의 정도를 증가시키기도 한다(황하성, 2007). 또한 컴퓨터 환경에서의 아바타의 이용은 실재 상대방과 대화하는 것 같은 착각을 주어 커뮤니케이션의 사회적 실재감을 증대시킬 수 있다(Holzwarth et al., 2006).

이뿐만 아니라 사회적 실재감은 온라인 학습 성과에 중요한 영향을 주는 요인으로도 가치가 인정되고 있다. 사회적 실재감이 학습 성과에 미치는 영향을 분석한 실증 연구에서도 이러한 관점을 지지하는 결과가 제시되었다. 구나와데나와 지틀(Gunawardena and Zittle, 1997)의 연구에서는 사회적 실재감이 학생의 만족감을 예측할 수 있는 강력한 변인으로 만족도 변량의 60%를 설명하는 것으로 나타났다. 이와 유사하게 리처드슨과 스완(Richardson and Swan, 2003)은 높은 사회적 실재감을 지닌 학습자들이 낮은 사회적 실재감을 가진 학습자들에 비해 더 높은 학습에 대한 인식과 교수자에 대한 만족감을 나타낸다고 하였다. 조은미와 한안나(2010)의 연구에서도 사회적 실재감은 학습 효과, 참여도, 만족도를 유의미하게 예측하는 변인이었고 이 가운데 만족도에 대한 설명력이 약 76%로 가장 높게 나타났다. 또한 온라인 토론 학습에서 사회적 실재감은 참여도, 토론 만족도, 학업 성취도와 유의한 정적 상관관계를 나타냈고, 사회적 실재감은 학습자가 인식한 온라인 튜터의 사회적 역할이 참여도, 토론 만족도, 학업 성취도를 예측할 때 이들을 매개하는 변인으로 규명되기도 했다(강명희 외, 2010). 그러나 사회적 실재감이 다양한 학습성과 변인들과 유의미한 관계를 가지지 않거나 영향을 미치지 못한다는 선행 연구들도 다수 존재한다. 소효정과 브러시(So and Brush, 2008)에 따르면 사회적 실재감과 전반적인 만족도의 상관관계는 정적이었으나 통계적으로 유의하지는 않았다. 주영주 외(2010)는 탐구 기반 커뮤니티의 주요 요인인 교수적 실재감, 인지적 실재감, 사회적 실재감이 만족도와 학업성취도에 미치는 영향을 분석하였는데, 사회적 실재감만이 만족도와 학업 성취도에 영향을 주지 못하는 것으로 나타났다. 지금까지 사회적 실재감에 관한 선행 연구를 면밀히 살펴보면 사회적 실재감을 설명하는 공통적인 패턴을 확인할 수 있다. 그것은 매체의 물리적·기술적·객관적 속성과 이용자의 개인적·심리적·주관적 특성, 이용 맥락의 영향으로 사회적 실재감이 경험된다는 것이다. 매체 속성 측면에서는 매체가 전달할 수 있는 감각과 채널, 매체적 설정, 디자인, 이미지 크기나 질, 재생 기술 등을 주목하는 반면 이용자 측면에서는 커뮤니케이션 능력, 친밀감, 즉시성, 몰입 의도, 사전 매체 노출, 성별 등의 속성을 강조하고 있다. 특히 성별에 따라 사회적 실재감 경험이 상반되게 나타나기도 하기 때문에(권중문·이상식, 2007; Richardson and Swan, 2003) 매체와 이용자 변인의 속성을 함께 고려해 사회적 실재감을 측정해야 한다고 주장하고 있다.

그럼에도 아직까지 사회적 실재감을 어떻게 정의하고 측정해야 하는지에 대한 이론적 개념의 일치가 이루어지고 있지는 않다. 기존에 설명되고 분석된 사회적 실재감 개념들이 기술적 속성에 중점을 두고 있는 반면 이용자의 매체 이용의 과정이나 맥락에 대한 분석 그리고 미디어 기술에 대한 특성도 고려될 필요가 있다. 다시 말해 매체의 기술적 속성과 이용자의 속성이 사회적 실재감 경험에 어떠한 영향을 미치는지 통합적으로 제시한 모델이 필요하다고 할 수 있다.

제4장

뉴미디어와 사회적 공간

근대사회에서 매스미디어는 동질적 공간을 창출하는 데 기여했다. 서구 중심의 보편적 공간 구조와 질서의 양상은 매스미디어를 통해 전 지구적으로 전파되었다. 신문 기사와 도서의 문자 텍스트, 사진의 이미지, 영화와 텔레비전 방송의 영상, 라디오의 음성 등 거의 모든 미디어를 통해 서구의 공간, 특히 자본주의적 공간의 모습이 전파되었으며 그 공간은 하나의 모범적 전범(典範)이 되어 지구상 모든 국가와 민족이 추구해야 하고 달성해야만 하는 공간적 목표가 되었다.

자본주의적 공간화가 진행되면서 공간은 하나의 상품이 되었으며 상업적 논리가 공간 구성과 생산의 기본적 전제가 되었다. 상업적 이윤을 목표로 공간이 파괴되고 재창조되었다. 대규모 쇼핑몰과 공간적 스펙터클은 소비를 위한 공간으로 재창출되었고 사람들은 피상적 관람자가 되어 공간을 소비할 자유만이 부과되었다.

뉴미디어는 근대의 동질적 공간 구조와 질서를 흔들어주는 가능성을 제공한다. 지금까지 공간의 생산과 기획은 철저하게 공간을 점유하고 살아가는 사람들의 개입을 차단해왔다. 그것은 오로지 공간 계획자들의 몫이었다. 도시 설계사, 정책 당국, 건축가, 건축업자와 토목업자 등 전문적 지식과 자본을 소유한 소수의 집단과 사람들에 의해서 공간이 기획되었으며 사람들에게는 일방적으로 제시될 뿐이었다. 사람들은 공간 계획자들이 제시한 공간을 단순하게 이용하거나 소비할 자유만 누릴 수 있었다. 뉴미디어는 미디어 이용자의 참여를 가능하게 하기 때문에 기존의 공간을 다양하게 변주하며 이용할 수 있게 해주고 새로운 공간을 상상하거나 실현해나갈 수 있게 한다. 소셜 미디어를 통해 공간에 대한 정보를 교환하면서 공간 기획자가 규정한 현실 공간을 다른 시각에서 바라보게 만들거나 공간 이용의 관습을 변용시키면서 공간의 구조를 비틀 수 있게 해준다. 모국을 떠나 새로운 국가의 공간적 환경 속에 살고 있는 사람들에게 모국의 공간을 연결시켜줌으로써 복합적인 공간 경험을 가능하게 해준다. 뉴미디어는 동질적 공간 속에 차이의 공간을 드러날 수 있게 한다. 이 장에서는 뉴미디어가 변화시키는 공간의 모습을 살펴본다.

1. 뉴미디어와 공간의 수사(rhetoric): 공간 이름 짓기-새로운 기억 공간의 창출

인터넷은 우리의 사고, 산물, 문화를 확장시킬 수 있는 능력을 모든 지구적 공간으로 폭발적으로 증대시키고 있다. 중세시대 지역 방언으로 인쇄가 가능해지면서 지식에 대한 종교 우위 중심성이 약화되었는데 인터넷은 이러한 탈중심성을 한 단계 더 높은 수준으로 이끄는 과정에 있다(Lollar, 2012: 51). 근대적 인쇄미디어의 발전으로 인해 서구 사회에서 종교의 전일적인 지배력이 약화되는 대신 근대적 지식체계가 새로운 중심을 형성했으며 이 지식체계는 보편적 지식체계가 되어 근대의 수세기 동안 중심적 위치를 차지했다. 그리고 이 지식체계를 기반으로 한 공간적 구조와 질서 역시 중심의 영역 안에 포함되었다. 즉, 근대는 기존의 중심을 해체하고 탈중심화시켰지만 곧 자신들만의 새로운 중심을 만들어내었을 뿐이었다. 따라서 근대적 인쇄미디어라는, 당시로서는 새로운 미디어가 탈중심성과 새로운 중심화 과정의 한 부분을 차지했다고 할 수 있다. 인터넷을 비롯한 오늘날의 새로운 미디어는 새로운 차원의 탈중심성을 만든다. 근대가 만든 중심의 보편성으로부터 벗어나 다양한 차이의 영역을 끊임없이 만들어내고 있는 것이다.

근대 민족국가에 들어서면서 사람들을 국가에 소속시키는 작업이 이루어졌다. 사람들은 특정 국가에 소속된 국민이 되어야 했으며 동일한 언어와 역사를 공유하는 민족의 구성원이 되어야 했다. 이를 위해 다양한 수단들이 활용되었다. 공간은 그러한 수단 중 하나였다. 특히, 공간적 경관을 이용해 특정 경관을 중심으로 사람들을 민족국가의 구성원으로 인식시키는 작업이 이루어졌다. 공간 경관은 권력에 의해서 끊임없이 재생산되었으며 특정한 방식으로 세계를 바라볼 수 있게 하는 문화 정치와 사회적 투쟁의 하나였다 (Trudea, 2006: 421). 특정 공간에 대한 정의, 민족국가의 경관으로 포함될 수 있는 자격에 대한 정의, 민족국가의 경관 속에 포함될 수 있는 요소에 대한 규정 등을 통해 사람들에게 일정한 방향으로 공간을 경험하고 판단하게 했던 것이다. 경관을 표현해주었던 그림과 기사, 소설부터 사진과 영상까지 다양한 상징적 장치들을 통해 경관의 모습을 그려줌으로써 이러한 작업이 진행되었다.

이것은 공간을 등급화하는 작업(zoning classification)이 이루어지도록 했는데 이를 통해 사회적으로 용인될 수 있는 행위와 미학적 감각을 만들어낼 수 있었으며 특정 공간 안에 포함될 수 있는 물질적 요소를 규정하기도 했다. 이것은 결국 지리학적 상상력 역시 특정한 방식으로 묶이는 결과를 가져왔다(Trudea, 2006: 422~423). 특정한 주거 형태, 공간 배치 등이 민족국가의 경관을 규정하는 핵심적 요소로 제시되었으며 정치적 목적 아래 만들어진 공간적 스펙터클은 각종 이미지를 통해 제시됨으로써 사람들의 기억 속에 각인되었다. 특정한 공간 스펙터클은 특정 도시, 특정 국가를 연상시키는 매개물이 되었다. 파리의 개선문과 에펠탑, 런던의 빅벤 등과 같이 근대의 민족국가들은 다양한 공간적 스펙터클을 만들었고 이것은 민족국가를 상징하고 기억하는 매개물이 되었다. 공간적 스펙터클에 얽힌 기억은 해당 민족국가의 성원뿐만 아니라, 매스미디어의 지구적 확장과 함께 전 세계 사람들에게 동일하게 각인되고 기억되었다. 공간적 스펙터클은 다양한 서사적 구조물 속에 묘사됨으로써 기억의 서사를 구축했다.

매스미디어를 이용한 근대의 커뮤니케이션은 특정한 공간의 이미지를 전달하고, 공간에 대한 의미를 구축하며 공간에 대한 소속감을 갖도록 만들었다. 특정한 장소에 대한 소속감은 커뮤니케이션 과정에 반영되며 커뮤니케이션 과정에서 만들어진다. 또한 개인을 둘러싼 상황 속에서 이루어지는 실천에서 중추적 역할을 수행한다(Milstein et al., 2011: 489). 매스미디어는 특정한 방향으로 공간의 의미를 만들어내거나 공간 기획자들이 만들어낸 공간의 의미를 일방적으로 전달하면서 지배적인 공간 담론을 창출하고 전파하는 데 기여한다. 거주, 장소, 환경, 자연과 관련된 문화적 의미들은 커뮤니케이션과 관련되며 커뮤니케이션은 주위 환경과의 관계와 연관된다(Milstein et al., 2011: 489). 매스미디어는 공간, 장소와 관련된 문화적 의미들을 구성하는 데 중추적 역할을 수행했다. 또한 매스미디어는 근대인의 일상적 커뮤니케이션 과정의 대부분을 차지한다. 일반인들은 특정한 공간의 양상과 담론에 매스미디어가 제시하는 콘텐츠를 통해서 접근하며 매스미디어가 제시하는 공간의 문화적 의미는 일상적인 대화를 통해 타인과 공유되고 내면화된다. 미디어가 공간과 장소에 대한 기억을 만드는 작업 중 하나는 이야기를 만드는 것이다. 공간과 관련된 스토리텔링을 통해서 사람들에게 특정한 공간 및 장소와 자신들이 관련되어 있다는 것을 인식하게 만드는 것이다. 스토리텔링은 자연 공간을 특정한 이야기를 위한 장소로 위치시키며 장소와 관련된 안정감을 유지할 수 있게 해준다(Milstein et al., 2011: 494). 매스미디어는 이러한 장소의 서사들을 끊임없이 만들고 사람들에게 제시해주었다.

공간과 관련된 서사는 매스미디어에 의해 일방적으로 주어졌으며 개인이 공간의 서사에 참여할 수 있는 여지는 주어지지 않았다. 개인에게는 공간의 서사를 단순하게 소비할 자유만이 주어질 뿐이었다. 뉴미디어는 개인이 공간 서사 구축에 참여할 수 있게 해주었으며 자신들만의 공간 서사를 만들어 나갈 수 있게 해준다. 휴대용 미디어와 증강현실, 소셜 미디어 등이 결합하면서 개인들은 자신들만의 공간 서사를 구축하고 타인과 공유하면서 공간의 문화적 의미를 변화시키고 있다. 특정한 장소를 찾아내고 자신만의 공간 이동의 흐름도를 구축한다. 공간의 사진을 자신만의 캡션으로 꾸미면서 개별적 공간 이야기를 만들어낸다. 공간 이미지 위에 새로운 이미지를 중첩시키면서 상상의 공간을 만들어나간다. 개별적 공간 이용 계획을 세우면서 특정한 공간의 문화적 의미를 변용시킨다. 뉴미디어의 발달과 함께 개별적 공간 서사의 구축은 더욱 강화되며 발전하게 될 것이다.

1) 새로운 공간 찾기

뉴미디어는 사람들로부터 소외되고 잊혀진 공간, 사람들이 몰랐던 공간을 찾아내고 드러나게 해준다. 매스미디어의 공간 서사는 대부분 상업적 공간이나 중심의 목적에 맞는 공간에 집중된다. 거대한 유원지, 쇼핑 구역, 대규모 상업지구, 관광객을 끌어들이기 위한 공간적 스펙터클만이 콘텐츠 서사의 중심에 선다. 또한 공간은 미디어 속에서 차별적으로 재현된다. 특정 공간은 아무나 쉽게 접근할 수 없는 공간으로 의미가 고정되며 또 다른 공간은 범죄와 부정의 공간으로 묘사되면서 열등한 공간으로 정의된다.

개인이 활용할 수 있는 미디어와 네트워크가 구축되면서 사람들은 잊히고 숨겨진 공간들을 찾아 나서기 시작했다. 사람들은 새로운 미디어로 무장하고 '도시 탐험(urban exploration)'에 나섰다. 일상적으로 마주치면서 그 의미를 깊게 깨닫지 못했던 도시의 곳곳을 직접 찾아가보고 기록하거나 타인의 기록을 검색하면서 새로운 도시 공간의 의미를 발견해나가는 작업을 하고 있다. 휴대용 미디어, 특히 다양한 멀티미디어 기능을 포함하는 스마트폰은 도시 탐험을 위한 적절한 수단을 제공해준다. 도시 탐험은 도시 속에서 어디를 가야 하고 그 공간에서 무엇을 해야 하는지에 대해 일상적으로 각인된 사회적 약호들에서 벗어날 수 있는 전복적 가능성을 제공한다. 사람들의 시야에서 벗어나 숨겨졌거나 굳이 찾아가볼 생각을 안했던 도시의 경관을 가시적 공간으로 만들어줌으로써 대안적 공간에 대한 대안적 소비 양식을 제공하는 것이다(Klausen, 2012: 561). 사람들은 자신이 가진 휴대폰을 이용해서 자신이 살고 있는 장소의 모습을 찍어 업로드하거나 한 번도 가보지 않은 낯선 도시 공간을 직접 찾아가 사진을 찍고 개인 소셜 미디어를 통해 타인과 공유한다. 매스미디어로부터 소외된 공간의 이미지를 공유함으로써 자신들만의 새로운 도시 이미지와 도시 지도를 만드는 작업을 하는 것이다. 일부의 사람들은 폐쇄되거나 노후화된 장소에 들어가 사진을 찍고 온라인을 통해 공유한다. 도시 탐험은 소셜 미디어를 이용해 수용자 제작 콘텐츠를 창작하고 공유하는 역동적 과정이다. 그렇게 함으로써 도시에서 버려지고 쇠락한 장소의 새로운 매력을 찾아내고, 일상적 상황에서 벗어나 새로운 육체적 감각과 흥분을 불러일으키는 작업을 할 수 있다(Klausen, 2012: 561).

뉴미디어가 발전하면서 사람들은 미디어를 통해 도시 공간을 경험하게 된다. 또한 도시 공간은 미디어로 가득 찬 공간으로 변모했다. 미디어로 가득 찬 도시를 경험하고 창조하는 것은 정보통신기술(Information and Communi-cation Technologies: ICT)과 물리적 장소의 조합에 의해 미디어 도시를 경험하는 것과 같다. ICT의 이동성 덕분에 미디어 도시의 공간적 경험은 유동적 경험이 된다. 인간과 ICT 기기들 사이에는 끊임없는 상호작용이 이루어지며 미디어에 의해 만들어진 공간과 물리적 공간은 서로 영향을 주면서 장소를 만들어간다(Klausen, 2012: 567). 물리적 공간의 창출이 소수의 도시 계획자들의 손에 달려 있던 매스미디어 시대와 달리 뉴미디어 시대 공간과 장소는 그 속에서 삶을 살아가는 사람들에 의해 새롭게 조립되고 만들어진다. 사람들은 정보통신기기를 이용해 물리적 공간을 찾아내고 발견해내며 새로운 의미들을 덧씌운다.

뉴미디어는 기존의 물리적 공간의 새로운 발견과 재현에만 머무는 것이 아니라 물리적 공간과는 다른 공간을 만들어내기도 한다. 가상현실이 만들어내는 공간은 커뮤니케이션으로 만들어지는 공간이며 데이터로 채워진 흐름의 공간이 된다. 개인의 가상공간에 대한 참여는 그 자체가 하나의 커뮤니케이션 과정이 된다. 지금까지 공간에 대한 논의들은 대상으로서의 공간을 가시적으로 만들고 묘사하는 데 집중해왔다면 새로운 정보통신기술들은 공간의 의미를 바꾸고 새로운 공간 경험을 창조한다. 특히 가상현실(Virtural Reality: VR)기기들이 만들어내는 공간은 커뮤니케이션과 데이터 흐름에 의해 만들어지는 공간이다. VR이 만드는 가시적 공간은 이미지 언어(picture language)와 시각적 은유의 형태를 가지며, 사람들은 감각적이고 지각적으로 가상적 공간과 연관된다(Hills, 1998: 546). 소셜 미디어를 이용한 개별적 공간 재현은 물리적 공간에 대한 재발견과 새로운 시각으로 기존의 물리적 공간을 바라볼 수 있게 만드는 재현이다. 그것은 물리적 공간을 기반으로 하고 있기 때문에 기존 공간의 재현에 집중할 수밖에 없으며 엄밀히 말해서 새로운 공간의 창출은 아니다. 반면에 VR은 새로운 공간을 만들어낼 수 있다.

데이터와 정보에 의해 만들어지는 공간으로서 유동적인 공간이다. 현실 공간을 시뮬레이션하며 그대로 재현할 수도 있지만 대부분 물리적으로 불가능한 공간적 경험을 가능하게 해준다.

가상현실 기술이 물리적 공간과 결합할 때 나타나는 증강현실로서의 공간 역시 공간의 새로운 의미를 찾아낼 수 있게 하며 공간의 변형을 상상할 수 있게 한다. 증강현실은 기존의 가상현실과 달리 현실의 기반 위에 가상의 사물을 합성해 현실의 세계만으로 얻기 어려운 부가적인 정보를 증강해 제공하는 특성을 지녔다. 그리고 환경 요소와 함께 실시간으로 수행되기 때문에 실제와 가상의 영상을 합성하며, 실시간으로 상호작용(interaction)이 일어나고, 3차원 실제 현실에 저장되는 특성을 갖는다(김하진, 2012: 71). 기존 공간에 특정한 의미를 부여하는 작업은 공간 이미지 위에 문자 텍스트로 자막을 입히거나 설명을 덧붙이는 것에 머물렀다. 증강현실은 이러한 작업을 3차원으로 확장한다. 문자 텍스트 대신 정보와 데이터로 구성된 3차원 가상 이미지를 공간 위에 입히고 지각할 수 있게 해준다. 현실의 물리적 공간 위에 구현되기 때문에 가상현실 공간에 비해 좀 더 구체적이고 현실적인 공간 경험과 상상이 가능하다. 또한 현실 공간의 이미지 위에 쉽게 공간적 상상을 조합시킬 수 있기 때문에 실용적인 측면에서도 장점을 지닌다. 현실 공간의 실제적인 변화의 양상을 보여줄 수 있어서 공간 변형의 양상을 생생하게 예측할 수 있기 때문이다.

2) 도시 탐험

뉴미디어의 발전과 함께 사람들의 공간 이용에서 기존의 공간 질서를 벗어날 수 있는 가능성이 열렸다. 공간 경험의 양상이 달라지는데 좀 더 구체적이며 개별적인 방식의 공간 이용과 접근이 가능해진다. 소셜 미디어는 실제 공간에 접근하는 루트를 공유하게 해주며 사람들이 도시 공간과 관계를 형성하고 그 관계를 공유할 수 있게 만들어준다. 그리고 소셜 미디어 자체는 공간 이용 방법과 공간의 접근권에 대한 사회의 일반적 태도와 경쟁할 수 있는 해방 공간이 된다(Klausen, 2012: 570). 특정한 장소나 공간에 대한 개별적 접근 방식이 개인 미디어를 통해 캡처되고 저장되며 공유된다. 스마트폰을 이용해 공간을 검색하고 접근방식을 찾아내며 개별적인 접근 과정을 캡처하거나 지도 위에 남긴다. 이 정보와 데이터를 블로그, 페이스북, 트위터 등 다양한 소셜 미디어에 포스팅을 함으로써 기록한다. 이 모든 과정을 거치면서 개인은 개별적으로 공간과 관계를 맺는다. 개인들이 개별적으로 맺는 관계와 그 정보들은 온라인상에서 공유되면서 공간과 사회가 형성했던 기존의 보편적 관계와 구조, 질서와 맞설 수 있는 가능성을 열어준다.

소셜 미디어와 휴대용 정보통신기기는 장소 만들기(placemaking)를 가능하게 해준다. 소셜 미디어는 도시탐험가들이 탐험 계획을 수립하고, 탐험 장소를 선정하고(localize), 버려진 장소에 들어갈 수 있는 방법을 찾도록 도와준다. 탐험가들이 사진을 위한 최상의 각도와 조명을 찾을 수 있도록 도와줌으로써 휴대용 정보통신기기는 탐험 과정의 일부가 된다. 또한 소셜 미디어를 통해 공간에 대한 경험과 공간 사진을 타인과 공유할 수 있다(Klausen, 2012: 572~573). 장소 만들기는 공간 기획자나 매스미디어에 의해 단지 주어지기만 하는 공간에 개별적인 의미들을 덧붙일 수 있는 과정이다. 공간을 개별적으로 이용함으로써 개별적 공간 서사를 만들고 의미를 부여하는 과정이 곧 장소 만들기라고 할 수 있다. 주어진 공간 구조와 질서를 수동적으로 따르는 것이 아니라 능동적으로 공간을 이용하면서 대안적 공간 이용의 방식과 의미를 찾는 작업이다. 소셜 미디어와 휴대용 미디어의 이용자들은 인터넷 검색을 통해 새로운 공간을 찾거나 이미 알려져 있는 공간의 대안적 해석과 이용을 발견해낸다. 이를 바탕으로 자신만의 공간 이용 계획을 세워나가고 현장을 방문해서 자신만의 시각을 담아 현장을 기록한다. 개별적인 맛집 지도를 만드는 작업은 장소 만들기의 대표적인 실례가 된다. 미디어에 의해 소개되는 상업화된 식당 소개 대신 인터넷에 올라온 타인의 맛집 탐방 루트를 찾아내고 자신만의 이동 계획을 세운다. 스마트폰을 이용해 해당 장소를 찾아가는 루트를 기록하고 식당을 이용하면서 자신만의 생각과 감상을 직접 찍은 사진과 연결 지어 기록한다. 이 기록은 소셜 미디어를 통해 공유되면서 장소 만들기라는 집단적 작업 속에 포함된다.

근대의 공간 경험은 대부분 미디어에 의해 매개된 경험이다. 매스미디어에 의해 매개된 공간 경험은 수동적이고 일방적인 특성을 지니지만 뉴미디어에 의해 매개된 공간 경험은 상대적으로 능동적이며 상호작용적인 특성을 지닌다. 소셜 미디어와 휴대용 미디어를 매개로 인간과 인간, 인간과 미디어 사이의 상호작용이 이루어지면서 공간 경험이 형성된다. 이 공간 경험은 집단적인 공간 경험으로서 공간 탐험자들의 집단적인 공간 소비와 이용을 바탕으로 형성되는 공간 경험이다. 미디어에 의해 만들어지는 공간 이미지는 즉각적인 공간 경험을 구성하지 않으며 물리적인 장소를 경험하면서 형성하는 경험이나 익숙한 방식을 구체적으로 보여주진 않는다. 그러나 미디어에 의해 형성된 공간 이미지는 사람들이 자신을 둘러싼 환경에 대한 정보를 모으는 관습적 방법을 대체하거나 보충할 수 있게 해준다(Fazel and Priya, 2015: 23). 매스미디어가 만들어내는 공간 이미지는 구체적인 인간의 공간 경험과는 차이가 날 수밖에 없으며 특정한 이해집단의 공간 경험과 이미지만이 선택적으로 드러날 뿐이다. 대부분의 사람들은 매스미디어가 제시하는 공간 이미지로부터 소외될 뿐이었다. 그럼에도 불구하고 근대사회에서 사람들은 대부분의 공간 정보와 데이터를 매스미디어를 통해 얻을 수밖에 없었다. 하지만 뉴미디어는 직접 공간에 대한 정보를 수집할 수 있게 만들었으며 매스미디어가 제공하는, 만들어진 공간 이미지와 정보가 아니라 자신과 다른 사람들이 만든 공간 이미지와 정보를 이용해 직·간접적으로 공간을 경험하고 그 경험을 공유할 수 있게 해주었다.

인터넷 네트워크로 연결되면서 형성된 네트워크 지역성(netlocality)은 물리적 공존 없이도 지역과 지역 공간에 대한 지식을 얻을 수 있게 한다(Fazel and Priya, 2015: 23~24). 개인 미디어를 이용해 사람들은 점점 더 개인화된, 다양한 방향의 네트워크를 형성한다. 스마트폰의 애플리케이션을 활용하면서 자신만의 지역 공간에 대한 경험을 구축하고 이것을 타인과 공유한다. 사적인 공간 경험을 만드는 사람들과 시공간적으로 공존하지 않는 사람들도 애플리케이션과 블로그, 트위터, 페이스북 등에 접속함으로써 공간을 경험하게 된다.

공간 이용 애플리케이션 중 하나인 포스퀘어(Foursquare)는 다양한 계급의 사람들이 공간에 대한 개인적 생각을 능동적으로 공유할 수 있는 데이터뱅크를 형성하는데, 이 애플리케이션은 이용자 각자가 방문한 지역을 되돌아 볼 수 있게 해준다. 이 애플리케이션은 이용자가 만들어낸 콘텐츠를 공유하고, 토론하고, 조정할 수 있는 상호작용적 플랫폼을 형성한다. 사람들은 이 애플리케이션을 이용해서 공간 이용자들이 공간 안에서 무슨 행동을 했고 자신들이 어느 공간에 있으며, 어떠한 감정을 느끼는가에 대한 콘텐츠를 만들 수 있다(Fazel and Priya, 2015: 24). 스마트폰에 탑재된 디지털카메라로 사진과 동영상을 촬영할 수 있으며 다양한 애플리케이션을 이용해서 다른 사람과 실시간으로 공유할 수 있다. 맛집 지도, 유명한 거리, 랜드마크, 관광지 같은 상업화된 공간에서부터 개인이 삶을 영위해나가는 일상적 장소까지 모든 것이 공간 이용자의 시각에서 채집되고 기록되어 공유된다. 해당 공간을 이용하는 방법, 공간 이용 방법의 변주, 공간에 대한 감상, 새로운 이용 방법에 대한 상상으로 개인의 공간 경험이 채워지며 이 공간 경험은 네트워크를 타고 타인에게 전달되고 공유된다. 네트워크로 연결된 타인의 감상과 개인적 경험이 덧붙여지면서 더욱 풍부하고 다양한 공간 경험이 만들어지며 이러한 변화가 합쳐지면서 해당 공간에 대해 기존에 주어졌던 개념과 의미는 변화한다.

포스퀘어는 사람들에게 다양한 장소에 대해 알려준다. 특정한 장소의 의미를 부각시키고 해당 장소의 가치를 제공함으로써 사람들이 즐겨 찾지 않는 장소까지도 알 수 있도록 도와준다(Fazel and Priya, 2015: 25). 도시 탐험이 지닌 가치 중 하나는 몰랐던 장소, 잊힌 장소의 발견이다. 관습적인 방식의 공간 이용과 인식에서 벗어나게 해줌으로써 공간과 장소에 대한 새로운 인식을 가능하게 해주는 것이다. 도시 탐험자들에게 도시 공간의 새로운 발견은 일종의 사회적 게임이라고 할 수 있는데, 포스퀘어는 도시 탐험을 위한 뉴미디어적 방법을 제공해준다. 특히 포스퀘어는 도시 탐험이 지닌 게임성에 부응하는 모습을 보인다. 포스퀘어의 이용자들은 장소를 발견하고 그곳에 접근함으로써 애플리케이션상에서 점수, 배지를 획득하며 가상적인 '시장(市長)'이 되고 자신들만의 공간 이용 기록을 남긴다(Fazel and Priya, 2015: 28). 단순히 기록만을 남기는 것이 아니라 일정한 보상을 획득하면서 사람들은 하나의 게임을 즐기듯이 애플리케이션을 이용해서 장소를 찾아나간다.

뉴미디어를 이용한 도시 탐험과 장소 만들기는 새로운 지도 그리기라고 할 수 있다. 공식화·표준화된 지도가 아니라 개별적인 지도 만들기이며 이렇게 만들어진 지도를 공유하는 작업이다. 카날 액세서블(Canal Accessible)이라는 프로젝트는 다양한 도시에서 지도를 만드는 프로젝트였다. 사람들은 실시간으로 지도를 제작해서 영구적인 기록으로 남겼는데 움직일 수 없는 사람들을 위해 휴대폰을 이용해 도시 거리의 사진을 찍어 제공하는 프로젝트였다. 바이오 매핑(Bio Mapping)이라는 프로젝트는 갈바닉 스킨 리스폰스(Galvanic Skin Respons: GSR)라는 장비를 착용하고 도시를 돌아다니면서 공동체적 존재로서의 시민들이 도시의 어느 부분에서 스트레스를 느끼고 감정적으로 고양되는지를 시각적으로 지도화하는 작업이었다. 사라진 장소 (Disappearing Places)라는 프로젝트도 진행되었다. 이는 인터넷 이용자들에게 사라진 장소의 사진을 짧은 설명과 함께 올리도록 하고, 더 이상 존재하지 않는 장소에 대해 집단적으로 지도를 그리고 저장하도록 하는 작업이었다(Cornelio and Ardévol, 2011: 321~322).

뉴미디어를 이용한 도시 탐험과 지도 만들기, 장소 만들기는 단순한 공간의 기록이 아니라 공간과 장소의 문화적 의미를 만드는 작업이며 이를 공유하면서 더욱 풍부하게 만드는 집단적 과정이다. 그것은 고정되고 관습적인 방향으로 공간을 이해하고 이용하는 작업이 아니다. 개별적 이용과 기록에 따라 셀 수 없는 방향으로 전개되는 자유로운 공간 경험의 방식이라고 할 수 있다. 개별적 공간 이용자들의 생각과 감상이 모이고, 충돌하고, 경쟁하는 축제이자 게임의 장이다.

3) 새로운 공간 소속감

사람들과 주위 환경 사이에 형성되는 관계 그리고 사람들의 자아 개념은 전자적 텔레커뮤니케이션 수단의 발전과 함께 흔들리고 재형성되었으며 이에 따라 세계-내-존재라는 개념 자체도 영향을 받았다(HIlls, 1998: 555). 물리적 공간에만 묶여 있던 개인의 공간적 소속감은 뉴미디어의 등장과 함께 변화했다. 특정한 공간 속에 자신의 소속감과 자아 개념을 일치시켰지만 네트워크를 이용한 텔레커뮤니케이션의 등장과 함께 물리적 공간을 벗어난 가상적 공간에서 새로운 소속감과 정체성을 형성하게 된다. '인간으로서의 존재가 있다'는 것은 '물리적 공간에 있다'라는 것을 의미했지만 네트워크 속에서는 물리적 현존 없이도 개인이 존재하게 되는 것이다.

물리적 공간에서 분산된 개인들은 네트워크를 통해 연결되면서 가상적 공간에 대한 소속감을 갖게 된다. 가상적 공간은 물리적 실체를 갖지 않는 공간적 은유이다. 개인들은 공간적으로 멀리 떨어진 사람들과 연결되면서 이들의 뒷받침을 받아 네트워크를 형성한다. 사람들은 수많은 사람들과 이 해관계를 공유할 수 있으며 이들과 네트워크를 형성하게 된다. 사람들 사이 에 공유되는 이해관계, 도움의 양, 상호교환의 의미와 목적은 사람들 사이의 연대감과 사적인 애착감에 따라 달라진다(Montgomery, 2011: 670).

이러한 연대감과 애착감은 물리적 공간에서의 공존에 의존했지만 온라인 미디어의 등장과 함께 가상적 공간에서의 공존에 의해서도 만들어졌다. 온 라인 채팅 서비스, 소셜 미디어, 온라인 게시판, 인터넷 커뮤니티 등을 이용 해 사적인 네트워크들이 형성된다. 채팅룸과 같은 네트워크는 사람들에게 일종의 동료애를 느끼게 하거나 힘든 노동을 견뎌낼 수 있도록 개인들을 돕 는 역할을 한다. 직업, 교육, 가족 등 다양한 범위의 인간 활동에 따라 채팅 방에서의 참여 시간과 참여 공간이 형성된다. 가상공간에서 사람들은 계급, 연령, 성별에 따라 다양한 방식으로 친밀한 관계를 형성하고 상호작용하는 데 이러한 양상은 민족, 인종, 국가를 규정하는 역사적·구조적 경계를 넘어 서 확장된다(Montgomery, 2011: 671).

사람들 사이의 구분은 물리적 공간에 의존했다. 근대 민족국가는 철저하 게 영토국가였으며 영토를 중심으로 사람들을 동일한 민족, 인종으로 묶어 나갔다. 민족국가의 영토적 틀 안에서 계급, 인종에 따라 공간적으로 분할되 어 집단적 정체성을 형성했다. 영토 안에 지역, 인종, 계급에 따른 다양한 게 토가 만들어졌으며 이들 구성원 사이의 상호작용과 교류, 연대는 제한적 양 상을 띠게 된다. 근대적 도시 공간은 기능적으로 다양한 구역으로 분할되었 으며 각각의 구역에는 특정한 인종, 계급의 사람들이 자리 잡고 그들만의 공 동체를 만든다. 장소 안에서 형성된 관계는 개인들이 자신들의 정체성을 타 인에게 소개할 때 출발점이 된다. 사람들은 가족 관계, 사회적 역할, 혈통,

사적 역사, 신념, 인종 등을 이용해 자신들의 정체성을 드러낸다(Milstein et al., 2011). 공간과 장소는 이러한 요소들의 출발점이 된다. 공간이라는 물리적 환경 속에서 사람들 사이의 관계, 사적 역사, 역할 등이 형성되고 발전한다. 물리적 공간의 역사는 그 속에서 살아가는 사람들의 사적인 역사와 관계에 녹아들어가며 그 일부가 된다. 공간 속에서 펼쳐지는 사적인 이야기들은 공간의 이야기가 되며 역사 속에 남게 되고 공간의 이미지를 형성한다. 사람들은 공간 혹은 장소 속에서 발생하는 사회적 관계와 이야기 서술을 통해 장소의 정체성을 드러낸다. 그리고 이야기는 커뮤니케이션 네트워크로서 기능하며 장소 안의 공동체 성원들을 묶고 공동체를 성장시킨다. 또한 장소 안에 형성된 사회적 관계와 행위들을 묘사해주는 사람들의 이야기는 장소에 대한 지식을 확인하도록 돕는다(Milstein et al., 2011).

온라인 미디어 속에서 개인들의 관계는 공간에 대한 종속에서 해방되어 확장된다. 분할된 공간 속 특정 인종과 계급을 중심으로 형성되었던 인간관계에서 벗어나 온라인 네트워크를 이용해 서로 다른 인종과 계급의 사람들이 연결된다. 다양한 관심사와 이해관계에 따라 가상적 공동체가 형성된다. 물리적 게토를 대신해 온라인 게토가 들어선다. 온라인 게토는 다양한 관심사, 인종 집단, 성별, 세대별 집단, 경제적 계급 등에 따라 만들어진다. 공간적으로 이격되어 있는 사람들 사이에 온라인을 이용한 지속적인 커뮤니케이션이 이루어지고 물리적 공간을 뛰어넘는 새로운 소속감이 생긴다.

뉴미디어의 특징은 융합으로 정의할 수 있는데 다양한 미디어의 융합뿐만 아니라 콘텐츠의 융합, 상징체계의 융합도 포함한다. 이러한 융합의 결과를 혼종성(hybridity)이라는 용어로 표현할 수 있다. 뉴미디어에 의한 혼종 경향은 사람들의 행위적·언어적 실천에서 나타나며 기존에 고정되어 있던 관념에 의문을 제기하도록 만든다. 행위와 언어의 혼종에 의해 기존의 핵심적인 경계들이 시험받는다. 또한 사회적 행위자들이 단지 '그곳에 있는 것'

이 아니라 무엇인가를 '하도록' 만들며 우리가 사는 세계의 복잡하고 절차적이며 역동적인 사회적 조직을 분명하게 드러낸다(Pietikainen and Dlaske, 2013, 89~90). 뉴미디어를 통해서 이루어지는 다양한 혼종 양상은 물리적이고 현실적인 공간 속에 존재하고 있던 사회적 구조와 물리적 구조의 고정된 위치에 의문을 던지면서 사회와 공간을 구분하는 명확한 경계선 자체를 흐릿하게 만드는 역할을 한다. 이전에는 도저히 연결되거나 섞일 것 같지 않은 것들이 경계를 넘어 합쳐진다. 물리적 공간에 의해 분할되어 있던 사람들과 문화가 뒤섞이고 교환되며 공유된다. 사회적으로 소외되거나 사회적 경계선 밖에 존재하던 것들이 사회적 시민권을 획득한다. 피에시카이넨과 드라스케(Pietikainen and Dlaske, 2013)는 다인종 사회인 핀란드에서 뉴미디어가 다양한 프로그램을 통해 사회적으로 소외되었던 사미(Sámi)족의 정치적 중요성을 획득하는 과정에 대해 밝히고 있다. 뮤직비디오와 가상 다큐 등의 프로그램을 사미 언어를 사용해 제작함으로써 소외되었던 사미족이 사회적으로 표현될 수 있었으며 정치적 의미를 가질 수 있게 되었다. 또한 이 프로그램들은 유튜브를 비롯한 온라인 공간을 통해 공유됨으로써 지구적 차원에서 인기를 끌 수 있는 자원이 되었다. 이러한 프로그램들은 경계를 넘나들 수 있는 일시적 공간을 제공하고 다양한 대안적 재현이 나타날 수 있도록 만들어준다. 이것은 창조와 파괴, 재창조와 재파괴의 전략을 가능하게 한다.

뉴미디어는 고정된 공간의 경계와 구분, 구조와 질서를 허물어버린다. 단일하고 획일적인 공간에 소속되어 있다는 관념은 더 이상 유효하지 않게 된다. 온라인 속에서는 일시적으로 새로운 질서와 구조가 만들어졌다 사라지고 다시 재창조되고 파괴되는 과정을 반복한다. 온라인 안에서는 다양한 상징체계들이 교환되는데 각각의 상징체계를 지닌 사회적 집단들이 공간적 한계를 뛰어 넘으면서 자유롭게 교류하게 된다. 디아스포라의 과정에서 본국을 떠나온 이주민들은 온라인 네트워크를 이용해 모국의 사람들과 연결됨으로써 이민 공간과는 다른 공간적 정체성을 유지하거나 획득할 수 있다. 헤이드(Heyd, 2014)는 나이지리아 이민자들이 온라인 포럼을 통해 어떻게 공동체를 형성하며 연결되는지, 그 과정에서 나타나는 사회언어적 측면의 변화는 무엇인지를 살펴보고 있다. 헤이드에 따르면 나이지리아 이민자들은 전 세계 곳곳에 산재하는 공동체들을 형성했는데, 이들은 같은 지리적 출발지를 가졌지만 각자가 자리 잡은 지리적 공간이라는 배경과 복잡한 이민 방식의 패턴에 따라 유동적인 모습을 보였다. 과거 이민자들은 모국 텔레비전 프로그램이나 신문, 영화 등을 일정한 시차를 두고 이용하면서 본국과의 문화적·사회적·정치적 연결성을 획득했다. 매스미디어 콘텐츠를 이용함으로써 이민국가와는 다른 문화적·인종적 정체성을 확인하고 유지할 수 있었다. 하지만 배포 과정의 시간차 등 여러 가지 여건은 모국과의 공간적 거리를 완전하게 극복할 수 없게 만들었다. 뉴미디어는 이러한 공간적 한계를 최소화시켜줄 수 있었으며 단순한 콘텐츠의 유통과 소비에만 그치는 것이 아니라 온라인을 이용해서 직접적으로 공간을 가로질러 모국과 연결될 수 있도록 만들어주었다. 온라인 연결을 통해서 공간적으로 분산되어 있는 인종 집단들이 비교적 동질적 정체성과 소속감을 가질 수 있을 것으로 기대되었다. 그러나 헤이드의 연구에서 확인할 수 있는 것은 온라인을 통한 공간적 연결이 단순하고 단일한 과정이 아니라는 사실이다. 온라인을 이용해서 공간적으로 분산되어 있는 인종 집단들의 정체성은 모국을 중심으로 단일하게 묶이는 것이 아니라 이민자들이 자리 잡고 있는 지리적 공간과 그 공간의 문화라는 배경 속에서 다양하게 변화될 수 있는 것이다.

뉴미디어는 물리적 공간에 대한 소속감을 변형시킨다. 단일한 공간적 정체성 속에 포함되어 있다는 생각은 더 이상 유효하지 않다. 개인은 물리적 공간에 대한 소속감과 동시에 미디어에 의해 주어지는 공간적 소속감 역시 갖게 된다. 뉴미디어에 의해 공간적 소속감은 다양한 방향으로 확장된다.

그것은 단일한 정체성과 소속감으로 고정되지 않는 유동적 과정이다. 다양하게 만들어지고 사라지는 일시적인 미디어 공간 속의 개인의 공간 정체성과 소속감은 유연하게 변할 수밖에 없다.

2. 뉴미디어와 공간의 혼종성

뉴미디어는 다양한 문화적 공간을 만들어낸다. 이 공간에서는 서로 다른 문화들이 뒤섞이며 새로운 방식과 장르의 문화가 등장한다. 또한 미디어는 물리적 공간들을 연결하면서 분산되어 있는 개인들이 유사하거나 단일한 경험을 할 수 있게 만들어준다. 지역의 문화가 네트워크를 통해서 다른 지역으로 전달되고 그곳의 문화와 합쳐지면서 혼종적 문화 공간을 만들어낸다.

1) 미디어와 공간의 문화적 연결

매스미디어가 제공하는 문화적 이벤트와 프로그램은 공간적으로 분산되어 있는 사람들이 단일한 문화적 경험을 할 수 있게 만들어준다. 텔레비전 방송은 특정 이벤트를 사적, 공적 공간 모두에서 개인들이 체험할 수 있게 했다. 올림픽 게임, 월드컵과 같은 대형 스포츠 이벤트들이 텔레비전 방송으로 중계될 때 개인들은 사적으로 이벤트를 소비해왔다. 기차역 같은 공적인 공간에서 타인과 함께 콘텐츠를 즐길 때도 개인적 차원의 소비였을 뿐이다. 대형 스크린과 텔레커뮤니케이션 망의 연결은 이벤트의 사적 소비를 공중의 집단적 경험으로 바꿔놓고 있다.

고화질 대형 스크린을 이용해 월드컵, 올림픽 같은 이벤트들이 공적 공간인 거리와 광장에서 상영되면서 사람들은 집단적인 이벤트 소비에 참여하게 되었다. 이러한 공간을 공중 시청 영역(Public Viewing Areas: PVAs)이라고 부를 수 있는데 일반 시민과 공중들이 이 공간에 모여 특정 이벤트를 집단적으로 시청하고 이벤트와 관련된 집단적 경험을 하는 것을 말한다. 이 집단적 경험은 단일 국가와 사회적 차원에서만 이루어지는 것이 아니라 지구적 차원에서 이루어진다. 이 공간은 상업적 이익과 공공의 이익을 위해서 만들어지는데 공중 시청 영역의 집단적 이벤트 경험 과정에서 사회적 상호작용, 문화적 혼종성, 집단적 행위 수행 등이 특징적으로 나타난다.

베커와 안드레아스(Becker and Andreas, 2014)는 공중 시청 영역에 관한 연구에서 스포츠 이벤트에 대한 집단적 경험이 만들어내는 지역 공간의 새로운 의미에 대해 논하고 있다. 공중 시청 공간에서의 집단적 이벤트 시청은 사회적 상호작용 차원에서 이루어지는 행위이며 참여적 과정이다. 또한 민족적 정체성, 혼종적 정체성, 다층적 정체성들이 접합되는 과정이다. 집단 시청의 경험은 방송으로 중계되는 이벤트에 대한 단순한 경험이 아니라 '현장 속에서(in-situ)'의 경험인데 공중들의 상호작용과 다양한 행위 수행에 의해 이루어지는 것이다. 이렇게 해서 만들어지는 공간은 다층적 특성을 지니며 각각의 장소에서 지역적 사회관계와 지구적 사회관계가 상호 교차하는 공간이 된다.

공중 시청 공간은 특정한 도시의 중심에 위치하면서 다른 공간의 사람들을 자석과도 같이 끌어들인다. 이들은 함께 이벤트를 즐기면서 각자가 가지고 있는 문화적·공간적 배경에 따라 상호 교류하게 된다. 일시적으로 스크린이 설치된 공간의 문화적 의미가 사라지거나 약화될 수도 있으며 다른 공간의 문화가 융합되면서 변형될 수도 있다. 다양한 인종과 국적의 사람들이 함께 시청하면서 자신들의 문화를 드러내고 융합하는 공간이 되는 것이다. 또한, 공중 시청 영역에서의 경험은 개인 미디어에 의해 채집되어 온라인을 통해 전달됨으로써 또 다른 공유 경험과 문화를 만들어낸다. 물리적 공간에서의 경험으로만 끝나는 것이 아니라 2차 콘텐츠를 구성하면서 경험이 확장된다. 유튜브에 업로드되는 이벤트 현장 비디오는 이른바 리액션 비디오(reaction video)로 2차적 가공 과정을 거친다. 전 세계의 시청자들이 현장 비디오를 보면서 자신의 감상을 직접적으로 표현하고 발산하는 비디오를 제작하고 이를 다시 유튜브로 타인과 공유한다. 리액션 비디오는 다시 파생 콘텐츠를 만들어가며 끊임없이 재생산되고 변형된다.

과거에는 이벤트가 벌어지는 공간은 대다수의 사람들로부터 분리되어 있었으며 일반인들은 신문이나 방송을 이용해서 간접적으로 현장의 경험을 접했다. 그것은 '보도된(reported)' 경험이거나 '방송된(broadcasted)' 경험이었다. 미디어가 제시하는 이벤트와 공간의 분위기만을 수동적으로 접할 뿐이었으며 행위자로서 경험에 참여하거나 타인과 상호작용할 수 없었다. 거대하고 집단적 참여로 이루어지는 공중 시청 영역에서 사람들은 주위의 공중들과 집합적으로 이벤트를 경험하며 상호작용하고 행위한다. 특정한 사람들이 주도하고 유도하는 행위를 따르기도 하지만 자신들만의 방법으로 현장을 경험하고 즐긴다. 공중 시청 영역은 대부분 관광이나 상업적 목적을 위한 공간이지만 시청 이벤트가 이루어지는 동안에는 해당 공간의 구조와 질서가 변형되며 사람들은 자유롭게 공간을 변화시키고 자신에 맞게 이용한다. 상상적 공간, 문화실천적 공간으로 변화될 수 있는 것이다.

변형된 공간의 경험은 매스미디어가 아니라 개인미디어를 통해 실시간으로 전송되거나 개인의 편집 과정을 거쳐서 타인에게 전달된다. 트위치, 유튜브를 비롯한 실시간 채널로 전송되는 이벤트에 사람들은 채팅으로 참여하거나 개인 혹은 소집단으로 시청하며 리액션을 하게 된다. 과거에는 공중 시청 영역과 이벤트 현장의 경험이 해당 공간 그 자체에서만 끝났지만 온라인 매체를 통해 네트워크로 연결되면서 시공간적으로 더욱 확장되는 모습을 보이는 것이다. 그것은 다층적이며 고정되지 않은 과정이다. 특정한 이벤트와 이벤트의 집단적 시청은 상업적 목적이나 정치적 목적에 의해 이루어지는 경우가 많지만 그 경험 과정은 공간적으로 고립되는 것이 아니라 상호 연결되면서 대안적인, 새로운 문화적 의미들을 획득하며 발전해나간다.

새로운 미디어는 소외된 지역 공간과 사람들을 연결시켜주며 지역 공간의 문제를 공적 영역으로 불러온다. 지역 공간의 사회, 문화, 정치, 공동체, 사람들에 관한 뉴스와 정보를 뉴미디어를 이용해서 수면 위로 떠오를 수 있게 만드는 것이다. 지역 라디오들의 시청자 대담 토크쇼 프로그램(talkback program)은 주류 미디어에서 사라져가는 지역의 문제들을 밝혀서 지역 주민들과 공유하게 만들며 팟캐스트와 같은 뉴미디어는 다양한 주제에 관한 정보를 제공하고 토론 공간을 마련해주고 있다.

이와트(Ewart, 2014)에 따르면 비영리성을 띠는 라디오의 토크백 프로그램은 주류 뉴스에서 사라진 지역 한정 뉴스(hyper-local news)를 제공하고 수용자들이 지역 관련 이야기를 공유하도록 만든다. 지역에 한정된 특정한 정보를 제공하고 자신들이 근거하는 지역에서 가까운 인접 지방과 지역의 정보를 제공한다. 또한 청취자들이 살아가는 지역 공동체에 대한 정보도 제공한다. 이렇게 함으로써 지리적 공동체와 공동체의 이해관계가 프로그램의 수용자들에게 확장될 수 있게 해준다.

미디어의 산업화와 경쟁으로 대중적 인기와 관심을 끌 수 있는 뉴스와 정보만이 유통되는 모습을 보인다. 지역과 지역 공간의 모습, 공간 속에서 살아가는 사람들과 그 안에 형성된 다양한 공동체의 삶과 문화는 뉴스에서 소외되는 경향을 보인다. 라디오 방송은 텔레비전 방송에 비해 상대적으로 소외된 공간에 대한 문제를 제기할 수 있는 여건을 마련해준다. 토크백 프로그램은 전화를 이용해서 패널과 청취자를 직접 연결한다. 지역의 문제를 청취자가 직접 제기하고 패널과 토론할 수 있다. 사람들은 지역 공간에서 삶을 영위하며 공동체를 형성한다. 지역 공동체의 이해관계는 지역 뉴스의 확장을 통해서 다른 사람들과 연결된다.

팟캐스트를 비롯한 뉴미디어는 지역 라디오의 지역 밀착성을 더욱 확장해줄 수 있다. 좀 더 일상적 차원의 소식을 개별적 채널을 통해 전달할 수 있게 해주는 것이다. 지역 라디오의 토크백 프로그램은 방송 시간에만 들을 수 있지만 팟캐스트는 방송 후에도 자유롭게 다운로드받아 원하는 시간에 청취할 수 있다. 기존의 방송보다 상대적으로 행정적 통제의 영향력에서 벗어날 수 있기 때문에 다양한 소재를 형식에 구애받지 않고 자유롭게 방송할 수 있다. 지역 공간에 한정된 다양한 문제를 제기하고 지역 공동체와 구성원들의 개인적 삶에 연결할 수 있다.

새로운 미디어는 개인의 사적인 삶의 공간을 파고든다. 일상적 삶의 궤적을 그려서 드러나게 한다. 개인의 일상적 공간이 내밀한 영역에만 한정되지 않고 타인과 공유된다. 개인들마다 그려내는 삶의 궤적이 가상적 지도 위에 겹쳐지면서 삶의 풍부함을 보여준다. 공간 위에 펼쳐지는 문화의 다양성이 미디어를 통해서 타인과 공유되면서 공간의 문화 역시 풍부해진다. 가자드는 모바일 게임을 이용해서 일상적 삶의 패턴을 추적하는 모습을 연구했다(Gazzard, 2011). 포스퀘어를 비롯한 다양한 모바일 게임의 이용자들은 게임 과정에서 다른 사람들에게 자신들이 발견한 공간과 장소에 대한 정보를 제공함으로써 다양한 공간을 추가하며 새로운 장소를 부각시킨다. 장소에서 수행하는 행위, 장소에 대한 우리의 견해, 온라인과 오프라인 모두에서 상호 작용하는 사람들이 드러난다. 아그(Argh)같은 증강현실 게임은 이용자들이 가상적 물체를 수집하기 위해 공간을 가로질러 움직이도록 만들면서 공간과 장소를 수집하게 한다. 최근 유행하는 '포켓몬 고' 역시 증강현실 게임으로서 실제 공간의 이미지 위에 가상적인 포켓몬을 재현해주고 사람들이 그것을 잡을 수 있도록 해준다. 포켓몬을 수집하기 위해서는 실제 공간을 찾아가야 한다. 새로운 기술에 의해 지도가 바뀌며 공간과 장소에 대한 우리의 이해가 변경된다.

뉴미디어를 이용한 새로운 지도 그리기는 이미지 위에 추상적 기호를 덧붙이는 작업이 아니다. 개인마다 갖고 있는 다양한 삶의 모습이 새로운 지도 그리기 과정에서 부가된다. 인간의 개별적 삶과 문화로부터 동떨어져 추상적으로 만들어진 지도가 아니라 일상적 삶이 담기고 전시되는 생생한 지도가 뉴미디어를 통해 그려지는 것이다. 게임에 참가하는 개인 한 명 한 명이 문화 지도의 제작자가 되어서 각자의 개별적 문화를 연결시키고 공유한다. 공간 속 문화의 레퍼토리와 서사를 더욱 풍부하고 깊이 있게 만들며 공간을 자유롭게 상상하고 구체적으로 실천할 수 있게 만들어주고 있다.

2) 뉴미디어와 다문화 공간

19세기 서구 제국주의가 본격적인 식민지 확장을 전개할 때 전 지구적 규모에서의 민족대이동(diaspora)이 발생했다. 이 민족대이동은 양방향으로 진행되었는데 서구 제국에서 식민 지배와 통치를 위해 백인들이 식민지로 이주했고 피식민 민족의 일부 성원들이 일자리와 새로운 삶을 찾아 제국주의 국가로 이동했다. 이들은 새로운 거주지에서 자신들의 문화와 정착지의 문화를 융합하면서 적응하게 된다. 물론 이 융합의 과정에서 주도권은 서구 제국의 백인들이 거머쥐었다. 제국주의 국가로 이동한 피식민 민족은 2등 시민으로서 이주한 땅의 문화에 동화되거나 적응해야만 했다. 때로는 이주민들만의 게토를 형성해 자신들의 문화 일부를 유지하고 보존할 수 있었다. 사적인 편지와 모국의 미디어는 이주민들의 문화적 정체성과 모국과의 연결성을 유지할 수 있는 수단이 되었다. 커뮤니케이션 미디어를 통해 모국과의 공간적 거리를 줄이고 문화적 공동체를 유지할 수 있었다.

민족대이동은 20세기를 거치면서 더욱 확장되었으며 더 나은 삶과 일자리를 위해 공간을 이동하는 것이 보편화되었다. 이주민들은 새로 이주한 공간에 적응하고 동화되어야 하는 동시에 자신이 떠나온 모국과의 연결성 또한 놓지 않아야 하는 과제에 직면하게 된다. 새롭게 이주한 공간을 자신의 공간으로 인식해야 했으며 떠나온 공간과도 지속적으로 접촉해야 했다. 손으로 쓴 편지는 공간을 가로질러 전달되기 때문에 시간적 동시성을 기대할 수 없었다. 전화는 모국의 언어를 직접 전달해주기 때문에 연결성을 높여줄 수 있지만 비싼 요금으로 인해 이용할 수 있는 시간 자체가 제한될 수밖에 없었다. 매스미디어로 전달되는 프로그램은 모국의 문화와 소식을 다양하게 전달해주지만 보편적이고 집단적인 내용이기 때문에 다양한 이주민들의 삶과 요구를 반영할 수는 없었다.

온라인을 이용한 새로운 미디어는 시간적·공간적 한계를 극복하며, 다양한 이주민들의 삶이 교차하고 만날 수 있게 만들어준다. 어과이어와 데이비스(Aguirre and Davis, 2015)는 뉴질랜드로 삶의 터전을 옮긴 필리핀 이주민이 페이스북을 이용해 모국의 가족과 주고받는 커뮤니케이션 과정을 연구했다. 이 가족은 페이스북에 사진을 게재하고 자막을 붙이는 작업을 통해서 자신들의 동화 과정과 적응 과정을 보여준다.

어과이어와 데이비스의 연구에서 뉴질랜드로 이주한 에이미 가족은 자신들이 새로운 땅에서 잘 적응하고 있다는 것을 보여주어야 했다. 이들은 이주한 뉴질랜드에서의 나은 삶을 묘사할 방법을 찾았으며 페이스북과 트위터를 통해 시청각재현(Audio Visual Presentation: AVP)물을 업로드하는 방식을 이용했다. 사진과 영상을 게시할 때 그 내용과 의미를 지시해줄 수 있는 문구를 넣어서 함께 게시했다. 이들은 자신들이 새로운 삶에 적응하고 있음을 보여주기 위해서 자신들과 친척들이 상상했던 이주지에 대한 환상적 삶을 의도적으로 수행해야 했다. 처음에는 유명 장소나 관광지에 가서 찍은 사진을 통해 자신들이 새로운 공간으로 이주했음을 전시했지만 정착이 진행되면서 일상적인 삶의 공간을 찍은 사진을 포스팅하며 자신들이 완전하게 새로운 땅에 정착했음을 보여주는 방법을 사용했다. 이민지의 삶은 페이스북을 이용해 실시간으로 모국의 사람들과 공유될 수 있었다. 사람들의 댓글과 반응은 전화에는 미치지 못하지만 이민자들과 모국 사람들 사이의 직접적인 연결성을 높여줄 수 있었다.

한국 사회에도 다양한 인종의 이주민들이 정착하고 있으며 이들에 의해 만들어진 다문화 커뮤니티들이 존재한다. 다문화 공동체는 특정 지역을 중심으로 형성되어 있지만 뉴미디어를 이용한 온라인 커뮤니티 역시 주요한 공동체적 자원으로 활용되면서 이주민들의 한국 사회 적응과 모국과의 연결성을 강화해주고 있다. 임희경 외(2012)의 연구에서 볼 수 있듯이 한국 사회의 외국인 커뮤니티는 실시간 소통, 생활 정보 교류, 인맥 관리, 뉴스·사건 전달, 여가·오락·문화 등의 목적으로 온라인 커뮤니티를 만들고 활용하고 있다. 이들 다문화 공동체는 온라인 커뮤니티에만 머무르는 것이 아니라 오프라인 모임도 활용하고 있으며 한국 소식과 모국의 소식을 함께 전달함으로써 한국 사회에 대한 정착과 동시에 모국과의 친연성도 유지하려 노력하고 있다.

이민자들과 이주 노동자들은 자신들만의 물리적 공간을 형성하는 경우가 많다. 직장과 가까우면서 저렴한 주거 환경을 제공해줄 수 있는 공간을 중심으로 자신들만의 커뮤니티 공간을 형성하고 있다. 이 공간 위에 모국의 문화적 공간을 복제한다. 이 공간에서 이주민들은 모국의 방송과 대중문화 콘텐츠를 접하며 문화적 정체성을 유지할 수 있다. 온라인 커뮤니티와 소셜 미디어는 모국의 물리적 공간에 쉽게 접근할 수 없는 이주민들에게 문화적 정체성을 유지할 수 있는 통로를 열어준다. 사적인 영역에서의 실시간 커뮤니케이션이 가능하기 때문에 대중문화 콘텐츠만으로는 충족될 수 없는 다양한 문화적 자원에 접근할 수 있다. 좀 더 밀접한 접근과 내밀한 접촉이 가능해서 매스커뮤니케이션 시대에 비해 모국과의 연결성을 극대화하고 문화적 정체성을 강화할 수 있다. 또한 이주 국가에 대한 정착과 동화를 원활하게 해주는 한층 나은 환경을 제공해준다. 언어적 문제로 인해 쉽게 접하지 못했던 이주 국가의 뉴스와 정보를 온라인 커뮤니티와 소셜 미디어를 통해 접근할 수 있게 된 것이다. 한국 사회의 이주민 소셜 커뮤니티는 한국인들의 가입도 허용하고 있는데 이들은 이주민들이 한국 사회에 적응하고 동화될 수 있도록 돕는 역할을 하고 있다. 이주민들의 소셜 커뮤니티는 이주민들과 이주 국가의 성원들이 만나고 교류할 수 있는 작은 공간적 틈을 마련해주고 있다.

온라인 미디어는 문화와 인종이 공간적 한계를 넘어서 상호 교류하고 뒤섞일 수 있는 환경을 마련해준다. 거대한 민족대이동이 보편적인 사회에서 단일한 민족문화의 전통은 갈수록 그 의미가 약화되고 있다. 문화의 혼종성은 특정 지역에만 국한되는 것이 아니라 전 지구적 차원에서 진행된다. 과거 특정 인종 집단의 공간적 게토는 문화적 게토이기도 했다. 이민자들은 자신들만의 폐쇄적인 문화 게토를 만들고 문화적 정체성을 유지하는 것에 몰두했다. 커뮤니케이션 미디어의 발전은 다양한 사회적 연결망을 만들어주고 있으며 이 연결망은 문화적 연결망으로서도 기능한다. 뉴미디어를 이용한 새로운 지도 찾기와 지도 그리기로 인해 사람들은 일상적인 차원에서 접하지 못하던 수많은 공간을 찾아냈으며 지도 공유를 통해서 해당 지역에 부담 없이 접근할 수 있게 되었다. 한국 사회에서도 이태원과 안산 등 특정 공간이 다문화의 게토로 여겨지고 이 공간에 대한 접근이 쉽지 않았지만 소셜 미디어를 이용한 공간의 발견으로 새롭게 조명되면서 다양한 사람들의 공간 접근이 이루어지고 있다. 단순한 공간 접근에 끝나는 것이 아니라 다문화의 문화적 실체를 직접 접하고 공유함으로써 해당 문화에 대한 문화적 친근성을 제고할 수 있게 된다. 이주민들만의 낯선 공간이 소셜 미디어에서 공유되고 매스미디어에서 조명되면서 주류 사회 구성원들에게 익숙한 공간으로 다가오고 주류 문화의 일부분으로 융합되면서 새로운 문화적 환경이 만들어진다. 뉴미디어는 다문화의 문화적 공간을 주류 사회로 확장하면서 주류 사회와 이주민들의 문화적 공간을 혼종적 공간으로 변형시킬 수 있다.

3) 사적 공간과 공적 공간의 융합

뉴미디어는 가상공간이나 증강현실 공간을 만들어내면서 이전에 존재하지 않았던 전혀 새로운 공간을 경험할 수 있게 해준다. 이와 함께 이미 존재하고 있는 물리적 공간의 의미를 변화시키거나 공간 이용 방식, 보이지 않는 공간의 구조를 바꿈으로써 사람들이 이전과는 다른 방식으로 공간을 이해하고 경험할 수 있게 만들어주고 있다. 사람들은 뉴미디어를 이용해 고정된 공간의 의미를 변형시키고, 경계를 허물며, 다양한 공간적 양상을 혼합해서 새로운 공간의 구조를 만들어낸다. 사적인 공간과 공적인 공간의 경계가 희미해지고 일상적 공간과 상업적 공간이 상호 교차하면서 혼종적 공간을 만들어내는 것이다.

지금까지 사람들은 공적 공간과 사적 공간을 엄격하게 구분해왔다. 공적 공간은 타인과의 상호작용이 일어나는 공간으로서 경제적·정치적·사회적 행위들이 가능한 공간이다. 사무실, 공장, 쇼핑몰, 시민 공원, 도시의 거리와 광장, 학교 등은 공중이 모여서 해당 공간에서만 가능한 공적인 업무나 사회적 행위를 수행하는 공간이었다. 집은 사적인 공간으로서 개인의 내밀한 행위가 이루어지는 공간이다. 공적 공간에서의 인간 행위와 상호작용은 피상적이며 업무 중심적이다. 사적인 공간에서의 인간 행위는 친밀함을 기반으로 이루어지며 사람 사이의 관계를 좀 더 밀접하게 만들어준다.

철저하게 구분되었던 사적 공간과 공적 공간은 뉴미디어의 도입과 함께 변화하고 혼합된다. 휴대폰을 이용한 모바일 커뮤니케이션은 공간 속에서 이루어지는 사람들의 일상적 행위와 의례적 행위를 변화시킴으로써 사람들이 공간과 맺는 관계나 공간에 부여하는 의미를 바꾸게 만들었다. 휴대폰은 사람들의 모든 일상적 공간으로 퍼져나가면서 공간의 다기능성을 증대시켰다(Berry and Hamilton, 2010: 112). 각각의 공간에 부여된 단일한 기능과 특성은 약화되고 다양한 공간의 기능이 상호 중첩되면서 사람들이 변화된 공간의 기능에 적응할 것을 요구하고 있다.

지하철과 같은 대중 교통수단은 많은 사람들이 함께 이용하는 공적인 공간이지만 이 공간을 이용하는 개인들은 개별적 행위에 몰두하는 사적인 공간이다. 지하철 이용자들은 대부분 열차 칸 안에서 사적인 행위만을 할 뿐이지 타인과 별다른 상호작용을 하지 않는다. 이동만을 위한 공간으로서 공적인 업무가 개입할 여지가 크지 않은 공간이었다. 다수의 공중이 모인다는 점에서는 공적인 공간의 모습을 보이지만 사람들은 이 공간을 사적인 공간처럼 이용해왔다.

휴대폰은 공간과 시간에 구애받지 않고 사람들을 연결한다. 휴대폰이 공적 업무 영역에 도입되면서 공적인 업무는 공적 공간의 범위를 넘어서서 이루어질 수 있게 되었다. 휴대폰을 이용한 업무 연락과 지시는 사람들을 일상적이고 사적인 공간에서조차 업무에 얽매이게 만드는 결과를 가져왔다. 가장 내밀한 공간마저도 업무를 위한 공간으로 변형시키는 것이다. 통근 열차는 여가 시간이나 업무를 위한 공간이 아니며 동시에 집처럼 자기 자신을 드러내는 데 자유로운 공간도 아니다. 사람들은 객차 안의 시공간을 자신들의 개인적 시공간으로 바라본다. 열차 안의 공간을 자신의 공간으로 만드는 작업에 자유롭게 참여한다. 열차 안의 공간은 자기 재현(self-representation)을 하거나 상호작용을 하기에 애매모호한 장소지만 승객들은 그러한 사회적 관습의 코드에서 벗어나 휴대용 커뮤니케이션 기기들을 이용해 타인과 의사소통하고 미디어를 소비한다(Berry and Hamilton, 2010). 열차 안을 사적인 공간으로 새롭게 정의하고 소비하는 것이다.

뉴미디어는 공간의 이용 방식과 규칙을 변경시킴으로써 공간의 의미와 질서를 바꾼다. 일상적인 삶의 패턴과 코드를 바꾸고 공간 속에서 펼쳐지는 사회적 의례들을 변형시킨다. 공적 장소나 공간에 대한 지각, 공간 속에서 이루어지는 행위에 대한 참여 방식은 휴대폰과 같은 모바일 기기에 의해서 변형되며 이러한 변화에 따라 공적 장소에서 사회적으로 허용되는 행동에 대한 우리의 관념 자체가 변화한다(Berry and Hamilton, 2010: 125). 스마트폰을 이용한 정보 검색과 이메일 주고받기는 열차라는 공간을 사적, 공적 공간이 혼합된 곳으로 만드는 결과를 가져온다. 이메일은 사적 통신과 공적 통신이 결합되어 있으며 사람들은 사적인 공간에서 편지를 읽듯 이메일을 수신한다. 동시에 공적 메일에 수신하고 반응하면서 열차 공간을 업무 공간으로 변화시키기도 한다. 개인의 방에서 큰소리로 이루어지는 사적 통화를 열차 안에서 수행함으로써 열차 공간을 사적인 공간으로 변형시킨다. 개인 미디어를 이용해 영화, 드라마, 게임과 같은 엔터테인먼트 콘텐츠를 소비하면서 열차 공간을 여가를 위한 공간으로 바꾸기도 한다. 뉴미디어의 활용으로 열차라는 공간은 사적 측면과 공적 측면이 혼종되고 공간에 고정되어 있던 기존의 질서와 구조, 관습적 약호의 경계가 모호해지는 양상을 보이는 것이다.

뉴미디어는 공간에 이름과 이야기를 덧붙임으로써 도시라는 공적 공간을 개인에게 밀접한 공간으로 만들어준다. 사람들은 모바일 기기를 이용해서 공간에 대해 커뮤니케이션하고 공간을 통해 커뮤니케이션 한다(Humphreys and Liao, 2011). 사람들은 공간에 대한 다양한 지리적 정보를 추구한다. 끊임없이 변화하는 현대사회에서 공간의 의미와 구조, 질서 역시 계속해서 바뀔 수밖에 없으며 이러한 변화를 따라가기 위해서 사람들은 공간에 대한 정보를 추구하게 된다. 뉴미디어는 개인이 획득할 수 있는 공간에 대한 정보의 양과 질을 높여줬다. 특히 모바일 기기의 이용은 단순한 정보 검색과 수집에서 벗어나 개인들이 직접 공간을 이동하며 공간에 대한 정보를 생산하고 이를 타인과 공유할 수 있게 만들어주었다. 공간에 대한 정보가 실시간으로 모바일 기기로 공유되면서 사람들이 만들어내는 개별적인 공간의 이야기가 공간 서사 속으로 끊임없이 합쳐지게 된다. 개별적이고 사적인 공간의 서사가 모여서 공적 공간의 이미지가 새롭게 만들어진다.

사람들은 모바일 기기를 이용해 공간에 대한 주석 달기를 시도한다. 이른바 지오태깅(geotagging)이라는 것인데 모바일 기기를 이용해 특정한 물리적 장소에 단어, 경구, 이미지를 연결하는 행위를 말한다(Humphreys and Liao, 2011: 409). 물리적 공간과 장소에 특정한 이름을 부여하거나 장소에 대한 간단한 설명을 덧붙임으로써 공간에 대한 새로운 의미를 만들어내는 행위라고 할 수 있다. 이러한 행위를 통해 사람들은 공간에 대한 새로운 서사를 창조한다. 공간에 대한 정보 혹은 이야기가 공간과 연결될 때 그 이야기 자체는 공간과 좀 더 밀접하게 관련되며 공간에 대한 더 많은 흥미를 이끌어낸다. 장소에 대한 이야기는 물리적 장소와 연결될 때 더욱 풍부해지며 장소에 대한 경험은 장소와 이야기가 묶일 때 더욱 풍부해진다. 공간과 장소에 대한 서사는 공간과 장소를 연결하는 플랫폼이며 메커니즘이 된다(Humphreys and Liao, 2011: 416).

공간은 사람에 따라 다양한 방식으로 이용된다. 사람들은 개별적 방법으로 공간에 접근하고 공간을 이용하며 소비한다. 공간에 대한 특정한 개념을 부여하거나 단어와 이미지를 연결 짓는다. 공간에 대한 개별적 경험은 자기만의 기억 속에 저장되며 타인과 교류할 수 있는 방법은 제한적이었다. 모바일 기기는 개별적 공간 경험을 상호 교환하고 중첩시킬 수 있게 만들어주었다. 타인의 공간 개념과 스토리를 접하면서 다른 공간에 대한 관심도와 이해도가 높아진다. 높아진 관심도는 해당 공간에 대한 다양한 사람들의 물리적 접근을 이끌어내고 이들 역시 개별적 지오태깅을 통해 개별적 서사를 공간에 덧붙인다. 사적인 이용 스토리가 덧붙여지고 공간에 대한 사적인 의미부가가 이루어지면서 공간의 공적 의미가 풍부해지고 달라진다.

모바일 커뮤니케이션의 등장은 같은 공간에 공존하지 않는 타인과의 접촉 기회를 제공하며 공적인 포럼이 만들어질 수 있도록 했다(Campbell and Kwak, 2011: 207). 전자적 커뮤니케이션 기술이 없던 시대에 커뮤니케이션은 같은 공간에 공존해야 한다는 물리적 한계를 갖고 있었다. 전신과 전화는 시간적 동시성 속에서 공간적 공존성을 충족시키지 않고도 커뮤니케이션할 수 있게 해주었다. 모바일 기술은 이를 더욱 확대해주고 있다. 모바일 기술의 발달과 함께 커뮤니케이션을 실현시키는 데 있어서 시공간의 일치는 더 이상 중요한 요소가 되지 못하고 있다. 공간적으로 넓게 퍼져 있는 개인들이 실시간으로, 혹은 서로 다른 시간대에 커뮤니케이션할 수 있게 되었으며 개인이 만들어내는 정보와 콘텐츠가 매스미디어를 거치지 않고 광범위한 영역에 걸쳐 있는 일반인들에게 전달되는 길이 열렸다. 이것은 낯선 이와의 커뮤니케이션을 부담 없게 느끼도록 만드는 효과도 가져왔다. 커뮤니케이션 상대에 대한 정보는 더 이상 커뮤니케이션을 성립시킬 수 있는 중요한 조건이 되지 못하고 있다. 낯선 이들과의 자유로운 커뮤니케이션은 공간을 가로질러 이루어지고 있으며 물리적 공간에서 이루어지지 않는 다양한 만남과 접촉을 가능하게 해주고 있다. 물리적 공간은 개인의 만남과 상호작용을 위한 필수적인 조건으로서의 지위를 서서히 내려놓고 있는 중이다. 네트워크화된 공간에서의 자유로운 만남은 공간에 대한 인식과 사고를 변화시킨다. 공간이 지닌 커뮤니케이션에 대한 제약을 벗어날 수 있게 해주고 자유로운 공간 이용에 대한 상상을 가능하게 해준다. 네트워크화된 공간에서 자유로운 만남과 서사의 교류를 통해 사람들은 현실의 물리적 공간에서의 자유로운 만남도 상상할 수 있게 되었으며 직접적으로 물리적 공간의 변형에 개입하기도 한다. 모바일 커뮤니케이션 기기가 갖고 있는 의사소통 차원의 유연성은 사람들이 좀 더 자유롭게 장소와 장소 사이를 이동할 수 있게 해주었고 공적인 환경을 타인과 만날 수 있는 중심축으로 만들어주고 있다(Campbell and Kwak, 2011: 217). 뉴미디어 시대에 공적 공간과 사적 공간의 경계는 모호해지고 있다. 사람들은 사적 공간과 공적 공간을 가로지르며 소통하고 다양한 만남의 공간을 만들고 있다.

새롭게 발전한 정보기술의 의사소통적 힘은 도시 환경에 대한 사회적·공간적·인지적 관계를 재형성하도록 만든다. 사회의 모든 곳에 정보기술이 사용되면서 기존의 도시 계획은 도전에 직면하고 있다. 이것은 유연한 전략을 발전시켜 도시 과정(urban process)을 재개념화할 것을 요구한다. 정보기술을 채택하고 이에 적응할 수 있게 만들어주는 사회적·경제적·정치적 도시 과정이라는 개념이 그것이다(Wessel, 2012: 511~512). 도시 공간은 단일한 공간 구조와 질서가 지배할 수 없는 유연적인 공간이 되고 있다. 뉴미디어 시대의 공간은 고정된 결과물이 아니라 변화하는 과정 속에 놓여 있다. 도시 공간 자체가 과정인 것이다. 변화의 과정은 장기간에 걸쳐서도 나타나지만 끊임없는 일시성들이 반복되고 교차하면서 이루어지기도 한다. 도시의 거리는 공간 경험자들에 의해 연속적으로 변화하는 과정에 놓여있다. 웨셀의 연구(Wessel, 2012)는 소셜 미디어 플랫폼에 의해 도시 공간이 공공의 이익을 위한 공간에서 사적 이익을 창출해내는 상업적 공간으로 변화하며 주변의 사람들을 끌어당기는 변화의 과정을 살펴보고 있다. 푸드트럭의 영업 장소와 개설 시간을 소셜 미디어를 통해 알림으로써 공공 광장 한구석이 상업적 공간으로 변화했다가 영업의 종료와 함께 다시 공공 공간으로 변화하는 과정을 추적하고 있다.

오늘날의 공간 경험은 정보기술의 사용에 의해 매개되고 있는데 정보기술을 사용해서 경관 해석에 관한 문제를 재형성하고 가다듬는다. 최근의 경제적·기술적 경향은 공간과 장소의 단일한 기능과 의미의 변화를 촉진하고 있으며 공간과 장소를 초월하는 전자적 커뮤니케이션과 상호작용에 의존하는 새로운 사회적 상호작용의 도래를 인지하고 있다(Wessel, 2012: 513). 뉴미디어 시대 공간에는 단일한 구조가 강제될 수 없다. 공간 기획자가 미리 제시한 공간의 구조와 규범은 공간 이용을 위한 참고적 지침서로 그 의미가 변화하고 있다. 발전된 교통 환경은 물리적 공간에 대한 실제적 접근 가능성을 높여주고 있으며 모바일 커뮤니케이션 기기는 공간에 대한 담론과 이미지를 전달함으로써 사람들을 공간으로 이끄는 역할을 한다. 모바일 기기 이용으로 인해 생겨나는 공간에 대한 관심은 실제 공간에 대한 접근과 소비로 이어진다. 이 공간에 접근하고 참여하는 사람들의 수만큼 다양한 관심과 이해가 공간에 작용하면서 공간의 개념 역시 변화한다. 공간에 대한 새로운 이용 방식과 이용 규범을 찾아냄으로써 기존의 공간을 문화적·경제적·사회적으로 다른 공간으로 변형시키거나 기존 공간 위에 새로운 공간을 창조하게 된다. 새롭게 창조된 공간은 공간 이용자들에 의해 만들어지는 자발적 공간이다. 사람들은 이 공간을 전유하면서 공간에 부여된 기존의 의미를 거부한다. 공간에는 다양한 변이의 가능성이 존재하기 때문에 사람들의 공간 기획과 이용 전략 역시 유연하게 바뀔 필요가 있다.

웨셀의 연구에서 푸드트럭이 설치되는 공간은 사무용 건물로 둘러싸인 공원이었다. 연구 대상이었던 푸드트럭들은 소셜 미디어를 이용해 고객과 커뮤니케이션하며 공원을 방문했다. 손님들 역시 소셜 미디어를 이용해 푸드트럭의 개점일과 운행 경로를 파악하고 공원에 접근했다. 또한 소셜 미디어 이외에도 사람들의 입소문, 전화, 문자메시지, 이메일 대화 등 다양한 커뮤니케이션 통로를 이용해 푸드트럭과 푸드트럭이 설치되는 공간에 대한 정보에 접근하고 이것들을 이용했다. 푸드트럭이 개설된 공원의 이용자들은 일시적으로 공원 구역을 점유하고 사용하면서 이 공간을 공공의 목적을 위한 공원이 아니라 상업적 식당으로 변화시켰다. 식당으로서의 공간 이용은 짧은 시간 안에 신속하고도 집중적으로 이루어졌으며 영업 종료와 함께 이 공간은 다시 일상적 공원으로 돌아갔다. 손님들은 다양한 이동 방식을 이용해서 푸드트럭에 접근했다. 고객들의 이용에 의해 공원은 일시적으로 편안하고 쾌적한 식당으로 변모했다.

도시의 공간은 공간 참여자들에 의해 만들어지는 공간이 된다. 웨셀의 연구에서 볼 수 있듯이 사람들은 여러 매체를 사용해 공간에 대한 정보를 획득하며 개별적인 이유에 근거해서 공간을 이용한다. 특정 공간은 사람들의 관심과 참여에 의해 다른 목적의 공간으로 변화한다. 공적 목적을 가진 공간이 사적 목적을 위한 공간으로 변화될 수 있으며 공공의 이익을 위한 공간이 상업적 이윤을 위한 공간으로 변화될 수 있다. 반대로 사적 이익을 목적으로 한 공간이 저항적 공간으로 변모할 수도 있다. 변화는 모든 방향으로 진행되며 고정된 결과물을 만들어내지 않는다. 뉴미디어 시대 공간은 끊임없는 변화의 과정 속에 놓여 있다.

3. 뉴미디어와 시민 공간

근대사회의 공간은 개인을 중심 권력으로부터 소외시키는 공간이었다. 사람들은 비판적 시민이 아니라 공간을 소비하는 대중으로 여겨졌다. 대중으로서 사람들은 공간의 생산에 관여할 수 없었으며 공간 속에서 펼쳐지는 사회적·문화적·경제적·정치적 활동과도 멀어지게 되었다. 공간은 바라보거나 소비하는 공간일 뿐이었다. 매스미디어는 이러한 경향성을 강화시킬 뿐이었다. 시민들이 활동했던 공적 공간은 사사화되었으며 텔레비전 네트워크에 의해 개인들의 연결망이 대체되었고 개인은 점점 더 시민성을 상실하고 소비자가 될 뿐이었다(Kazys and Anne, 2012: 18). 매스미디어는 사람들이 상호연결될 가능성을 차단한다. 미디어의 단순한 수용자로서의 지위는 사람들의 행동을 수동적으로 만들었으며 적극적으로 소통하며 사회적 문제를 밝히고 해결하려는 움직임 자체를 차단하게 된다. 각성한 시민으로서 공간을 점유하며 문제를 해결할 공동의 노력을 불가능하게 만든 것이다. 개인들은 매스미디어가 제시하는 사적 즐거움에 몰두했으며 환상적인 소비의 공간으로서만 공간을 인식할 뿐이었다. 개인들은 타인으로부터 멀어졌고 상호작용을 통한 시민사회적 네트워크 공간의 창출은 어려워졌다.

새로운 전자적 커뮤니케이션 미디어의 발전은 절연된 대중들의 관계를 회복시키며 연대의 공간을 만들어낼 가능성을 제공해주고 있다. 휴대전화가 보편화되고 항시적으로 접속 가능한 광대역 인터넷이 광범위하게 채택되면서 집과 사무실이 연결되었고 물리적으로 가깝게 있는 사람들과 상호작용하지 않더라도 결코 혼자일 수 없는 상황으로 변화했다(Kazys and Anne, 2012: 20). 공간을 가로질러 형성되는 네트워크의 결절점을 따라 사람들의 만남과 상호작용이 항시적으로 이루어진다. 상호작용이 이루어지는 결절점 하나하나가 새로운 사회적 공간으로 자리 잡게 된다.

가상적 네트워크에 형성되는 사회적 공간에서 새로운 문화가 발생하며 새로운 움직임이 나타난다. 이러한 움직임은 물리적 공간으로 확장된다. 네트워크 공간에서의 결절점은 흐름 속에 놓여 있다. 결절점의 크기, 참여 인원, 방향성은 고정되어 있지 않다. 끊임없는 로그인과 로그아웃의 과정 속에서 사회적 문제가 떠오르고 개별적 문화가 발생하며 가상적 시민권을 획득해나간다. 개인의 발언권들로 결절점이 채워지며 집합적 움직임을 낳는다. 결절점의 움직임은 현실 공간을 향한다. 가상적 공간은 가상적 세계 안에서만 고립되고 머무는 공간이 아니다. 현실의 공간을 지향하는 움직임과 결부되며 물리적 공간을 변형시킨다.

매스미디어는 근대사회의 커뮤니케이션을 장악했으며 사람들의 일상 공간 속으로 파고들었다. 정보를 수집하고 전달하는 임무를 넘어서 사람들의 판단과 결정을 대신해준다. 대중들은 미디어가 제시하는 사회적·정치적·문화적 판단에 근거해 사회적 문제를 결정하게 된다. 시민으로서의 집단이 모여 사회적 문제를 논의하고 행동으로 옮길 수 있는 공간이 사라져버리게 된다. 기성의 구조와 질서에 맞서는 저항적 공간은 축소된다. 공간은 스쳐 지나가거나 한 발짝 떨어져 지켜보는 제3자적 공간이 되어버렸다.

뉴미디어는 정보의 흐름을 다채롭게 변형시키고 정보의 내용을 풍부하게 해주면서 사람들의 공간적 실천을 도와줄 수 있다. 새로운 미디어의 활용을 통해 사람들은 사라져버린 공론장을 부활시키고, 직접적인 실천을 통해 새로운 대안적·저항적 공간을 만들어낸다. 뉴미디어는 매스미디어로부터 소외된 공간, 소외된 집단을 드러나게 해준다. 사회적 소수자들을 위한 재현 공간이 마련된다. 자신들만의 문화와 가치를 네트워크화된 매체를 통해 재현하면서 동질적 사람들과 연결되며 또 다른 타자들과 연대하게 된다.

특정 사회 내의 사회적 타자들은 가상공간의 연결망을 사용해서 연대함으로써 정치적 행동을 위해 도시 공간을 되찾고 전유하며 이용한다. 판디(Pandi, 2014)는 다인종 국가인 말레이시아에서 사회적 소수의 위치를 차지하고 있는 인도계 주민들이 뉴미디어를 이용해 저항적 공간을 만들어내는 과정을 탐구하고 있다. 말레이시아는 출판법, 선동법, 국내치안법 등 다양한 법률을 통해 언론과 사회를 통제해왔다. 1992년 인터넷이 도입되면서 말레이시아의 저항 세력들은 기성의 틀과 이데올로기를 넘어서서 자신들의 운동을 전진시킬 수 있었다.

대중사회적 질서 속에서 고립된 개인의 연대는 쉽게 이루어질 수 없었다. 연대가 이루어지기 위해서는 다른 공간에 존재하는 사람들과 상호작용할 수 있어야 했다. 연대는 정보를 전달하고 공유하며 공감할 수 있는 의사소통 연결망이 존재해야 가능한 것이었다. 매스미디어는 대중들을 커뮤니케이션의 주체가 되지 못하게 만들었다. 사람들이 만들어내는 개별적 정보들은 개인의 사적 영역 너머로 쉽게 전달되지 못했다. 네트워크화된 뉴미디어는 정보의 공간적 흐름을 자유롭게 해주었다. 자유로운 정보의 흐름에 의해 사회적 소수자들 사이에서 자신들의 문제에 대한 공감을 이끌어내기 쉬워졌다. 공감은 유대감으로 이어졌으며 집합적 행동으로 나아갈 수 있게 해주었다. 말레이시아의 인도계 주민들은 종교적·인종적으로 차별받고 있었다. 힌두교를 믿는 인도계 주민들의 사회적 운동인 힌드라프(Hindraf) 운동은 뉴미디어와 결합하면서 지역적 지지와 국제적 지지 모두를 받을 수 있었다. 사람들의 집회 장면을 담은 사진과 영상이 인터넷을 통해 전파된 것이다. 전 세계로 연결된 네트워크 망을 통해 말레이시아 인도계 주민들의 문제는 지역적 문제의 차원을 넘어서는 의미를 얻었다. 인도계 힌두교도만의 문제가 아니라 사람들은 말레이시아에 사는 인도인의 문제로 확장해서 사람들의 인식 변화를 가져오는 캠페인을 전개했으며 사회적 포럼을 만들었다. 힌드라프 운동은 문자 텍스트, 시각·청각 자료, 인쇄물 등의 매체로 만들어져 유포되었으며 힌드라프 웹사이트는 다음 포럼을 위한 정보를 전파했다. 이들은 뉴미디어와 올드미디어를 함께 이용했으며 다양한 미디어를 활용해 국내의 동맹과 국제적 동맹 모두를 획득하고 인도인의 문제를 인식하게 만들었다.

　네트워크화된 사회에서 단일 지역, 단일 공간, 단일 집단의 문제는 더 이상 지엽적인 문제로 남지 않는다. 지역 공간의 문제에 대한 지지는 공간적으로 확장된다. 광대한 공간을 넘어 다양한 집단들의 지원을 얻게 된다. 지역사회나 소수집단의 문제는 해당 지역사회나 소수집단을 포함하고 있는 상위 지역과 집단의 문제로 확대되며 사람들의 관심을 이끌어내고 지속적인 저항을 만들어낸다. 물리적 공간에서의 실천이 네트워크 공간에서의 연대와 지지를 이끌어내고 이것은 다시 물리적 공간의 실천을 더욱 확대하는 결과로 이어진다. 물리적 공간에 대한 강도 높은 규제가 이루어지는 상황에서 사이버스페이스는 사회 운동을 위한 대안적 장소를 제공해줄 수 있다. 이 공간 안에서 온라인, 오프라인 공동체들의 집합적 행동이 보장된다. 소셜 미디어는 도시 공간의 정치와 재전유를 접합시키는 전복적 도구가 될 수 있다(Pandi, 2014: 86).

물리적 공간에서의 사회적 저항은 미디어와 결합되면서 다양하게 변주되고 확장될 수 있다. 1970년대 신사회운동의 등장과 함께 거대 담론을 중심으로 사람들을 동원하던 방식의 운동에서 벗어나 다양한 주제와 관련된 사회 운동이 늘어났다. 특히 거대 담론 중심의 운동이 놓친 일상적 삶과 관련된 문제들도 사회운동의 주제로 등장했다. 저항의 방식도 직접적·물리적 폭력이 맞서며 공간을 빼앗고 점유하는 방식을 넘어서게 된다. 일상적 삶의 방식에 변형을 주는 전유의 방식으로 공간을 변화시키는 방식이 사용된다. 전유는 공간을 점유하고 소유하는 것이 아니라 일시적으로 공간의 구조와 질서를 변형시키는 방식이다. 상상을 구체적으로 공간에 구현해보는 것이다. 거시 구조의 상징과도 같은 공간을 일시적으로 차지하면서 공간의 의미를 바꾸어보는 것이다. 대표적인 것이 미국에서 벌어진 '월스트리트를 점령하라(Occupy Wall Street: OWS)'이다. OWS는 경제적·사회적 불평등의 증대, 탐욕, 부패, 정부에 대한 기업 영향력의 증대와 같은 문제에 저항하기 위해 시작되었으며 2011년 9월 세계 금융의 중심지인 월스트리트를 점령하면서 시작되었다. 대안적 도덕 공동체를 광장, 도시의 거리, 가상적 공간 속에서 창조해낸 운동이었다(Fader and Gottlieb, 2015: 760). 이 운동은 일상적 공간 구조를 변형시켜 새로운 의미를 부여하는 투쟁방식이었다. 세계적 경제 불평등을 야기했던 신자유주의 흐름을 이끌고 그 최대 수혜지가 되었던 월스트리트의 거리를 비폭력적 방법을 사용해 점령함으로써 저항적 공간으로 변모시켰다.

이 운동은 다양한 방식으로 변주되며 확장되는데 페이더와 고트리브(Fader

and Gottlieb, 2015)는 Occupy Judaism(OJ 운동)을 통해서 OWJ가 확장되는 모습을 살펴보고 있다(Fader and Gottlieb, 2015). 특히, 미디어를 활용해 공적 공간을 공론장으로 변형시키는 전개 과정을 추적하고 있다. OJ 운동은 세속적 공간을 유대교 의식을 위한 종교적 공간으로 변모시키는 운동이다. 월스트리트의 공간을 점령하고 유대교의 의식을 진행함으로써 정치적 의미에 관한 사회적 논쟁을 이끌어내려 한 운동이었다. 유대교에 대한 논쟁과 그 논쟁이 대안적 공론장에서 수행하는 역할을 중심으로 사회적 논쟁을 이끌어내려 했다(Fader and Gottlieb, 2015: 762). 매스미디어의 성장과 함께 사라진 사회적 공론장을 실제의 공간을 점령함으로써 되살리려는 운동으로 볼 수 있다. 부르주아의 공론장 역시 부르주아 여성들의 사적인 공간에서 이루어진 문에 공론장에서 비롯되었고 남성 부르주아들의 공론장으로 이용되었던 카페 역시 일상적 공간이었다. '점령하라' 운동은 아무 의미 없이 스쳐지나가는 일상적 공간을 공적 토론이 벌어지는 공론장으로 변화시켰다.

'점령하라' 운동이 되살린 대안적 공론장은 미디어의 도움으로 확장된다. 이 운동을 통해 사람들은 디지털 미디어 이용과 공적 공간에서의 물리적 저항 사이를 오고 가는 다양한 피드백을 구성함으로써 대안적 공론장을 구성했다(Fader and Gottlieb, 2015: 762). 소셜 미디어는 대안적 공론장을 물리적 공간 속에 고정시키지 않았다. 현장에 없던 사람들까지도 토론과 집회, 공간 실천에 참여할 수 있게 하며 공론장을 확장했다. 점령은 특정한 공간에만 한정되지 않고 다양한 공간으로 확장되었다. 월스트리트뿐만 아니라 전 세계의 수많은 공간이 점령되었고 새로운 상징적 의미를 부여받았다. 현실 공간에 대한 전유가 끝났을 때 그 의미는 해당 공간에서는 사라졌지만 다른 물리적 공간에 대한 전유를 통해 되살아나게 된다. '점령하라' 운동은 물리적 공간에 대한 전유로만 끝나지 않았으며 물리적 공간과 사이버스페이스 간의 순환적 흐름을 만들어내면서 사적이고 상업적인 공간을 공공의 이익을 위한 공간으로 탈바꿈시키는 데 기여하게 된다.

'점령하라' 운동은 일종의 플래시몹 형태로 시작되었다. 플래시몹은 서로 모르는 사람들이 일상적 공간을 짧은 시간 동안 점유하고 사전에 결정된 특정 행동을 같이한 뒤 장소를 떠나거나 다시 원래의 공간 구조로 되돌리는 행위이다. 아무런 연고가 없는 사람들이 누군가의 제안에 의해 일시적으로 특정 공간에 모여 이루어진다. 온라인 미디어가 등장하면서 더욱 활발하게 나타나는 집단적 행동이다. 주로 사람들이 많이 다니는 다운타운 거리나 사회적·정치적으로 중요한 의미를 가진 장소에서 이루어진다. 대부분은 오락적 목적으로 이루어지는 경우가 많지만 일부 플래시몹은 특정한 정치적 목적 아래에서 이루어지기도 한다. 제안자들만 있을 뿐이지 행사를 준비하고 주도하는 특정한 인물이나 조직이 없는 경우가 대부분이다. 짧은 시간 안에 끝나지만 일부 플래시몹은 자유 집회의 방식으로 확장되기도 한다.

새로운 정보통신 기술은 매개된 커뮤니케이션에서 핵심적인 위치를 차지하며 '함께 무언가를 하는' 즉흥적인 방식의 행동을 할 수 있도록 만들어주었다(Agustín and Díaz, 2014: 733). '함께할 행위'의 제안은 불특정 다수에게 갑자기 이루어진다. 대부분 특정 목적을 위한 것이 아니라 단순한 재미를 위한 것이 많다. 하지만 플래시몹은 고립되고 분산된 사람들을 실제적으로 연결해주고 이들의 연대를 확대하며 자유롭게 공간을 변형시킬 수 있는 온라인 미디어의 가능성을 극적으로 보여주는 장치가 된다.

일시적인 재미를 위한 행위이지만 심각한 정치적 상황을 즐거운 축제의 장으로 승화시키는 유연한 전술로서 활용될 수도 있으며 재미있는 놀거리에서 출발해 정치적 의미로 확대되기도 한다. 아구스틴과 디아스(Agustín and Díaz, 2014)의 연구에서 칠레 대학생들은 교육 당국과의 투쟁 중 일본 애니메이션 드래곤볼Z의 만화 이미지를 이용한 플래시몹을 전개한다. 칠레 대학생들은 자신들에게 익숙한 드래곤볼의 이미지와 캐릭터를 가져와서 집회에서 플래시몹을 전개했다. 만화 속 캐릭터와 밀접하게 연결된 팬으로서의 정체성은 만화를 초월해 정치적 차원으로 전개되었으며 학생들과 정부 사이의 갈등을 새로운 틀 속에서 이루어지게 만들었다. 이 플래시몹은 정치적 무관심 속에 있던 학생들이 정치적으로 각성한 정체성을 갖도록 만들었다. 만화 주인공이 사용했던 '원기옥'이라는 무기의 이름에서 유래한 '겐키다마(GenkiDama)' 플래시몹은 만화의 이야기와 일상적 공간의 상징적 사용이 상호 간에 엮일 수 있도록 만들었다. 겐키다마 플래시몹은 칠레 대학생들의 정치적 목적을 정당화하고 강화할 목적을 가진 것이었다. 원기옥이라는 강력한 무기의 도움으로 만화 속 악당들과 대적하고 승리를 쟁취했던 만화 주인공처럼 칠레 대학생들은 만화 속 캐릭터와 이미지를 활용해서 현실 공간에서의 투쟁을 조직했고 정부와 매스미디어를 상대로 한 자신들의 투쟁을 전개했다. 그것은 만화 캐릭터를 이용해서 공간적 실천을 재맥락화하는 과정이었다. 만화의 팬이었던 칠레 대학생들은 원작 텍스트의 의미를 전유하고 재독(再讀)해서 정치적 이해관계와 연결 지었다. 학생들의 플래시몹은 새로운 해석에 권위를 부여할 수 있는 공간을 창출했으며 이 공간 안에서 가상적 실체인 만화와 실제 학생들의 주장이 만난 것이다(Agustín and Díaz, 2014: 741~742).

플래시몹은 만화뿐만 아니라 숨바꼭질 같은 전통적인 놀이, 대중음악의 집단적 댄스, 특정 문화의 전통적 집단행동 등 다양한 상징적 장치를 빌려와서 특정 공간을 전유하는 행위이다. 짧은 시간 안에 해당 공간을 전유하고 공간적 상상력을 실현한다. 일시적인 해방 공간을 창출하면서 공간의 의미와 구조를 변형시켰다가 다시 원래 공간으로 되돌린다. 단순한 집단적 행위 그 자체로 끝나기도 하지만 재맥락화되거나 다시 읽고 해독하는 과정을 거치게 되면 또 다른 상징적 의미를 획득하면서 변형되고 확장된다. 이 과정에 새로운 정보 테크놀로지가 중요한 역할을 한다. 온라인 미디어와 모바일 미디어를 이용해서 플래시몹이 제안되며 사람들을 유인한다. 플래시몹의 진행 과정은 촬영되고 편집되어 동영상 사이트를 통해 공유된다. 영상을 접한 사람들의 해석에 따라 플래시몹의 의미가 재맥락화되며 2차적인 플래시몹으로 연결되기도 한다. 플래시몹이 진행되는 공간 자체에 대한 의미 역시 재설정된다. 플래시몹의 공간은 소비, 해독 과정에서 새로운 의미를 획득하거나 상징적 지위를 부여받기도 한다. 월스트리트가 이후 '점령하라' 운동의 상징적 존재가 되었듯이 플래시몹이 벌어졌던 광장, 거리는 비슷한 유형의 플래시몹을 이끌어낼 수 있는 상징적 참조점이 된다. 단순한 공간의 이름이 아니라 새롭게 획득된 공간의 의미와 결합되면서 대안적 공간 행위의 상징적 존재가 되기도 한다.

뉴미디어는 현실 공간을 재해독하고 재맥락화하며 전혀 다른 공간을 만들어낸다. 공간으로부터 소외되었던 사람들이 공간 안으로 들어와 공간을 상상하고 변형시킬 수 있도록 도와준다. 상상의 공간을 구체적 공간에서 실현할 수 있게 해주는 것이다. 이 공간은 다시 미디어를 이용해 타인에게 전달됨으로써 또 다른 해석과 변형의 과정을 겪는다. 현실의 공간은 권력을 재현하고 권력을 실현하는 공간이 되기도 하지만 권력에 맞서는 대안의 공간이 되기도 한다. 다양한 상징적 자원을 활용해서 공간의 의미를 변형시키거나 새로운 공간 의미를 덧붙이는 작업이 대안적 공간으로의 발전을 가능하게 해줄 수 있다. 뉴미디어는 이를 위한 가장 핵심적인 자원으로서 자리 잡아 가고 있다.

참고문헌

강나흠. 2016. "포켓몬고 열풍. VR·AR 산업 육성론 제기". http://www.kihoilbo.co.kr/? mod= news&act=articleView&idxno=660385 (검색일: 2016.7.31).

강명희 외. 2010. 「디지털교과서를 활용한 초등영어 수업에서 학습성과를 예측하는 요인 분석」. ≪교육정보미디어연구≫, 16권 2호, 197~221쪽.

강일용. 2015. "가상현실은 저렴해야한다. 구글 카드보드". http://it.donga.com/21487/ (검색일: 2015.6.12)

강창구 외. 2011. 「유비쿼터스 가상현실 구현을 위한 증강현실 콘텐츠 기술과 응용」. ≪전자공학회지≫, 38권 6호, 1~43쪽.

강형석. 2015. "갤럭시 S6로 즐기는 환상적인 가상현실. 삼성 기어 VR". http://it.donga.com/ 21452/ (검색일: 2015.6.10).

계보경. 2007. 「증강현실기반 학습에서 매체특성, 현존감(presence), 학습몰입(flow), 학습효과의 관계규명」. 이화여자대학교 대학원 박사학위 논문.

권중문·이상식. 2007. 「프레즌스(presence) 결정 요인에 대한 연구」. ≪언론과학연구≫, 7권 2호, 5~38쪽.

기디온, 지그프리드(Sigfried Giedion). 2013. 『공간 시간 건축』. 김경준 옮김. 시공문화사.

김세영. 2014. 「디지털 공간에서 나타나는 사용자 경험의 확장을 위한 적용 요소에 관한 연구」. ≪한국실내디자인학회 논문집≫, 23권 1호, 52~60쪽.

김연정 외. 2007. 「UCC 서비스 사용자의 참여수준 결정요인분석」. ≪기술혁신학회지≫, 10권 3호, 486~508쪽.

김은주·김민규·김주환. 2007. 「학업효능감과 의사소통불안이 사회적재감과 삶의 만족도를 매개로 중학생들의 온라인 게임 중독성향에 미치는 영향」. ≪교육심리연구≫, 21권 1호, 209~231쪽.

김인욱. 2016. "과거에도 있던 '가상현실' 기술. 왜 지금 주목받을까?" http://www.koreaittimes.com/ (검색일: 2016.7.15).

김태용. 2000. 「텔레프레즌스: 개념연구와 연구의의를 중심으로」. ≪커뮤니케이션 연구≫, 15권, 21~41쪽.

김하진. 2012. 「증강현실연속체(ARC) 구현기술」. ≪정보과학지≫, 30권 5호, 70~80쪽.

김홍규·윤용필. 2010. 「3D 입체영상의 프레즌스 유형과 특성에 관한 연구」. ≪방송통신연구≫, 164~204쪽.

노기영·박동진·장한진. 2014. 「3D 입체영상 게임의 사용자경험 실험연구」. ≪사이버커뮤니케이션 학보≫, 31권 2호, 45~83쪽.

두셀, 엔리케(Enrique Dussel). 2011. 『1492년, 타자의 은폐: '근대성 신화'의 기원을 찾아서』. 박병규 옮김. 그린비.

렐프, 에드워드(Edward Relph). 2005. 『장소와 장소상실』. 김덕현·김현주·심승희 옮김. 논형.

류한석. 2014. 「가상현실(VR) 시장의 전망과 시사점」. ≪디지에코 보고서≫, 1~9쪽.

마루타 하지메(丸田一). 2011. 『'장소'론: 웹상의 리얼리즘과 지역의 로맨티시즘』. 박화리·윤상현 옮김. 심산.

마커스, 토마스(Thomas A. Marcus). 2006. 『권력과 건축공간: 근대사회 성립과정에 나타난 건축의 자유와 통제』. 유우상 외 옮김. 시공문화사.

문영주·이종호. 2007. 「온라인 커뮤니티 몰입에 미치는 영향 연구: 만족과 커뮤니티 신뢰를 매개로」. ≪정보시스템연구≫, 16권 1호, 23~45쪽.

문형철. 2016. 「가상현실(VR)의 경험 가치에 기반한 미래 유망분야 전망」. ≪디지에코 보고서≫, 1~10쪽.

발렌타인, 질(Gill Valentine). 2009. 『사회지리학』. 박경환 옮김. 논형.

방준성·최은주. 2010. 「증강현실(Augmented Reality) 국내외 기술동향과 발전전망」. 한국과학기술정보연구원 Emerging Issue Report, 1~43쪽.

버트하임, 마거릿(Margaret Wertheim). 2002. 『공간의 역사: 단테에서 사이버스페이스까지 그 심원한 공간의 문화사』. 박인찬 옮김. 생각의 나무.

베를렌, 베노(Benno Werlen). 2003. 『사회공간론: 사회지리학 이론 발달사』. 안영진 옮김. 한울.

볼노, 오토 프리드리히(Otto Friedrich Bollnow). 2011. 『인간과 공간』. 이기숙 옮김. 에코리브르.

블랙, 제러미(Jeremy Black). 2006. 『지도, 권력의 얼굴』. 박광식 옮김. 심산.

소자, 에드워드(Edward Soja). 1997. 『공간과 비판사회이론』. 이무용 외 옮김. 시각과 언어.

손상영·김사혁·석봉기. 2010. 「컨버전스 경제에서 가상현실 기술의 의의와 산업구조 변화」. ≪정보통신정책연구원 디지털 컨버전스 기반 미래연구(II) 시리즈≫, 1~103쪽.

쉬벨부시, 볼프강(Wolfgang Schivelbusch). 1999. 『철도 여행의 역사: 철도는 시간과 공간을 어떻게 변화시켰는가』. 박진희 옮김. 궁리.

안희권. 2015. "소니, PS VR로 가상현실 시장 본격 진출". http://news.inews24.com/php/news_view.

php?g_serial=919633&g_menu=020600&rrf=nv (검색일: 2015.9.16).

애들러, 켄(Ken Alder). 2008. 『만물의 척도: 프랑스 혁명보다 위대한 미터법 혁명』. 임재서 옮김. 사이언스북스.

야머, 막스(Max Jammer). 2008. 『공간 개념: 물리학에 나타난 공간론의 역사』. 이경직 옮김. 나남.

오미영·정인숙. 2005. 『커뮤니케이션 핵심이론』. 커뮤니케이션북스.

오스터함멜(Jürgen Osterhammel)·페테르손(Niels P. Petersson). 2013. 『글로벌화의 역사』. 배윤기 옮김. 에코리브르.

우운택. 2015. 「증강현실 그리고 증강휴먼」. ≪한국인터넷진흥원 KISA Report≫, 2015-8, 1~55쪽.

이니스, 해롤드 A(Harold A. Innis). 2008. 『제국과 커뮤니케이션』. 김문정 옮김. 커뮤니케이션북스.

이명희·김정현. 2009. 「VR 및 Desktop 기반 운전 시뮬레이터 사이의 실재감과 생리적 각성 반응에 관한 비교연구」. ≪HCI 2009≫, 1239~1245쪽.

이영호·신춘성. 2016. 「가상/증강현실 기반 원격 협업 기술 동향」. 『정보통신기술진흥센터 주간기술동향 기획시리즈』. 1~9쪽.

이우근. 2016. 「끝없는 가능성을 향해 열리고 있는 가상현실의 문」. ≪LG경제연구원 LGERI 리포트≫, 2~16쪽.

이진경. 2002. 『근대적 시공간의 탄생』. 푸른숲.

이학준. 2016. "VR을 담을 가장 멋진 그릇은?" ≪한국콘텐츠진흥원 Issue Insight≫, 28~31쪽.

이혜자. 2001. 「가상환경에서 아바타를 이용한 실시간 상담에 관한 연구」. 연세대학교 대학원 석사학위 논문.

임대근. 2016. "핫트렌드 2016 가상현실 산업의 성장". http://www.nextdaily.co.kr/news/article.html?id=20160115800108 (검색일: 2016.1.15).

임상현·김개천. 2013. 「장소성을 바탕으로 한 플래시 몹의 공간적 구현에 관한 연구: 공적 공공공간을 중심으로」. ≪한국실내디자인학회 논문집≫, 22권 6호, 181~189쪽.

임희경 외. 2012. 「누가, 어떻게 소셜 커뮤니티를 운영하는가?: 외국인 이주민의 소셜 커뮤니티 운영에 대한 사례연구」. ≪언론학연구≫, 16권 3호, 197~231쪽.

임희경·안주아·신명희. 2012. 「외국인 이주민의 소셜 미디어 이용과 인식: 이용자와 비이용자의 비교를 중심으로」. ≪한국방송학보≫, 26권 3호, 575~617쪽.

정부연. 2016a. 「가상현실(VR) 생태계 현황 및 시사점」. ≪정보통신방송정책≫, 28권 7호, 1~23쪽.

_____. 2016b. "가상현실(VR)의 현황과 시사점". ≪한림ICT정책저널≫, 2016년 여름, 44~49쪽.

조은미·한안나. 2010. 「온라인 학습공동체에서 사회적 실재감이 학습몰입과 학습효과에 미치는 영향」. ≪교육정보미디어연구≫, 16권 1호, 23~43쪽.

주영주 외. 2010.「사이버대학에서 교수실재감, 인지적 실재감, 사회적 실재감과 학습성과와의 구조적 관계 규명」. ≪정보교육학회논문지≫, 14권 2호, 175~188쪽.

최병두. 2011.「데이비드 하비의 지리학과 신자유주의 세계화의 공간들」. ≪한국학 논집≫, 42집, 7~38쪽.

최성. 2011.「디지털시대의 핵심기술. 가상현실(Virual Reality) 기술의 현황과 전망」. ≪정보처리학회지≫, 18권 3호, 3~15쪽.

최순욱. 2016. "VR, SNS의 새 지평 브이타임(vTime)을 열다". http://www.dongascience.com/news/view/11157 (검색일: 2016.3.25).

컨, 스티븐(Stephen Kern). 2004.『시간과 공간의 문화사: 1880~1918』. 박성관 옮김. 휴머니스트.

르 코르뷔지에(Le Corbusier). 2002.『건축을 향하여』. 이관석 옮김. 동녘.

_____. 2003.『도시계획』. 정성현 옮김. 동녘.

크로스비, 앨프리드 W, (Alfred W. Crosby). 2005.『수량화 혁명: 유럽의 패권을 가져온 세계관의 탄생』. 김병화 옮김. 심산.

크리스티안, 노르베르그 슐츠(Norberg-Schulz Christian). 1984.『서양건축의 본질적 의미』. 정영수·윤재희 옮김. 세진사.

탁진영·박정향. 2005.「인터랙티브 광고의 효과에 관한 연구: 텔레프레즌스의 수용자 변인을 중심으로」. ≪광고연구≫, 68집, 201~227쪽.

파울슈티히, 베르너(Werner Faulstich). 2007.『(근대초기) 매체의 역사: 매체로 본 지배와 반란의 사회 문화사』. 황대현 옮김. 지식의 풍경.

푸코, 미셸(Michel Foucault). 2003.『감시와 처벌: 감옥의 역사』. 오생근 옮김. 나남출판.

피시만, 로버트(Robert Fishman). 2000.『부르주아 유토피아: 교외의 사회사』. 박영화·구동회 옮김. 한울.

하비, 데이비드(David Harvey). 2010.『신자유주의 세계화의 공간들』. 임동근·박훈태·박준 옮김. 문화과학사.

한국방송통신전파진흥원. 2013.「증강현실(AR) 최신기술과 서비스 동향 및 전망」. ≪방송통신 기술 이슈 & 전망≫, 9호, 1~16쪽.

_____. 2016a.『가상현실 관련 산업의 현재와 미래에 대한 보고서』. 1~21쪽.

_____. 2016b.『증강현실(Augmented Reality) 기술 및 응용 사례 분석』. 1~18쪽.

황하성. 2007.「사회적 현존감(Social Presence) 측정도구 개발에 관한 탐색적 연구」. ≪언론과학연구≫, 7권 2호, 529~561쪽.

KBS 뉴스 9. 2013.7.31. [앵커&리포트] 지역 축제 우후죽순…표절 논란.

Adams, Paul C. 2009. *Geographies of Media and Communication*. Wiley-Blackwell.

_____. 2010. "A taxonomy for communication geography." *Progress in Human Geography*, Vol. 35, No. 1, pp. 37~57.

Aguirre, Alwin C. and Davies, Sharyn Graham. 2015. "Imperfect strangers: Picturingplace, family, and migrant identity on Facebook." *Discourse, Context and Media*, Vol. 7, pp. 3~17.

Agustín, Óscar Garcí and Díaz, Félix J. Aguirre. 2014. "Spatial practices and narratives: The GenkiDama for education by Chilean students." *Journal of Language and Politics*, Vol. 13, No. 4, pp. 732~754.

Ahuja, Ravi. 2009. *Pathways of Empire Circulation, 'Public Works' and Social Space in Colonial Orissa(c.1780-1914)*. Orient BlackSwan.

Anderson, Malcolm. 1996. *Frontiers: Territory and State Foundation in the Modern World*. Polity Press.

Aragon, S. R. 2003. "Creating social presence in online environments." *New directions for adult and continuing education*(100), pp. 57~68.

Armstrong, John A. 1982. *Nations before Nationalism*. The University of North Carolina Press.

Augustine, Jane. 1991. "Character and Poetry in the City." in Caws, Mary Ann(ed.). *City Images: Perspectives from Literature, Philosophy, and Film*. Routledge.

Barnes, Trevor J. and Duncan, James S. 1992. "Introduction: Writing Worlds." in Barnes, Trevor J. and Duncan, James S.(eds.). *Writing Worlds: Discourse, text and metaphor in the representation of landscape*. Routledge.

Becker, Karin and Widholm, Andreas. 2014. "Being there from afar: The media event relocated to the public viewing area." *Interactions: Studies in Communication & Culture*, Vol. 5, No. 2, pp. 153~168.

Berry, Marsha, and Hamilton, Margaret. 2010. "Changing Urban Spaces: Mobile Phones on Trains." *Mobilities*, Vol. 5, No. 1, pp.111~129.

Biocca, F. and Delaney, B. 1995. "Immersive virtual reality technology." *Communication in the age of virtual reality*, pp. 57~124.

Biocca, F. and Harms, C. 2002. "Defining and measuring social presence: Contribution to the networked minds theory and measure." *Proceedings of PRESENCE*, pp. 1~36.

Biocca, F. and Nowak, K. 2001. "Plugging your body into the telecommunication system: Mediated embodiment, media interfaces and social virtual environments." *Communication technology and society*, pp. 407~447.

Biocca, F., Harms, C. and Burgoon, J. K. 2003. "Toward a more robust theory and measure of social presence: Review and suggested criteria." *Presence*, 12(5), pp. 456~480.

Blanton, Richard and Fargher, Lane. 2008. *Collective Action in the Formation of Pre-Modern State*. Springer.

Bolin, Göran. 2006. "Electronic Geographies: Media Landscapes as Technological and Symbolic Environments." in Falkheimer, Jesper and Jansson, André(eds.). *Geographies of Communication: The Spatial Turn in Media Studies*. Nordicom.

Bracken, C. C. 2005. "Presence and image quality: The case of high-definition television." *Media psychology*, 7(2), pp. 191~205.

Brewer, John. 1989/2005. *The Sinews of Power: War, money and the English state, 1688-1783(e-Library edition)*. Unwin Hyman/Taylor & Francis.

Briggs, Asa and Burke, Peter. 2002. *A Social History of the Media: From Gutenberg to the Internet*. Polity.

Brogni, A. et al. 2007. "Responses of Participants During an Immersive Virtual Environment Experience." *IJVR*, 6(2). pp.1-10.

Burgoon, J. K. and Hale, J. L. 1987. "Validation and measurement of the fundamental themes of relational communication." *Communications Monographs*, 54(1), pp. 19~41.

Campbell, Scott W. and Kwak, Nojin. 2011. "Mobile Communication and Civil Society: Linking Patterns and Places of Use to Engagement with Others in Public." *Human Communication Research*, 37, pp. 207~222.

Carey, James W. 2007. "Time, Space, and the Telegraphy." in Crowley, David and Heyer, Paul(eds.). *Communication in History: Technology, Culture, Society*. Pearson.

Cornelio, Gemma San. and Ardévol, Elisenda. 2011. "Practices of place-making through locative media artworks." *Communications*, 36, pp. 313~333.

Csikszentmihalyi, M. 1975. "Play and intrinsic rewards." *Journal of humanistic psychology*.

Durlach, N. and Slater, M. 2000. "Presence in shared virtual environments and virtual togetherness." *Presence: Teleoperators and Virtual Environments*, 9(2), pp. 214~217.

Eisenstein, Elizabeth. 2007. "The Rise of the Reading Public." in Crowley, David and Heyer, Paul(eds.). *Communication in History: Technology, Culture, Society.* Pearson.

Ertman, Thomas. 1997. *Birth of the Leviathan: Building States and Regimes in Medieval and Early Modern Europe.* Cambridge University Press.

Ewart, Jacqui. 2014. "Local people, local places, local voices and local spaces: How talkback radio in Australia provides hyper-local news through mini-narrative sharing." *Journalism.* Vol. 15(6), pp 790~807.

Fader, Ayala and Gottlieb, Owen. 2015. "Occupy Judaism: Religion, Digital Media, and the Public Sphere." *Anthropological Quarterly.* Vol. 88, No. 3, pp. 759~794.

Fang, Irving. 1997. *A History of Mass Communication: Six Information Revolutions.* Focal Press.

Faris, Wendy B. 1991. "Cognitive Mapping: Labyrinths, Libraries and Crossroads." in Caws, Mary Ann(ed.). *City Images: Perspectives from Literature, Philosophy, and Film.* Taylor & Francis.

Fazel, Maryam and Rajendran, Lakshmi Priya. 2015. "Image of place as a byproduct of medium: Understanding media and place through case study of Foursquare." *City, Culture and Society*, 6, pp. 19~33.

Freeman, J. et al. 1999. "Effects of sensory information and prior experience on direct subjective ratings of presence." *Presence*, 8(1), pp. 1~13.

Garrison, D. R. 2009. "Communities of inquiry in online learning." *Encyclopedia of distance learning*, 2, pp. 352~355.

Gazzard, Alison. 2011. "Location, location, location: Collecting space and place in mobile media." *Convergence: The International Journal of Research into New Media Technologies*, 17(4), pp. 405~417.

Gerrig, R. J. 1993. *Experiencing narrative worlds: On the psychological activities of reading.* Yale University Press.

Gibson, J. J. 1979. *The ecological approach to visual perception.* Houghton Mifflin.

Gibson, J. J. 1979. *The theory of affordances The Ecological Approach to Visual Perception.* pp. 127~143.

Gunawardena, C. N. 1995. "Social presence theory and implications for interaction and collaborative learning in computer conferences." *International journal of educational telecommunications*, 1(2/3), pp. 147-166.

Gunawardena, C. N. and Zittle, F. J. 1997. "Social presence as a predictor of satisfaction within a computer-mediated conferencing environment." *American journal of distance education*, 11(3), pp. 8~26.

Harvey, David. 1989. *he Condtion of Postmodernity: An Enquiry into the Origins of Cultural Change*. Blackwell.

Headrick, Daniel. 2007. "The Optical Telegraph." in Crowley, David and Heyer, Paul (eds.). *Communication in History: Technology, Culture, Society*. Pearson.

Heeter, C. 1992. "Being there: The subjective experience of presence." *Presence: Tele-operators & Virtual Environments*, 1(2), pp. 262~271.

Hendrix, C. and Barfield, W. 1996. "Presence within virtual environments as a function of visual display parameters." *Presence: Teleoperators & Virtual Environments*, 5(3), pp. 274~289.

Heyd, Theresa. 2014. "Doing race and ethnicity in a digital community: Lexical labels and narratives of belonging in a Nigerian web forum." *Discourse, Context and Media*, 4-5, pp. 38~47.

Hillis, Ken. 1988. "On the margins: the invisibility of communications in geography." *Progress in Human Geography*. Vol. 22, Issue 4, pp. 543~566.

Hobsbawm, Eric J. 1992. *Nations and nationalism since 1780: Programme, myth, reality, Second edition*. Cambridge University Press.

Hoffman, D. L. and Novak, T. P. 1996. "Marketing in hypermedia computer-mediated environments: Conceptual foundations." *The Journal of Marketing*, 50-68.

Holm, Andrej and Kuhn, Armin. 2011. "Squatting and Urban Renewal: The Interaction of Squatter Movements and Strategies of Urban Restructuring in Berlin." *International Journal of Urban and Regional Research*. Vol. 35, No. 3, pp. 644~658

Home, Robert. *Of Planting and Planning: The making of British colonial cities, 1997/2005 (e-Library edition)*. E&FN Spon/Talyor & Francis e-Library.

Horton, D. and Richard Wohl, R. 1956. "Mass communication and para-social interaction: Observations on intimacy at a distance." *Psychiatry*, 19(3), pp. 215~229.

Humphreys, Lee and Liao, Tony. 2011. "Mobile Geotagging: Reexamining Our Interactions with Urban Space." *Journal of Computer-Mediated Communication*, 16, pp. 407~423.

IJsselsteijn, W. et al. 2001. "Effects of stereoscopic presentation. image motion, and screen size on subjective and objective corroborative measures of presence." *Presence*, 10(3), pp. 298~311.

Innis, Harold A. 2003. *The Bias of Communication*. University of Toronto Press.

Keller, Ulrich. 2007. "Early Photojournalism" n Crowley, David and Heyer, Paul(eds.). *Communication in History: Technology, Culture, Society*. Pearson.

Kim, T. and Biocca, F. 1997. "Telepresence via television: Two dimensions of telepresence may have different connections to memory and persuasion." *Journal of Computer-Mediated Communication*, 3(2). 0-0.

Kim, T. Y. 1996. "The memory and persuasion effects of presence in television advertisement processing." Doctoral dissertation, University of North Carolina at Chapel Hill.

Klausen, Maja. 2012. "Making Place in the Media City." *Culture Unbound*. Vol, 4. pp. 559~577.

Klinghoffer, Arthur Jay. 2006. *The Power of Projections: How Maps Reflect Global Politics and History*. Praeger.

Kumar, N. and Benbasat, I. 2002. "Para-social presence: A re-conceptualization of'social presence'to capture the relationship between a web site and her visitors". *In System Sciences*. HICSS. pp. 106~112. IEEE.

Kymlicka, Will. 2000. "Modernity and National Identity." in Ben-Ami, Shlomo, Peled, Yoav and Spektorowski, Alberto(eds.). *Ethnic Challenge to the Modern Nation State*. Palgrave Macmillan.

Laski, Harold J. *Authority in the modern state, 1919/2000*. Yale University Press/Batoche Books.

Lee, K. M. 2004. "Presence. Explicated." *Communication theory*, 14(1), pp. 27~50.

Lefebvre, Henri. 1991. *The Production of Space*. Blackwel

_____. 1995. *Introduction to Modernity: Twelve Preludes September 1959-May 1961*. Verso.

Lehan, Richard. 1998. *The City in Literature: An Inellectual and Cultural History*. University of California Press.

Lester, Alan. 2001/2005. *Imperial Networks: Creating identities in nineteenth-century South Africa and Britain(e-Library edition)*. Routledge.

Logan, John R. 2012. "Making a Place for Space: Spatial Thinking in Social Science."

Annual Review of Sociology, Vol. 38, pp. 507~524.

Lollar, Karen. 2012. "Binding Places and Time: Reflections on Fluency in Media Ecology." *ETC: A Review of General Semantics*, Vol. 69, Issue 1, pp. 45~54.

Lombard, M. and Ditton, T. 1997. "At the heart of it all: The concept of presence." *Journal of Computer-Mediated Communication*, 3(2).

Mason, R. 1994. *Using communicaitons media in open and flexible learning.* Kogan Page.

Massey, Doreen. 1995. *Social Structures and the Geography of Production, Second Edition.* Routledge

Mattelart, Armand. 1996. *The Invention of Communication.* Translated by Emanuel, Susan. University of Minnesota Press.

McAuley, James W. 2003. "An Introduction to Politics." State & Society. *SAGE Publications.*

McLellan, H. 1996. "Virtual realities." *Handbook of research for educational communications and technology*, pp. 457~487.

McQuire, Scott. 2008. *The Media City: Media, Architecture and Urban Space.* Sage Publications.

Meshulam, L. et al. 2016. "Can simple interactions capture complex features of neural activity underlying behavior in a virtual reality environment?" *Bulletin of the American Physical Society.*

Meyrowitz, Joshua. 1985. *No Sense of Place: The Impact of Electronic Media on Social Behavior.* Oxford University Press.

Milstein, Tema. et al. 2011. "Communicating a "New" Environmental Vernacular: A Sense of Relations-in-Place." *Communication Monographs*, Vol. 78, No. 4, pp. 486~510.

Minsky, M. 1979. "The society theory of thinking." *Artificial intelligence: an MIT perspective*, 1, pp. 421~450.

Montgomery, Alesia F. 2011. "Ghettos and Enclaves in the Cross-Place Realm: Mapping Socially Bounded Spaces Across Cities." *International Journal of Urban and Regional Research*, Vol. 35.

Müller, I. et al. 2006. "Animal serum-free culture conditions for isolation and expansion of multipotent mesenchymal stromal cells from human BM." *Cytotherapy*, 8(5), pp. 437~444.

Mumford, Lewis. 2007. "The Invention of Printing" in Crowley, David and Heyer, Paul (eds.). *Communication in History: Technology, Culture, Society.* Pearson.

Nesci, Catherine. 2014. "Memory. Desire. Lyric: The Flâneur" in McNamara, Kevin R(ed.).

The Cambridge Companion to The City in Literature. Cambridge University press.

Newman, M. and Noble, F. 1990. "User involvement as an interaction process: A case study." *Information systems research*, 1(1), pp. 89~113.

Niedermeier, Silvan. 2014. "Imperial narratives: reading US soliders' photo albums of the Philippine-American War." *Rethinking History*, Vol. 18, No. 1, pp. 28~49.

Nowak, K. 2001. "Defining and differentiating copresence. social presence and presence as transportation." in Presence 2001 Conference(Philadelphia), pp. 1~23.

O'bryne, Alison. 2014. "The Specator and the Rise of the Modern Metropole" in McNamara, Kevin R.(ed.). *The Cambridge Companion to The City in Literature*. Cambridge University press.

Pandi, Asha Rathina. 2014. "Insurgent space in Malaysia: Hindraf movement, new media and minority Indians." *International Development Planning Review*, 36(1), pp. 73~90.

Peddie, J. 2013. "The history of visual magic in computers." *Springer*, pp. 1~4471.

Pickles, John. 1992. "Texts. Hermeneutics and Propaganda Maps." in Barnes, Trevor J. and Duncan, James S.(eds). *Writing Worlds: Discourse. text and metaphor in the representation of landscape*. Routledge.

Pierson, Christopher. *The Modern State Second edition. 1996/2004(e-Library edition)*. Routledge/Taylor & Francis.

Pietikainen, Sari and Dlaske, Kati. 2013. "Cutting across media spaces and boundaries: The case of a hybrid, indigenous Sami TV comedy." *Sociolinguistica*, 27, pp. 87~100.

Reeves, B., Detenber, B. and Steuer, J. 1993. *New television: The effects of big pictures and big sound on viewer responses to the screen*.

Rice, R. E. and Love. G. 1987. "Electronic emotion socioemotional content in a computer-mediated communication network." *Communication research*, 14(1). pp. 85~108.

Richardson, J. and Swan, K. 2003. "Examing social presence in online courses in relation to students' perceived learning and satisfaction."

Sallnäs, E. L., Rassmus-Gröhn, K. and Sjöström, C. 2000. "Supporting presence in collaborative environments by haptic force feedback." *ACM Transactions on Computer-Human Interactidon(TOCHI)*, 7(4), pp. 461~476.

Schloerb, D. W. 1995. "A quantitative measure of telepresence." *Presence: Teleoperators & Virtual Environments*, 4(1), pp. 64~80.

Sheridan, T. B. 1992a. *Telerobotics, automation and human supervisory control.* MIT press.

_____. 1992b. "Musings on telepresence and virtual presence." *Presence: Teleoperators and Virtual Environments,* 1(1), pp. 120~126.

Short, J., Williams, E. and Christie, B. 1976. "The social psychology of telecommunications."

Sibley, David. *Geographies of Exclusion. 1995/2003(Ebook version).* Routledge/ Taylor & Francis.

Skeptorowski, Alberto. 2000. "The New Right and the Intellectual Elaboration of Ethnic Europe: from Racism to the Politics of Differentialism." in Ben-Ami, Shlomo, Peled, Yoav and Spektorowski, Alberto(eds.). *Ethnic Challenge to the Modern Nation State.* Palgrave Macmillan.

Slater, M. and Usoh, M. 1993. "Representations systems, perceptual position, and presence in immersive virtual environments." *Presence: Teleoperators & Virtual Environments,* 2(3), pp. 221~233.

Smith, Adam T. 2003. *The Political Landscape: Constellations of Authority in Early Complex Politics.* University of California Press

Smith, Anthony D. *The Ethnic Origins of Nations. 1986/1988(paperback edition).* Blackwell Publishing.

So, H. J. and Brush, T. A. 2008. "Student perceptions of collaborative learning, social presence and satisfaction in a blended learning environment: Relationships and critical factors." *Computers & Education,* 51(1), pp. 318~336.

Steele, Fritz. 1981. *The Sense of Place.* CBI Publishing Company.

Steuer, J. 1992. "Defining virtual reality: Dimensions determining telepresence." *Journal of communication,* 42(4), pp. 73~93.

Strisower, B., Elmlinger, P. and Gofman, J. W. 1959. "The effect of l-thyroxine on serum lipoprotein and cholesterol concentrations." *The Journal of Clinical Endocrinology & Metabolism,* 19(1), pp. 117~126.

Sussman, Gerald. 2016. "Nineteenth-Century Telegraphy: Wiring the Emerging Urban Corporate Economy." *Media History.* Vol. 22, No. 1.

Thompson, John B. 2007. "The Trade in News" in Crowley, David and Heyer, Paul(eds.). *Communication in History: Technology, Culture, Society.* Pearson.

Tilly, Charles. 1990. *Coercion, Capital, and European States, AD 990-1990.* Basil Blackwel.l

Trudea, Daniel. 2006. "Politics of belonging in the construcution of landscapes: place-making. boundary-drawing and exclusio." *Cultural geographies*, 13, 421-443.

Tuan, Yi-Fu. 1977. *Space and Place: The Perspective of Experience*. University of Minnesota Press.

Varnelis, Kazys and Friedberg, Anne. 2012. "Place: The Networking of Public Space." *Networked Publics*. The MIT Press, pp. 15~42

Vokes, Richard. 2010. "Reflections on a Complex (and Cosmopolitan) Archive: Postcards and Photogrphy in Early Colonial Uganda. c.1904-1928." *History and Anthropology*, 21(4), pp. 375~409.

Walther, J. B. 1992. "Interpersonal effects in computer-mediated interaction a relational perspective." *Communication research*, 19(1), pp. 52~90.

Webster, J., Linda, K. T. and Lisa, R. 1993. "The dimensionality and correlates of flow in human-computer interaction." *Computers Human Behavior*, 9(4), pp. 411~426.

Wessel, Ginette. 2012. "From place to nonplace: A case study of social media and contemporary food trucks." *Journal of Urban Design*, Vol. 17, No. 4, pp. 511~531.

Whitehead, Mark, Rhys Jones and Martin Jones. 2007. *The Nature of the State: Excavating the Political Ecologies of the Modern State*. Oxford University Press.

Winchester, HIlary, Kong, Lily and Dunn, Kevin. 2003. *Landscapes: Ways of Imagining the World*. Pearson Education.

Winspur, Steven. 1991. "On City Streets and Narrative Logic" in Caws, Mary Ann(ed.). *City Images: Perspectives from Literature, Philosophy, and Film*. Taylor & Francis.

Witmer, B. G. and Singer, M. J. 1998. "Measuring presence in virtual environments: A presence questionnaire." *Presence: Teleoperators and virtual environments*, 7(3), pp. 225~240.

Witteborn, Saskia. 2011. "Constructing the Forced Migrant and the Politics of Space and Place-making." *Journal of Communication*, 61, pp. 1142~1160.

Yagmur, Kutlay and Kroon, Sjaak. 2003. "Ethnolinguistic vitality perceptions and language revitalisation in Bashkortostan." *Journal of Multilingual and Multicultural Development*, 24(4), pp. 319~336.

Zahorik, P. and Jenison, R. L. 1998. "Presence as being-in-the-world." *Presence*, 7(1), pp. 78~89.

찾아보기

지은이

노기영

고려대학교 신문방송학과를 졸업하고 미국텍사스대학교에서 방송학 석사, 미시간주립대학교에서 텔레커뮤니케이션으로 박사 학위를 받았다. 현재 한림대학교 미디어커뮤케이션학부 특훈교수이며 헬스케어미디어연구소장이다. 지역공동체의 건강 증진을 위한 가상현실, 디지털 게임과 같은 뉴미디어의 설계와 효과가 주요 연구주제이다. 주요 저서로는 『방송산업과 경쟁』(2007), 『소셜미디어와 협력사회』(2012), 『원격의료와 지역사회』(2015), 『디지털 게임과 현대사회』(2015) 등이 있다.

이준복

고려대학교 신문방송학과에서 공부하고 동 대학원에서 석·박사 학위를 받았다. 비판커뮤니케이션, 근대성, 공간과 커뮤니케이션 등이 주요 관심 주제이다. 고려대학교, 항공대학교, 강원대학교 등에서 강의하고 있다. 논문으로 「공간, 미디어 및 권력: 새로운 이론틀을 위한 시론」(2007)이 있다.

한울아카데미 1996

뉴미디어와 공간의 전환

가상현실 공간의 대안성과 자유에 대한 탐구

ⓒ 노기영·이준복, 2017

지은이 ┃ 노기영·이준복
펴낸이 ┃ 김종수
펴낸곳 ┃ 한울엠플러스(주)

편집책임 ┃ 김경희
편   집 ┃ 최은미

초판 1쇄 인쇄 ┃ 2017년 6월 8일
초판 1쇄 발행 ┃ 2017년 6월 22일

주소 ┃ 10881 경기도 파주시 광인사길 153 한울시소빌딩 3층
전화 ┃ 031-955-0655
팩스 ┃ 031-955-0656
홈페이지 ┃ www.hanulmplus.kr
등록번호 ┃ 제406-2015-000143호

Printed in Korea.
ISBN 978-89-460-5996-2 93300

이 책은 대한민국 교육부와 한국연구재단의 지원을 받아 출간되었습니다(NRF-2015S1A3A2046760).